学生评价的理论与实践
——基于教学型本科高校的视角

潘玉驹　陈文远　何　毅　著

中国社会科学出版社

图书在版编目(CIP)数据

学生评价的理论与实践：基于教学型本科高校的视角／潘玉驹，陈文远，
何毅著.—北京：中国社会科学出版社，2015.7
ISBN 978 - 7 - 5161 - 6253 - 8

Ⅰ.①学…　Ⅱ.①潘…②陈…③何…　Ⅲ.①大学生—教育评估—
研究—中国　Ⅳ.①G645.5

中国版本图书馆 CIP 数据核字 (2015) 第 123708 号

出 版 人	赵剑英	
选题策划	刘　艳	
责任编辑	刘　艳	
责任校对	陈　晨	
责任印制	戴　宽	

出　　版	中国社会科学出版社	
社　　址	北京鼓楼西大街甲 158 号	
邮　　编	100720	
网　　址	http://www.csspw.cn	
发 行 部	010 - 84083685	
门 市 部	010 - 84029450	
经　　销	新华书店及其他书店	

印刷装订	三河市君旺印务有限公司
版　　次	2015 年 7 月第 1 版
印　　次	2015 年 7 月第 1 次印刷

开　　本	710 × 1000　1/16
印　　张	17.25
插　　页	2
字　　数	313 千字
定　　价	66.00 元

序

　　大学以培养人才为核心使命，尽管随着社会的发展进步大学的社会职能也应与时俱进，但人才培养是大学永恒不变的主题。大学生评价作为大学评价的重要组成部分之一，是大学获取大学生接受大学教育后之阶段性发展的相关信息，以帮助大学及其教育者、管理者了解掌握学生思想、学业、身心发展现状及其成熟程度不可或缺的手段。学校教育的发生和存在的理由源于青少年的身心发展不能自发完成，大学教育存在与发展的理由亦然，即大学生的专业成长和身心发展需要通过外来的系统的专门的影响，帮助其完成高层次专业人才的特定化。大学教育作为人类社会最具理性的智识活动，其特征之一就是针对人才培养的高度目的性和高效率，即大学培养的人才必须最充分满足社会发展进步的需要，高质量确保社会对大学生必需德才素质要求之角色期待的实现。大学生评价的意义在于，其不仅有利于大学客观了解学生的专业及身心发展成熟的现状，更重要的是有利于大学针对大学生评价发现的不足，反思并改进大学在办学治校育人中的问题，以确保大学之育人目标高要求、高质量、高效率达成。与此同时，大学生评价通过评价要素、指标体系及方法的科学选择和设计，有利于营造良好的大学文化氛围以引领大学生自觉于专业发展的目标、自律于素质提高的要求。可以说，大学生评价在育人过程中与教学、教育一样具有同等重要的地位和作用，是大学人才培养体系不可或缺的重要构成。

　　正是基于教育评价的重要性，教育评价及学生评价受到国内外学者广泛的高度重视。20 世纪 70 年代末、80 年代初以来我国教育事业进入快速发展期，国外尤其是欧美等教育强国关于教育评价和学生评价的新思潮及理论方法亦随着教育改革开放的深入而受到我国学者的关注。如瞿葆奎、陈玉琨、涂艳国等一批知名教育专家，率先在译介与评述西方教育评价及学生评价思想的基础上，从不同的视角就教育评价和学生评价的功能、主体、内容、方法等开展了深入研究，为构建符合我国国情的教育评价和学生评价制度奠定了坚实的理论基础。而崔允漷、田友谊、王凯等一批教育学者，从理论与实证的角度对学生评价制度尤其是基础教育阶段学生评价制度的构建进行了创造性的探索，在深化学生评价的认知等方面做出了重要的理论贡献。另外，还有一批处在教育第一线的实践工作者，从各自的育人工作需要及不同的研究视角，对学生评价的诸多实践问题进行了具体深入而又富有成效的研究，从而为我国不同教育阶段学生评价的健康发展，以及学生评价理论的本土化奠定了基础。

然而遗憾的是，由于受积淀时久之大学教育理念及人才观落后时代发展要求的影响，大学生评价的实践领域依旧存在滞后于评价理论等问题。"对于学习的评价"依然大行其道，而"为了学习的评价"尚未得到应有的重视。在思想认识上，我们仍然把大学生评价视为选拔学生或标签学生的工具，其本真之引领、之激励、之促进学生发展，以及发现教育问题、改善大学教育的作用尚未很好发挥；在评价要素及指标体系的设计上，依旧搞烦琐哲学——面面俱到而缺乏主次和重点，"育人为本、德育为先"的教育理念没有很好地体现，一些诸如"德育"等难以量化的要素评价，其指标设计过于牵强甚至导致负导向作用等；在评价制度建设上，并没有视大学生评价为育人之不可或缺的要素并纳入人才培养的体系，仅把其作为一个独立环节为评价而评价，教学（教育）、评价、改善（发展）三位一体的关系尚未明确。尤其严重的是，以学业成绩为导向的学生评价虽然具有"防止"大学生"只要不想学就大可不必学"的表面作用，但其导致的教师"为考而教"、学生"为分而学"的问题更不容轻视。这种学生"在最完美、最有效的考试中导致最糟糕的学习"的评价，多指向大学生对事实性知识的掌握而非对"高等级思辨和探究能力"的习得，其不仅自欺欺人，其害在致使大学生德才俱损。改变大学生评价不尽如人意的现状，使之真正担负起引领和促进大学加强内涵建设、以提高人才培养质量为己任、建设高等教育强国的使命，唯有以"育人为本、德育为先"为价值重构科学的学生评价体系，从而真正发挥学生评价在促进大学生身心健康发展和高质量专业成长中的应有作用，引导学生成为全面发展与个性发展相统一、知识能力与素质相契合的，既有崇真、向善、求美之理性素养又具务实、社会担当之理想主义的优秀人才。对此，大学教育理论工作者尤其是学生工作者不仅义不容辞更是责无旁贷。

潘玉驹、陈文远、何毅三位老师长期从事大学生教育和管理的工作，既有大学生教育管理研究的理论积淀又有丰富的大学生教育管理的实践经验。在长期的大学生教育管理实践工作中，他们既看到了大学生评价领域诸如评价指标体系不完善、评价的实践性研究缺乏等不足，又深切地认识到在实践层面上学生评价的实然状态与应然状态存在的巨大差距等问题。为此，他们自 2009 年起按照问题导向，针对普通本科大学生评价制度这一研究对象，遵循着研究基础→理论提炼→实验研究→政策应用的思路开展了长达五年时间的研究与实践。在研究期间，他们参阅了大量的国内外相关研究文献，在长三角地区各大城市的本科高校等进行极其充分细致的调查研究。为了增强研究成果的针对性和实效性，他们还在温州大学选取了若干学院开展实验研究。经五年的探索与实践，最终形成了本研究成果——《学生评价的理论与实践——基于教学型本科高校的视角》。

本书系统地梳理了国内外学生评价理论与实践的发展轨迹和最新动向，从理论与实证两个方面揭示了当前教学型本科高校学生评价存在的共性问题以及可能造成的负面作用，系统分析了影响学生评价改革的内外部环境和主客观条件。在此基础上，运用教育学、心理学、社会学、管理学等学科的理论，围绕评价理论、评价主体、评价标准、评价内容、评价方法、评价过程、评价反馈七个方面设计了新型学生评价制度。本书不仅理论基础较为扎实，而且视角独特、观点新颖、内容丰富、数据翔实、方法得当、论据有力，对于指导我国高校尤其是教学型本科高校学生评价制度改革具有很强的针对性和实用性。

可以预见，本书的出版对高校大学生评价工作的改善和改进具有指导意义，对高校从事大学生评价的教育管理者及高等教育理论研究者开阔大学生评价的理论视野及完善大学生评价制度的建设均有很好的帮助。

眭依凡　题于"三月斋"
2015 年 3 月 16 日

（眭依凡系教育部 2012 年度长江学者特聘教授，浙江师范大学杰出教授，学术委员会副主任、田家炳教育科学研究院院长）

前　　言

什么是学生评价？心理学、测量学、教育学和人学视野下的学生评价究竟有着什么样的不同？学生评价如何在引导个人本体价值与社会功用价值实现中寻求平衡？学生评价是紧跟教育教学之后的独立环节，还是与教育教学相契合的"一体两面"？学生评价是学校的"专利"，还是应该把学生、家属、用人单位一并纳入评价的主体范畴？在高等教育转型背景下，我们是应当始终坚守精英教育模式下的统一尺度抑或根据学校层次、类型的差异采用多样化的标准来评价学生？这些看似简单的问题实际却并不容易回答，甚至长期困扰着学生评价的理论研究与实践探索。进入 21 世纪以来，我国的高等教育快速发展，高校内涵建设、教育质量提升等各项改革如火如荼。作为教育过程中的重要环节，评价所具有的引导、反馈、调节、促进功能开始受到越来越多人的关注。正确地认识、合理设计、有效地运用学生评价，已经成为实现高等教育科学发展、促进学生全面、健康成长的关键环节。

2005 年，英语不及格但极具科研天赋的孙涛成为其母校天津医科大学的保研生。[①] 2001 年，一位被国内老师批评为"没有数学脑子"的中学生却被美国教师评价为"有语言天赋"、"乐观积极"、"优雅而有创造性"、"我以性命担保她行"的优秀学生。[②] 这些典型案例引发了人们对学生评价的深刻反思。事实上，类似的案例在我国的大中小学校内并不鲜见。

---

① 李新玲、孙涛：《英语不及格的优秀保研生》（http://edu.people.com.cn/GB/1055/3894236.html）。

② 端木：《中美教师对同一个孩子的不同评价——"我以性命担保她行"》，载《中国青年报》2001 年 4 月 2 日第 2 版。

　　作为长期工作在教学型普通本科高校的我们,翻看着一张张近乎95%以上为女生的省级优秀毕业生集体照,聆听着用人单位一句句"你们认定的好学生并不是我们认可的优秀人才"的呼声,面对着越来越严重的教学型本科高校毕业生的"教育性失业"问题,我们不禁要问:我们应该怎样评价学生?应该怎样构建契合教学型本科高校人才培养目标定位的评价体系?应该怎样培养受社会欢迎的优秀人才?如何在理想与现实的考量中实现人的社会化与个性化的统一?这些是本书试图回答并解决的问题。

　　本书在对学生评价、教学型本科高校等概念进行分析界定的基础上,阐明了教学型本科高校学生评价的基本概念、基本功能和价值取向。运用文献研究法、历史研究法系统梳理了国内外学生评价理论与实践的发展变化轨迹,厘清并论述了学生评价的最新动向与研究成果。在深入调查研究的基础上,从理论与实践两个方面揭示了当前教学型本科高校学生评价存在的共性问题以及可能造成的危害,并立足高等教育大众化、教育现代化转型的时代背景,系统分析了影响教学型本科高校学生评价改革所面临的内外部环境和主客观条件。最后,综合运用教育学、心理学、社会学、管理学等相关学科的理论,围绕评价理念之嬗变、评价主体之重组、评价标准之适切、评价内容之多维、评价方法之灵活、评价过程之循环、评价反馈之互动七个方面提出了建构新的学生评价制度的路径与方法。本书的最后章节为结论与展望,阐明评价不可避免地受制于其自身价值判断过程的复杂性和教育的社会制约性,评价的应然和实然之间总是存在差距的;但是面向全体学生、关照每一位学生、实现人的全面发展必将是未来学生评价制度的理想走向。

　　可喜的是,最近颁布的《国家中长期教育改革和发展规划纲要(2010—2020年)》指出:要"改革教育质量评价和人才评价制度";要"树立全面发展、人人成才、多样化人才的观念";要"尊重个体选择,鼓励个性发展";要"建立科学、多样的评价标准"。这为包括教学型本科高校在内的高校学生评价制度改革提供了理论依据与基本遵循。我们期待学生评价在提高人才培养质量中的作用日益凸显,期待人全面发展的那一天早日到来!

目　录

第一章　教学型本科高校需要什么样的学生评价

提高质量，增强学生的社会责任感、创新精神和实践能力是 21 世纪高等教育的战略主题与战略重点。教学型本科高校作为我国高等教育体系的重要组成部分，其办学定位与人才培养目标既不同于研究型大学，也有别于高等职业院校。它与地方经济社会发展联系紧密，以承担本科生教育，以培养适应用人单位实际需求、面向生产第一线的高素质应用型人才为己任，其人才培养质量的高低直接关系到高等教育大众化转型的成败，影响着我国高等教育事业的科学发展。那么，教学型本科高校需要什么样的学生评价呢？

一　问题的提出

评价即评定价值，其本质是把握价值的判断活动。在我们的生活中，只要涉及人与不同对象（包括个人、社会和自然）之间的接触或交往，评价就不可避免。因此，作为人类的一种特殊认识活动，我们对评价并不陌生。可以说评价无处不在，我们对之习以为常，但什么是评价？什么是科学的评价？很多人却难以给出一个科学的答案。因为，评价不仅涉及技术，也涉及理论，不仅涉及评价本身，而且涉及价值伦理，不仅是一个个体性问题，更是一个社会性问题。

评价存在于我们社会生活的各个方面，教育领域也不例外。作为评价的基本形式之一，教育领域的考试在我国历史悠久。我国是世界上最早采用考试的方法来甄别选拔人才的国家，也是最早采用考试对学校教育进行评价的国家。因此，教育与评价密切相关。

　　学生评价作为教育评价最基本的领域，在教育评价中处于核心地位。教育评价的发展，无不与学生评价的发展联系在一起，如何合理、准确地评价学生，是教育评价需要面对的首要问题。

　　从学生评价的自身发展阶段来看，学生评价是教育评价最基本的领域。良好的学生评价既是教育评价的基本要求，也是做好所有其他评价工作的基础。以色列著名教育家 A. 利维（Lewy A.）将学生评价划分为三个时期：古典考试时期、测量主导时期和后现代时期。著名的美国评价专家古巴（Guba E. G.）和林肯（Lincoln Y. S.）在《第四代评价》一书中将学生评价划分为四个时期：测量和测验时期、描述时期、判断时期和建构时期。随着素质教育在我国高等院校的逐步推进，对现行的与素质教育价值观和人才培养理念不相适应的学生评价体系进行改革成为我国高校教育教学改革的重要突破口。重视学生全面素质的发展，强调学生作为主体的发展，体现以学生为本的思想，日益成为教育理论与实践界的共识。而强调学生作为主体的发展，是一切教育教学活动的出发点和归宿。学生评价正在向第四代学生评价迈进和转型。

　　从我国高等教育发展的实际看，自 21 世纪初我国高等教育逐步从高等教育的精英化阶段向高等教育大众化阶段迈进以来，高等教育大众化进程十分迅速，近些年我国高等教育甚至出现普及化的趋势。高等教育发展阶段的转变不仅仅意味着高等教育入学人数的增长，也意味着高等教育发展战略的转变、高等教育人才培养目标的转变、高等教育受教育对象需求的转变以及社会对高等教育受教育人群评价标准的转变。众所周知，我国的高等教育转型并非高等教育发展历史积累的自然转变而是更多地受到教育行政部门的干预和催生。因此，在高等教育发生重大阶段性转型后，我们的诸多观念、意识等还没有及时跟上甚至严重滞后于高等教育的转型，这就带来一系列问题。这些问题在高校学生评价领域同样存在。例如，我们习惯于用高等教育精英化阶段的学生标准来对照大众化阶段的学生标准，用精英化阶段的学生评价来比照大众化阶段的学生评价，其结果就会得出"高等教育质量下滑"、"现在的大学生不如以前的大学生"等诸多类似结论。事实上，高等教育发展阶段的转变必然带来学生评价理念及学生评价标准的转变。这是高等教育发展带来的必然现象。

　　从教育对象的自身发展情况看，高等教育进入大众化阶段以来，人性的复苏成为高等教育的一个基本现象。人作为教育的唯一主题，人发现教育，同时教育使人发现并全面实现他自己。这种情况在高等教育进入大众化阶段表现得更为明显。越来越多的人有机会接受高等教育，受教育者接受高等教育的目的不再是单纯地实现社会阶层的流动和职业谋生技能的提升，而逐步更多地具有丰富和完善自我、提升自身的精神世界的需求。重新确认人的地位和价值合理性是 21 世纪教育的一项根本任务。在这一过程中，对高等学校学生主体性的研究和探讨显得十分必要。但是在现实的学生评价中，现行的高校学生评价研究对评价体系本身的关注在一定程度上超过了对作为评价重要构成要素的学生主体性的关注，对学生评价导致操作层面的关注超过了对人的主体性回归和主体性教育这一"元问题"的关注，以至学生评价改革还未上升到学校人才培养质量提升这一战略高度，高等学校的教育教学改革整体推动仍然比较困难。

教学型本科高校作为我国高校分类中的一种类型，既不同于研究型大学，也有别于高等职业技术学院，它以培养本科学生为主，以向受教育者传授技术和培养能力为己任，其培养目标是面向生产第一线，面向基层培养高素质应用型的人才。目前，我国有 600 余所教学型本科高校，它们承担着全国 80% 以上本科生的培养任务，成为我国高等教育大众化的中坚力量。然而，在实际的办学实践中，研究型高校和高职高专类高校都有相对明确的人才培养标准和人才评价体系，但是处于中间层级的普通本科高校，特别是教学型本科高校的人才培养定位和人才评价体系却不够明确，与研究型高校相比有"眼高手低"的弊病，与高职高专类高校相比又有"不屑一顾"的心态，在人才培养和学生评价上处于"夹生层"的状态。这个状态表现在评价实践中就是学生评价中的"管理主义"、"工具主义"、"功利主义"等倾向盛行，大学生"教育性失业"问题突出，专业基础、创新精神、实践能力不足等问题明显，就业市场中毕业生面临着研究型高校和高等职业院校毕业生的"双重挤压"。

因此，无论是从高等教育大众化发展的形势还是经济社会发展的需要以及新时期高素质人才培养的要求来看，教学型本科高校学生评价面临的问题都十分突出。高等教育大众化给普通本科高校的人才培养标准带来什么样的影响？教学型本科高校的人才培养质量标准是什么？教学型本科高校与研究型高校和高职高专在人才质量标准上的主要区别是什么？教学型高校如何彰显自身的人才培养特色？如何尊重和体现当代大学生的成长成才需求？高校学生评价怎样成为高校人才培养体系的组成部分？高校学生评价怎样在个人价值评价和社会价值评价中寻求平衡……这些问题没有现成答案。本书正是在对以上这些问题进行剖析、讨论的基础上,运用教育学、管理学、社会学、心理学等相关学科的知识予以分析和解答。把握大众化背景下的人才市场需求,确立教学型本科高校的人才培养目标定位,建立更为科学的教育质量评价和人才评价制度,引导学生成为社会化与个性化相协调的高素质应用型人才,这是本书需要研究和解决的主要问题,也是本书希望完成的重要任务。

二　研究的理论意义和实践价值

教学型本科高校的学生评价既是一个理论问题,更是一个实践问题。

从理论的角度看,学生评价是教育评价的一个重要类别,长期以来相对于教育评价中的教学评价,学生评价长期处于无声无息的境地,学生评价应有的地位没有得到很好体现,因此教育评价的理论体系总体不够完整健全。出现这种情况的原因,一方面在于学生评价是一个相对微观和具体的领域,在从事教育学研究的专家学者看来,这是一个不需要运用太多理论予以构建的问题。而在事实上,学生评价涉及心理学、教育学甚至管理学的众多理论流派,具有十分丰富的理论基础,只是疏于系统深入的梳理和挖掘,导致一直以来没有得到应有的重视。另一方面则在于学生评价是一个有着明确范畴的概念,对于实践研究者而言,学生评价更多的仅涉及评价技术、评价手段、评价方法等,理论概念界定不清必然导致就学生评价研究学生评价而缺乏研究的必要范畴,从而将学生评价与学生行为评定、学生成绩评判等直接画上等号。

从实践的角度看,学生评价是教育教学工作中时常出现的一个话题,但是无论是教育理论研究者还是教育教学实践者都很少将这个话题纳入研究的视野。同样的原因,一方面是这个话题相对比较微观,另外更重要的是我们对这个“再熟悉不过的问题”在思维观念中受到传统意识的影响较深,缺乏必要的学术敏感,以至于长期以来“熟视无睹”。事实上,在高等教育领域,学生评价是其他类型教育评价活动开展的基础和核心。无论是对学校进行合格评估或办学水平评估,还是对学校思想政治教育、专业、课程等教育活动和教育方案进行评估,或是对教师的工作进行评估,都要以学生评价为基础。可以说,离开了学生评价,教育领域的许多评价都无法进行。

事实上，高校学生评价问题在高等教育进入大众化阶段后表现得日益突出。因为高等教育广泛的社会影响，高校学生评价已经不仅是高等教育本身的问题，而且已经成为关系素质教育理念的落实和科教兴国战略实施的全局性问题。全面教育质量观、学生观、人才观的形成，有利于我国高等教育实现为经济社会发展提供人才支撑、智力支持的目标。因此，本课题研究具有重大的理论价值和现实意义。具体而言：

（一）理论价值

1. 有利于进一步认识和把握高等教育大众化背景下大学生培养的新要求。马丁·特罗教授的高等教育大众化理论自介绍到我国以来，引发了高等教育界的广泛关注。在本质上，大众化理论是对高等教育规模扩张之后人们对此发生的各种变化毫无准备的一种预警，揭示和解释了高等教育活动变化的一种趋势。而多样化是实现高等教育大众化的必然选择。美国高等教育学家伯顿·R. 克拉克（Burton R. Clark）1982 年在英国"高等教育结构和管理"研讨会上指出，"高等教育怎样兼顾众多应坚持的任务和准则？多样化是解决这一问题的关键"、"靠多样化的结构比靠单一的结构能更好地调节高等教育的各项基本任务和各个准则的冲突"[1]。美国比较教育学家菲利浦·G. 阿特巴赫（Philip G. Altbach）强调指出："任何一个学术系统都是一座金字塔，在这一金字塔中有少数顶尖，为数众多的是服务于各种需要的其他高校。"[2]

今天大学的"功用"已经涵盖了教学、研究和服务三个主要领域。我们应当了解，大学"功用"涉及的三个领域，并非所有提供"高等教育"的学校都能够做得到，更不必说都能做得好。社会各行各业所需要的人才是多类别、多层次的，而这些人才需要在不同类型、层次的学校里进行培养，必须以相应的高等教育机构为依托。多样化的高等教育，各具不同的培养目标，各有具体的质量规格，必然应当避免用精英教育统一的尺度来衡量目标、规格不同的大众化高等教育。因此，高等教育具有多样性，社会需求具有多样性，高等学校办学同样应该具有多样性。所以，建

---

① 龚放：《建设"重中之重"——中国高等教育发展的一个战略决策》，《高等教育研究》1992 年第 3 期。

② ［美］菲利浦·G. 阿特巴赫：《比较高等教育——知识、大学和发展》，人民教育出版社教育室译，人民教育出版 2001 年版，第 3 页。

立新型学生评价体系，促进学生多样化发展，是适应高等教育大众化发展的内在要求。

2. 有利于进一步促进教育价值本位的回归。人类社会发展的终极目标是为了不断提高人的社会生活质量。因此，现代教育的发展由以前只关注教育对社会和经济发展的作用，转而开始更加关注教育本身，关注教育对促进人类素质发展的作用。当下教育的直接目标就是要帮助学生顺利完成社会化和个性化的进程，促进个体素质的全面发展与提高。因此，教育面向的是全体学生，评价的目的是促进每个学生个性的发展和素质的全面提高。这就要求学校尽量创设能充分开发每个学生潜力和个性发展的学习条件与环境，要求教育开发学生在复杂社会中有效生活的能力。从这个意义上说，学生应具备哪些素质？学生应具备的素质的标准是什么？选择什么样的评价方式对学生的素质进行评价？怎样开展评价？这些都是教育评价将要面临和解决的问题。

联合国教科文组织在《学会生存》一书中，以"教育即解放"为号角，对传统教育目的、教育功能观进行了全面而深刻的透视与检讨，指出"教育的基本作用似乎比任何时候都更在于保证人人享有他们为充分发挥自己的才能和尽可能牢牢掌握自己命运而需要的思想、判断、感情和想象方面的自由"，教育要"始终坚持尊重学生的内在需要和自主建构"。教育的对象是人，促进人的发展是教育理论与实践的起点。教育的关注点理应由"抽象的人"转向"具体个人"，承认人的生命是在具体个人中存活、生长、发展的，尊重人们的差异、尊重多元化的观念。长期以来，我们简单地把学生评价理解成为学校管理、控制学生的手段，模式化或模型化地对待个体化、活生生的学生，显然有悖于教育的本质功能。

3. 有利于进一步促成高等教育适应经济社会发展的理论自觉。教育是社会发展的产物，应主动适应和引领经济社会发展的理念已逐步成为人们的共识。从社会需求看，各行各业对人才的规格、层次需求是多样化的，同一模式培养出来的人才不可能满足社会的多样化需求；从人成长的规律看，每个人的个性、智力、需求、追求的目标以及愿意付出的代价是不尽相同的，只有多样化的高等教育才能满足人的不同成长需求。根据社会需要和人的成长规律，适时地推进学生评价的理论和实践创新，必将有利于培养更多符合社会需要的高层次人才，推进教育与社会发展相结合、与生产劳动相结合，实现高等教育的科学发展。

（二）实践意义

1. 有利于促进学生全面成长。当代学生评价观认为，学生评价是对作为受教育者的学生的成长发展情况的评价。它既包括对学生学习情况的评定，也包括对学生态度、情感和身体发育情况的评价。虽然学业成就是学生评价的一项重要内容，但学生评价除学业成就外，还包括对学生智能、态度、个性以及兴趣和爱好的评价。促进学生的发展是当代学生评价的首要和基本的功能，学生评价应有利于学生知识和技能、能力、情感态度与价值观的全面发展；有利于培养学生积极健康的人格；有利于学生身心素质的全面提高；有利于实现教学方式与学习方式的转变；有利于发挥学生的主体性；有利于培养学生的创新精神和实践能力；有利于学生的个性发展；有利于使每个学生获得成功体验。以促进学生的发展为目的，当代学生评价正呈现出一些新的特征。

霍华德·加德纳（Howard Gardner）的多元智能理论认为，智力是个体解决实际问题的能力，是生产及创造出社会需要的有效产品的能力，是每个人在不同方面、不同程度地拥有一系列解决现实生活中实际问题的能力，是发现新知识的能力。每个人在不同程度上拥有他所提出的八种智能。学生与生俱来各具特色，这种差异正是由于八种智能之间的不同组合所致，他们在心理与智力水平上有着各自的风格与强项，每个学生都能在有效的教育活动中得到充分的发展。智力之间的不同组合表现出个体间的智力差异，而其中每一种智力都可以自由地和其他智力结合以解决自己遇到的现实问题。每个人都有自己的智能优势和弱势领域，因此世界上并不存在谁聪明与否的问题，而只存在在哪一方面聪明以及怎样聪明的问题。

因此，对照加德纳的多元智能理论，改革传统的学生评价体系过分强调甄别与选拔功能，忽视激励和促进学生发展的功能；过于关注学业成绩，忽视综合素质；过分强调"整齐划一"，忽视学生个体差异；过分注重他人评价，忽视学生的自我评价；过分重视总结性评价，忽视过程性评价的弊端，有利于提高学生自我认知，倡导自主学习，促进学生的个性化发展和综合素质提高，从而适应新时期社会对人才素质要求的变化。

2. 有利于深化教育教学改革。从 20 世纪 30 年代起，教育改革成为世界各国教育发展的主题，而教育改革是否成功、教育质量是否得到提高、学生是否真正得到发展，这些都必须最终通过教育服务的对象——学生来衡量和判断，因此学生评价必须适应和超前于教育改革发展的需要。

目前我国普遍采用的评价模式是 20 世纪 30 年代美国"教育评价之父"泰勒（Tyler）创建的"行为—目标"评价模式，这类评价的核心是以预定的目标为中心和依据开展评价活动，用统一的目标与标准来判断教育教学活动的价值，规范教育教学行为，控制教育对象的发展，其着力点是对教育教学活动结果的"鉴定"。泰勒的评价模式具有明确的目标导向，但是在教育实践中却常常被蒙上功利主义的色彩，评价目的单一化为"鉴定"、"鉴别"和"选拔"，评价结果被作为考核学校、学生和教师工作的依据，并与评比、评优、奖励和分配制度挂钩，淡化了评价的激励和改进功能。学生评价制度改革，正是要求我们通过教育改革，使学校发现教育教学工作中存在的不足，为调整人才培养方案，优化教学过程，深化教学改革提供参考，为人才培养确立正确方向。

3. 有利于扭转教育评价的导向。教育评价是现代教育活动中一个非常重要的领域，教育评价作为完整教育过程的一个环节，对整个教育教学活动起着十分重要的导向作用。在现代社会，人们更加重视教育评价，教育评价的领域扩大了，教育评价的科学性提高了，评价方法更加多样化了。在学生评价中，人们利用评价获得有关教育结果的反馈信息，并根据评价信息对学生加以区分、选拔、预测和安置。应该说，学生评价制度的建立，最初是以社会公正、人尽其才、促进个人发展为宗旨的，也在这些方面发挥了积极的作用。但是，学生评价的实践也给学生个体的发展、教育事业乃至社会带来了不少消极影响。重视学生评价的选拔和安置作用，对合理选才是有积极意义的，但也导致了社会上的"学历主义"、学校中的"分数主义"，给教育事业造成了损害。扭转教育评价中的异化现象，是当前教育界关注的重要问题。

三　核心概念的界定

教学型本科高校学生评价涉及两组重要概念，一组是高校分类，另一组是学生评价。具体而言，要研究教学型本科高校学生评价，首先需要弄清楚教学型高校、本科高校、评价、学生评价等几个基本概念的内涵。

高校分类是本研究的一个重要立足点。正是因为不同类型的高校具有不同的人才培养目标和人才质量标准，高校学生评价才具有了多样性。所以，在对本研究进行全面展开之前，我们非常有必要对高校类型进行深入细致的探究。这将为我们深入理解为何要研究学生评价，如何看待当前学生评价的现状，不同高校学生的评价标准以及高校学生评价应该如何设计都具有基础性作用。

教学型高校、本科高校是高校类型划分的不同称呼。事实上，长期以来，我国教育学界对高校类型的划分并没有一个统一而规范的标准。这是由于我国长期实行计划经济模式，相应地对高等教育实行高度集中的统一管理所致。特别是经过1952年院系调整后，我国形成了以单一学科为主的高校布局，人才培养层次基本上只有本科层次，因此没有建立多样化高校分类标准的要求也没有建立多样化高校分类标准的必要。20世纪70年代以来，国际上以美国卡内基教学促进基金会（CFAT）的"高等院校分类"、英国高等教育基金委员会中国高校分类问题研究会（HEFCE）提出的新评价体系、联合国教科文组织的"国际教育标准分类法"等为代表开始对世界范围内的高等教育分类进行系统探究，国内以厦门大学潘懋元先生、华中科技大学沈红教授等为代表也对我国高等教育分类问题进行了深入而富有成效的研究。20世纪90年代以来，在科教兴国战略的推动下，我国高等教育进入了快速健康持续发展的新时期，并从2002年开始逐步步入高等教育"大众化"阶段。在这种情况下，我国高校的类型不断增多，层次不断丰富。因为高等教育大众化发展带来的高等教育机构的任务和功能分化变得难以避免，研究高等教育分类成为大势所趋。

目前，我国国内有关高校的分类法以广东管理科学研究院武书连研究员提出的最为典型。2002年，他首次提出了将我国大学分为研究型、教学研究型、教学型、专业型四种类型，其中专业型又可以按学科划分为若干类型。2002年，武书连分别在《科学学与科学技术管理》（2002年第10期）和《中国高等教育评估》（2002年第4期）上发表了题为《再探大学分类》的论文，提出了按学科比例和科研规模两部分组成的新的大学分类法及其标准。在该分类中，大学的类型由类和型两部分组成。类反映大学的学科特点，型表现大学的科研规模，每个大学的类型由上述类和型两部分组成，类在前型在后。[1] 按照武书连的分类方法，教学型高校是按照科研规模进行分类的高校的一种类型，指的是以本科教学为主的大学。如果要对教学型高校做更为具体的特征描述，那么教学型高校是指不

---

① 武书连：《再探大学分类》，《科学学与科学技术管理》2002年第10期。

符合研究型、研究教学型、教学研究型标准的大学，具体而言又可以分为教学 1 型、教学 2 型和教学 3 型。[①] 如果按照武书连的这一分类方法，我国在 2003 年前后教学型高校大约有 600 所，占全部本科高校的比例在一半左右。

与武书连的高等教育分类相对应的分类，还有美国卡内基高等教育机构分类法和联合国教科文组织第三级教育（高等教育）分类法。美国卡内基高等教育机构分类法没有提出教学型高校这一类型，而是根据高等院校的任务来划分高等院校类型从而提出了博士/研究型大学—E 类、博士/研究型大学—I 类、硕士学位授予院校 I 类、硕士学位授予院校 II 类、学士学位授予院校—文科类、学士学位授予院校—普通学科类、学士/副学士学位授予院校类、副学士学位授予院校类等类型。[②] 美国卡内基《高等院校分类》自 1973 年首次公开发表到 2000 年，先后推出了五个不同的分类版本。该分类标准不仅促进了美国高等教育的发展和高等院校的多样化，对美国高等院校的评估也做出了很大贡献，而且在世界高等教育史上首次提出了根据高等院校的任务来划分高等院校类型的方法，为各国政府（包括我国）进行高等教育政策分析和决策提供了有价值的参考。[③] 20 世纪 70 年代，联合国教科文组织制定了第一个《国际教育标准分类法》（ISCED），并于 1975 年在日内瓦召开的第 35 届国际教育会议上获得批准，作为各国教育分类的指导和进行教育统计的依据。后经多次修订，于 1997 年 8 月 8 日，在巴黎召开的联合国教科文组织第 29 届大会上正式发布。在这一分类中，其中的第三级教育第 5~6 段就是指高等教育阶段。

《国际教育标准分类法》是按照"教育级别"和"学科"这两个主要方面对教学计划进行分类的。按照《国际教育标准分类法》的分类，其将第三级教育（高等教育）分为两个阶段。第一阶段（5 级）：相当于我国高等教育的专科、本科和硕士研究生教育阶段。这一阶段又分为 5A 和 5B 两类，5A 类是理论型的，5B 类是实用技术型的。5A 类又分为 5A1 和 5A2，其中：5A1 一般是为研究做准备的，学习年限较长，一般为四年

---

①　武书连:《再探大学分类》,《科学学与科学技术管理》2002 年第 10 期。
②　[美] 卡内基:《高等院校分类》(2000 版简介), 戴荣光编译,《世界教育信息》2002 年第 10 期。
③　陈厚丰:《国外高校分类法及其评析——以美国卡内基和联合国教科文组织的分类法为例》,《当代教育论坛》2004 年第 3 期。

以上，并可获得第二学位（硕士学位）证书，"目的是使学生进入高级研究项目或从事高技术要求的专业"；5A2 是从事高科技要求的专业教育，学习年限较短，一般为 2～3 年，也可以延长到 4 年或更长，学习内容是面向实际，适应具体的职业内容，"主要目的是让学生获得从事某个职业或行业所需的实际技能和知识"，也就是获得"劳务市场所需要的能力与资本"。5B 类是指专科、高职教育阶段。第二阶段（6 级）：相当于我国高等教育的博士研究生阶段。这一阶段专指"可获得高级研究文凭（博士学位）的"、"旨在进行高级研究和有创新意义的研究"。①

以上三种代表性分类各有特色，也各具影响。比较而言，武书连的高等教育分类法还不够科学完善甚至具有致命性缺陷。如该分类法将专科层次的高校全部划归"教学型"，无法区分高专、高职和四年制本科院校在履行三大社会职能特别是人才培养目标方面的差别，这不仅不符合我国高等教育发展的实际，而且也会导致专科层次的高职、高专和民办高校纷纷趋向学术型，无益于引导我国高校各安其位、办出特色。但是，其按照科研规模进行类型划分并提出的四种高校类型已经成为今天不少高等教育研究者和高等教育管理者所借用的主要标准。因此，本研究在对高校类型进行界定时，采用了这一标准，将教学型本科高校作为本研究的基本范畴。

相对于教学型高校这一概念，本科高校的概念就比较通俗易懂了。本科高校通常是相对于高职高专院校而言的，是以本科教育为主兼顾研究生教育的高校。本科高校实质上不是高校类别的划分而是根据高校发展层次尤其是根据人才培养的层次进行的划分。

评价是本研究的重要概念。评价的英文单词是 evaluate，在词源上的含义为引出和阐发价值，《朗曼当代英语词典》将其解释为：计算价值或程度（To calculation the value or degree）。在我国的词典中评价泛指衡量人物或事物的价值。

评价的含义十分丰富。按照马克思主义的观点，评价是一种认识与反映过程。陈玉琨认为"评价是一种价值判断活动，是对客体满足主体需要的程度的判断"②。郝立忠认为"评价是主体对客体属性与主体需要之间价值关系的反映活动，是主体对自身以外客观事物的属性满足主体需要

① 潘懋元、吴玫：《高校分类与定位问题》，《复旦教育论坛》2003 年第 3 期。
② 陈玉琨：《教育评价学》，人民教育出版社1999 年版，第 7 页。

的程度的认识活动"①。王景英认为"评价是主体按照一定的标准对客体的价值进行判断的过程"②。王汉澜认为"评价是人们对价值关系的认识或反映,实际上是以人为主体,以价值关系为客体的一种新型关系"③。肖远军认为"评价是评价主体在对价值客体属性、本质、规律等知识认识的基础上,对价值客体能否满足并在何种程度上满足价值主体需要作出判断的活动"④。美国学者格朗兰德(N. E. Gronlund)则认为,评价可以简单地用下式表述:评价 = 量(或质)的记述 + 价值判断。这就是说,评价是在量(或质)的记述的基础上进行价值判断的活动。

　　评价是一种认识与反映的过程,是对价值的主观判断、情感体验和意志保证及其综合。因此,布鲁姆认为评价即是评价主体对价值客体能否满足并在何种程度上满足价值主体需要作出判断的活动。评价的本质即作出价值判断。评价也是简述教育的重要长期终极目标与教学任务目标的一种辅助手段,是确定学生按这些理想的方式发展到何种程度的一个过程。⑤

　　任何评价都具有主体和客体。从评价的客体看,评价客体可以是人也可以是物。当评价对象是物(包括自然物、人创造的物质产品和精神产品)或人的活动(如教育活动)时,评价就是判断特定物或特定活动能否满足特定人群的需要。当评价对象是人时,由于被评价的人是有主体性、有创造性、有尊严的,对人的评价就不能完全等同于对物的评价。也就是说,对物的评价与对人的评价有着本质的不同。物的价值是物对人的关系,是物满足人的需要的程度,在物与人构成的价值关系中,人是价值主体,物是价值客体,物的价值大小取决于它满足人这个价值主体需要的程度。而人的价值是他自身的价值,人的价值表现为他在何种程度上成为真正的、自我实现的人,人的价值不应以任何外界的东西为评价标准。在现实生活中,在对人这一特定对象进行评价时正是由于简单套用了我们对物的评价原则、评价方式,导致对人的评价失真或失实。

　　学生评价是评价的一个分支概念。当下,关于学生评价存在不同的定义。比较典型的,如学者特鲁迪·班塔(Trudy W. Banta)认为学生评价

---

① 郝立忠:《价值:实践评价的唯一尺度》,《东岳论丛》1996年第4期。
② 王景英:《教育评价理论与实践》,东北师范大学出版社2002年版,第3页。
③ 王汉澜:《教育评价学》,河南大学出版社1995年版,第29页。
④ 肖远军:《教育评价原理及应用》,浙江大学出版社2004年版,第3页。
⑤ [美]布鲁姆等:《教育评价》,邱渊等译,华东师范大学出版社1987年版,第5页。

是指根据教育目标，系统收集、分析和利用高校学生学习中的信息来判断和改进学生学习和发展。① 学者陈玉琨认为学生评价是对学生个体学习的进展和变化的评价。它包括对学生学业成绩的评定及对学生思想品德、个性的评价等方面。测验是其常用的工具，然而学生的评价不只是测验，它还包括多种手段。学生评价是教育评价领域中最基本的一个领域，也是教育工作者最关心的一项工作。② 王孝玲认为学生评价是指对学生在德、智、体等各方面的发展变化情况进行分析和判断，并对其改善和发展给予指导的过程。由于学生是学校教育的对象，学校的一切工作都是围绕学生培养这个中心任务展开的，各项工作的成绩最终都要通过学生的质量而集中反映出来，因此学生评价是学校各项工作评价的基础，是学校教育评价的重要内容。③ 袁振国认为学生评价是指以国家的教育教学目标为依据，运用恰当的、有效的工具和途径，系统地搜集学生在各门学科教学和自学的影响下认知行为上的变化信息和证据，并对学生的知识和能力水平进行价值判断的过程。④ 而在评价理论的先驱泰勒看来，学生评价是以教育目标为出发点，根据教育目标来收集学生的学习信息，并根据教育目标来判断学生在这些目标上的达成度。泰勒关于学生评价的基本假设揭示了以下几个方面：学生评价是以教育目标为依据的，学生评价的目的就是评价学生在这些教育目标上的达成度，评价的主体是老师和雇用者，评价的内容和方式应该多样化，评价对教学是有影响的。泰勒关于学生评价的经典论述，至今仍然是教育实践中学生评价的主要依据。

根据以上学者的定义，我们认为所谓学生评价是以学生的发展变化为对象的一种教育评价，它是在系统、科学、全面搜集和分析学生信息的基础上对学生发展和变化的价值作出判断的过程，目的在于推动教育教学改革，促进学生全面发展。学生评价是对学生学习进展与行为变化的评价，是学校教育评价的核心，促进学生发展是教育活动的本质追求。

学生评价具有不同的功能。泰勒提出，评价目的主要包括：给学生打分、将学生分组、报告给家长学生的收获、报告给学校董事会学生的收

---

① Trudy W. Banta, *Assessment Essentials*, San Francisco: Jossey – Bass Publishers, 1999, p. 4.
② 陈玉琨:《教育评价学》，人民教育出版社 1999 年版，第 56 页。
③ 王孝玲:《教育评价的理论与技术》，上海教育出版社 1999 年版，第 239 页。
④ 袁振国:《当代教育学》，教育科学出版社 1999 年版，第 279 页。

获、验证制度假设的合理性、导向学生重要的教育目标、改革教师教学、给公共部门提供反馈。① 约翰·比格斯（John Biggs）提出实践中学生评价有两大功能：一是告诉我们学习是否成功，二是向学生传递希望他们所学习的内容。具体来讲，评价的功能主要有：①学校保持优秀的标准；②诊断学生学习困难；③测量一段时间之后学习的改进；④激发学生学习的动机；⑤判断学生重要技能和知识的掌握情况；⑥在班级背景下评价学生能力；⑦评价教师的教育方法是否合适；⑧评价课程的有效性；⑨促进学科技能和规则的学习。②萨利·布朗（Sally Brown）等人提出了学生评价的其他一些功能：估计学生发展到其他水平或课程的潜力；给学校内部、外部机构提供统计结果。③亚历山大·W. 阿斯汀（Alexander W. Astin）认为，评价和评估的一个最基本功能，应该是懂得如何尽可能多地学习，如何构建教育环境来使智力得到最大发展。格朗兰德提出了评价能促进学生的自我评价。④ 以上国外这些学者关于学生评价功能的论述为我们认识学生评价打开了广阔的视野。

综合以上这些论述，我们可以看到，学生评价主要有以下几种功能：标准、目标的保持；诊断功能；导向功能；激励功能；反馈功能；学习功能；为其他评价提供基础；促进学生的自我评价。如果进一步进行概括，我们认为学生评价实质上具有两类性质不同的功能：本体性功能和附加性功能。本体性功能是指评价与生俱来的、原初的功能。附加性功能是指后来由于其他种种需要而附加上去的额外功能。选拔功能是学生评价的附加性功能，在学生中进行某种程度的选拔是迫于教育资源、教育机会、社会资源的限制而进行的。学生评价的本体性功能是在日常评价中体现的，而附加性功能是在考试、竞赛、竞争、选拔中体现的。

在当前的教育实践中，存在的比较突出的问题就是人们把学生评价的

---

① George F. Madaus & Daniel L. Stufflebeam, *Education Evaluation*: Classic Works of Ralph W. Tyler. Kluwer Academic Publishers, 1902, p. 91.

② Chris Morgan, Lee Dunn, Sharon Parry and Meg O'Reily, *Student Assessment Handbook*, First Published 2004, London EC4P 4EE, p. 16.

③ Peter knight, *Assessment or Learning in High Education*, published in Association With the Staff and Educational Development Association, First Published in 1995, p. 77.

④ Alexander W. Astin: *Assessment for Excellence*, the *Philosophy and Practice of Assessment and Evaluation in Higher Education*, American Council on Educational and Macmillan Publishing Company, 1991, p. 18.

附加性功能当作了最重要，甚至是唯一的功能，忽视了评价的本体性功能，或者说选拔性功能代替了甄别性功能。学生评价功能的异化使学生评价已经逐渐远离了学生评价的初衷，这是学生评价出现问题的根源所在。

四　研究思路与方法

（一）研究思路

纵观高等教育人才培养质量发展的各个历史阶段，走过了一条"从注重博雅学识到注重专业知识，从注重实践能力到注重全面素质"的评价取向变迁轨迹。由此可知，人才的素质要求是全面、多元和动态的，学生评价的指标体系也应是一个既全面又充满个性化的模型。就评价与教育教学活动的关系层面来看，走过了一条从"教育教学活动→学习结果→评价→奖惩刺激"的单向封闭路径，到"教育教学活动→学习结果→评价→奖惩刺激→反馈"的简单循环路径，再到"教育教学活动＋评价→学习结果→奖惩刺激→反馈→……"的循环往复路径的发展轨迹。

本书旨在借助教育学、心理学、管理学、社会学等学科理论，在对用人单位看重的人才素质、毕业生对自身素质的评价、转型期高素质应用型人才素质模型、评价制度与人才成长的内在影响进行研究的基础上，分析教学型地方本科高校学生评价制度存在的问题及原因，通过对 W 等三所地方本科高校学生评价制度的个案研究，构建适应高素质应用型人才培养的学生评价制度。

因此，本书将遵循研究基础→理论提炼→实验研究→政策应用的研究思路，在对国内外学者的相关研究成果进行综述的基础上，针对普通本科高校学生评价制度这一研究对象，提炼理论基础和研究假设；据此设计调查量表，采用问卷调查来获取数据对理论假设进行验证；归纳结论，提出对策建议，开展实验研究；最后形成制度，并付诸政策应用。

（二）研究方法

在本书中，笔者以辩证唯物主义和历史唯物主义为指导，本着严谨、求实的态度，综合运用教育学、心理学、社会学、管理学等多学科的视野，力图对教学型本科高校的学生评价进行全面深入的研究，具体运用以下研究方法。

1. 文献研究法。文献研究法是本研究的基本方法。学生评价如果要追根溯源则历史悠久，古今中外留存有大量历史文献资料，研究者也从心理学、教育学、管理学、伦理学等众多学科进行探讨。本研究需要对纷繁复杂的文献资料进行汇总、筛选与梳理，并从中寻找规律性的材料。

2. 调查研究法。本研究既有理性的定性研究，也有量化的数据分析。为了深入了解本科高校学生评价的现状及存在的问题，本研究以三所本科高校为样本进行问卷调查，研究者设计了不同类型的调查问卷，分别针对学生、教师及管理者进行调查研究，同时为了进行比较研究，研究者还分别对不同研究对象进行了前测和后测，以便得到更加科学有效的数据资料。

3. 历史研究法。学生评价理论经过数百年的发展，已经形成不同的理论流派，本研究通过对不同理论流派的历史回溯，对学生评价理论的历史发展过程进行回顾。

五 本书研究内容简要介绍

本书正文共分为八章。除正文外，包含附录。附录材料主要有研究涉及的调查问卷、研究形成的文件制度等。

第一章为教学型本科高校需要什么样的学生评价。主要对研究的基本情况、研究背景、研究思路等进行论述。本章首先从研究涉及的问题引出，对本研究要解决的问题、研究的理论价值和实践意义、研究的核心概念及研究思路与方法等进行说明。

第二章为学生评价的文献研究与理论基础。本章主要对有关学生评价的研究现状进行系统梳理并进行评述。具体而言，本章首先对有关学生评价研究的现状进行全面梳理，对当前该问题的研究现状形成客观理性的认识，然后对当前学生评价研究存在的问题及今后研究的方向进行讨论，着重对当前学生评价研究的最新动向进行论述。

第三章为国内外学生评价的经验借鉴。本章主要运用文献研究和历史研究的方法，对国内外学生评价的历史发展进行回顾。国外学生评价的历史发展大致经历了第一代评价的测量与测验时期、第二代评价的描述时期、第三代评价的判断时期、第四代评价的建构时期四个时期。国内教育评价则历史更为悠久，可以追溯到汉代以前的经验考核时期、唐宋的科举考试时期以及后来的系统发展时期。本章在历史回顾的基础上，对学生评价发展不同阶段的背景、特点及存在的问题进行论述。

第四章为教学型本科高校学生评价的现状分析。本章研究着眼于现实，主要从评价功能、评价内容、评价方式、评价主体、评价运行五个方面对当前学生评价存在的突出问题进行描述，并对产生的影响进行分析。除对问题本身进行描述之外，研究者还从问题本身延伸到学生评价伦理，着力从学生评价的取向、内容、目标和技术四个方面对影响学生评价现状的伦理价值取向进行探讨，最后对如何走出学生评价现状的价值冲突误区进行阐述。

第五章为教学型本科高校学生评价的实证分析。在前面对学生评价的历史、现状进行论述的基础上，本章主要运用调查研究的方法，以 W 等三所大学为样本，通过大学在校师生、大学毕业生和用人单位三类对象分别从对现行学生评价问题有关看法、对学生评价与激励机制有关看法和对人才的要求及对大学培养学生的要求等不同角度设计问卷进行调研。本章对调研的数据进行了量化分析并对数据背后反映的问题进行论述。

第六章为影响教学型本科高校学生评价改革的因素分析。本章立足高等教育大众化、教育的现代化转型等背景，在对当前评价制度的现状及问题进行描述的基础上，运用 SWOT 分析法和教育的内外部规律理论揭示了教学型本科高校学生评价改革所面临的内外部环境和条件，以明确当前学生评价改革所存在的机遇与威胁、优势与劣势，从而为改革的有序推进厘清思路、明确方向、增进动力、有效保障。

第七章为教学型本科高校学生评价制度重构。研究学生评价不仅在于对学生评价存在的现象进行描述，对现象背后的原因进行分析，更为重要的是提出改革的办法和路径。本章在综合运用教育学、心理学、社会学、管理学等相关理论的基础上，关注评价理念与基础、评价主体与客体、评价内容与方法、评价过程与结果四维度，围绕评价理念、评价主体、评价标准、评价内容、评价方法、评价过程、评价结果七个方面提出建构新的学生评价制度的路径与方法。本章既是全书问题讨论部分的最后落脚点，也是全书理论建构的系统性总结。

第八章为结论与展望。评价要面向全体学生、要关照每一位学生、要实现人的全面发展，这是评价的应然状态。但是，除开针对评价自身作为价值判断过程复杂性的顾虑之外，不得不承认教育的社会制约性。评价的应然和实然之间总是存在差距的。教育的善恶矛盾的存在也是永恒和必然的。本章从"我们为什么要进行学生评价"、"我们的学生评价为了谁"、"我们能够为完善学生评价做些什么"、"我们的学生评价将走向何方"四个维度揭示出学生评价制度的未来理想走向，即不断在伦理价值的崇尚和追求中，实现自我完善，逐步走近教育理想。

第二章　学生评价的文献研究与理论基础

学生评价是指根据一定的教育价值观或教育目的以及评价活动的现实需要而制定的，用以衡量学生思想道德、学业成就、能力素养、身心状况等发展变化程度及其价值的一套具体化、情景化的规则。它是教育评价的前提、基础和核心。近年来，随着世界各国教育教学改革浪潮的不断兴起，学生评价研究得到了很大的发展。

一　国外学生评价的理论研究与实践探索

国外学生评价的理论研究与实践探索成果丰硕。

（一）学生评价的内容研究

布鲁姆在《教育评价》（1987）中认为，评价即是评价主体对价值客体能否满足并在何种程度上满足价值主体需要作出判断的活动。评价的本质即作出价值判断。评价也是简述教育的重要长期终极目标与教学任务目标的一种辅助手段，是确定学生按这些理想的方式发展到何种程度的一个过程。被誉为"评价之父"的泰勒在《课程与教学的基本原理》（1994）中明确提出："评价本质上是一个确定课程与教学计划实际达到教育目标的程度的过程。但目标本质上是指人的行为变化，因此，评价是一个确定行为发生实际变化的程度的过程。"翟葆奎在《教育评价》（1989）中认为，这种"行为—目标"模式理论注重效果，强调通过评价判断教育目标或计划的实现程度。"评价不是为了证明，而是为了改进。"翟葆奎还认为"所谓评价，是指为获取教育活动的决策资料，对参与教育活动的各个部分的状态、机能、成果等情报进行收集、整理和提供的过程"。评价是为决策提供信息的重要方式。1979 年，盖奇（N. L. Gage）和伯利

纳（Berliner）在《测量和评价的基本概念》中提出"评价是我们把价值
与某种东西联系起来的过程"、"测量给予我们的是数字，人的判断、考
虑和解释要把那些数字转化为评价"。庆伊富长在《大学评价研究》
（1984）中阐述了德雷斯的观点，"所谓评价，就是决定某种活动、目的
及程序的价值的过程。这个过程，分为目的的明确化、收集有关合适的情
报、决策三个阶段。评价所追求的目的便是为达到目标而最有效地去灵活
使用手中的资源"。他的观点注重过程，强调评价是收集信息的过程，提
供决策依据的过程，为教育决策服务、判断效果的过程，教育优化的过程
以及价值判断的过程等。比贝认为，评价从本质来讲是一种价值判断。依
据系统收集信息并对证据实施解释，并在此基础上作出价值判断，目的在
于行动。日本学者桥本重治则认为："评价是与教育的目标和价值有明确
关系的概念，是按照教育目标和价值观对学生的学习成果及教育计划的效
果等进行测量的过程。"评价概念的重点在于以教育目标为标准的价值
判断。

（二）学生评价的功能研究

特鲁迪·班塔（1999）认为，高校学生评价是指根据教育目标，系
统收集、分析和利用高校学生学习中的信息来判断和改进学生学习和发
展；他还提出了"评价能促使学院对目标进行更加清晰的阐述"的观点。
随着对评价认识的不断深入，更加微观的学业评价、学生综合素质评价等
内容逐渐在国内外评价研究的成果中显现。国外学者约翰·比格斯
（2004）提出了实践中学生评价有两大功能：一是告诉我们学习是否有成
果；二是向学生传递希望他们所学习的内容。萨利·布朗（1995）还提
出了学生评价的其他一些功能，例如：估计学生发展到其他水平或课程的
潜力；给学校内部、外部机构提供统计结果；等等。亚历山大·W. 阿斯
汀认为，评价和评估的一个最基本功能，应该是懂得如何尽可能多地学
习，如何构建教育环境来使智力得到最大发展。格朗兰德（1991）提出
了评价能促进学生的自我评价。评价还具有学习的功能。采取自我评价或
相互评价方式进行的评价，直接向学生自身反馈评价信息，以使学生改进
自己的学习。

（三）学生评价的发展研究

以色列著名教育家、课程论学者 A. 利维进行了大跨度的审视，将学
生评价分为三个时期，即古典考试时期、测量主导时期和后现代时期。美

国评价专家古巴和林肯在《第四代评价》一书中将学生评价发展过程分为四个时期，即测量和测验时期、描述时期、判断时期和建构时期。涂艳国教授在《教育评价》（2007）一书中，将教育评价发展历史分为五个阶段，即考评阶段、测量阶段、描述阶段、判断阶段和建构阶段。考评阶段主要表现为运用考查（如问答、谈话、背诵等）和考试（如口试、纸笔考试等）等手段来检查学生对知识的掌握情况；测量阶段以测验（Testing）或测量（Measurement）为手段，对学生的知识掌握情况或其他方面进行测定；描述阶段则是描述教育结果与教育目标的一致程度，它是随着"八年研究"兴起的，产生了著名的"泰勒模式"；判断阶段对泰勒模式进行了超越，出现了斯塔弗尔比姆（Stufflebeam L. D.）的 CIPP 模式、斯克里文（Scriven M.）的目标游离模式（Goal Free Mode）、斯塔克（Stake R. E.）的应答模式（Responsive Mode）、欧文斯（Owens T.）的反对者模式（Adversary Mode）等；建构阶段强调评价描述的是共同的心理建构、评价中存在着多元的价值判断、评价对象参与评价对评价结果有重大影响、评价要重视评价结果的推广与使用、评价中要重视对个人的尊重、评价结果表现为案例报告。

（四）学生评价的实践研究

当前，学生评价改革已经成为各国非常关注的重要议题。为此，一些国家进行了积极的探索和实践，形成了特色鲜明的学生评价项目。比较有代表性的有：国际教育成就评价协会（IEA）开展的第三次国际数学和科学教育研究（TIMSS）和国际阅读素养进展研究（PIRLS），经济合作与发展组织（OECD）负责的国际学生评价项目（PISA），由美国国会授权、教育部所属的全国教育统计资料中心管理、教育考试服务中心（ETS）实施的美国全国教育进展评价（NAEP），英国的标准评量测验（SATS）和中等教育证书考试（GCSE），等等。其中，NAEP、TIMSS 和 PISA 是当前最为著名的学生评价项目，它们所提供的指标在国际上具有广泛的影响，已经引起世界各国的高度重视。

在美国，《国家科学教育标准》中提供的评价方法除了纸笔测试以外，还包括平时的课堂行为记录、项目调查、书面报告、作业等开放性的多元评价方法；美国各著名高校在录取学生时不仅要求学业成绩，通常还要求学生提交一篇短文、有关人士的推荐信，并要求面试。而美国对学生的评价虽然也评价学生的知识、能力等学业成就，评价学生的态度和参加校内外社会活动的积极性，但更重要的是评价学生适应社会需要的程度。20 世纪 90 年代以来，美国中学生评价发生了变化，即学习和评价的观点从行为主义观点转向了认知观点：一是由原来的一味强调学生学习的结果转向关注学习过程；二是由被动反应转变成积极的意义构建；三是从评价具体的、独立的技能转变为整体和跨学科评价；四是由注重元认知（自我监控和学会学习的技能）和认知技能（动机和别的影响学习和成功的因素）转向注重知识和技能应用——从零散的事实的积累和技能转变为强调知识的应用；五是评价的方式从纸笔测验为主转变到与真实性评价相结合，如与学生有关的有意义的问题、情景化的问题、强调复杂技能、不止一个正确答案、事先知道的公正的标准、个人化的步伐和进步等。① 史静寰等在《美国大众化高等教育中的学生评价研究：缘起、内涵与实践》（2014）一文中认为，决定学生在大学期间学了什么的学生评价，不仅可以为学生提供一种独特的人生记录，成为社会各界评判高等教育质量和对高等教育进行投资的重要因素，而且也是高等教育知识生产、人才培养和社会服务质量的重要指标之一。她还在《区域认证中的学生评价："奉子成婚"抑或"天作之合"？——美国高等教育质量保障机制研究》（2012）一文中提出，自 20 世纪 80 年代末以来，学生评价成为推进美国高等教育质量改进和认证机构转型的"催化剂"，因此从历史的视角分析二者交互依存的状态和影响，某种程度上可以说明美国高等教育质量观转变和保障机制转型的内在逻辑。

在日本，随着学生学习指导要领的不断修订，新的学历观引起了评价观的变化，从评价的内容到方式均体现学生的主体性，注重学生对学习情况、参与活动表现等进行自我评价。以定期考试为中心的相对评价基本被废除，代替的是单元测验和检测学生理解知识程度的小测验，评价的方式由教师和学生共同进行。另一个大的变化就是通知表的形式发生大的改变，对记载方法进行了重新检讨。通知表从以前的通知、通信改为"进程表"、"进展表"、"自己评价卡"、"家庭联络表"等，通知表上除教师对学生进行评价之外，还增加了学生自己评价的栏目。此外，学生选拔的方法更加多样化、选拔尺度多元化。还有一个突出的变化，表现在学生成

---

① 《学生多元化评价研究》，2010 年 3 月 16 日（http://www. 360doc. com/content/10/0316/21/63654_ 19047665. shtml）。

绩评定方法上。从 20 世纪 40 年代中期至 60 年代末，日本基本上采用的
是相对评价，并且以偏差值记录学生的成绩，这种方法刺激了利己主义的
竞争意识，强化了为分数而学习的现象。为了改变这一现象，各级学校都
在改革学生成绩评定方面作了多种尝试。主要表现在减少以单科分数进行
评定（对每一学科逐一进行成绩评定），采用分类目标评定（指对每一学
科都设定目标分类进行评定），即既对每一学科评定成绩也根据目标分类
进行评定。另外，对于成绩册中学生的评分方法也进行了改革，大多数学
校都采用 5 分制或 10 分制。此外，从成绩册的内容看，更多的学校为了
纠正偏重"学科成绩"的做法，体现"全人"的特点，成绩册对学生的
评价包括出勤、身体健康、学习成绩、行为和性格、特别活动、标准测验
成绩等，改变了过去只反映学生成绩和出勤状况的面貌。[①]

　　陈庆在其硕士论文《国际学生评价项目 PISA——科学素养的测评的
研究》中阐述，PISA 是由 OECD 组织的"国际学生评价项目"（Pro-
gramme for International Student Assessment，PISA），是全球范围进行的一
项大型学生学习质量比较研究。PISA 项目主要测评阅读素养、数学素养、
科学素养，每三年举行一次，九年一个大循环。每次都以某一个领域为重
要领域，其他两个领域为辅。国际学生评估项目 PISA 的独特之处在于：
它不仅测试学生的认知发展水平，还透过相关的问卷，测评社会公平、学
习投入和财政保障水平，从而为各国和各地区的教育决策者提供改进教育
政策、推动教育改革的国际比较信息。国际学生评价项目 PISA 是建立在
"终身学习"的动态模型之上的，由 OECD 成员国共同开发的评价项目，
其主要目的是促进学生终身能力的发展，研究从 PISA 科学素养测评这一
角度来探讨其对我国的启示，充分借鉴了 PISA 测评的发展及研究成果；
以 PISA 测试中相关的测评理念、测评对象、测评内容、测评形式、方法、
效能等进行系统研究，有助于较全面、完整地认识和把握当今世界的教育
理念、方向，拓宽 PISA 的研究范围。该研究着眼于国际学生评价项目 PI-
SA，旨在深度挖掘 PISA 潜在的价值，充分领悟 PISA 中的各种理念和方
法，在教学及评价中参考借鉴 PISA 测评的一些内容和情景。在于立足国
内国际学生评价项目 PISA 的研究现状，通过对已有研究的分析与整理，

　　[①]　《学生多元化评价研究》，2010 年 3 月 16 日（http：//www. 360doc. com/content/10/
0316/21/63654_ 19047665. shtml）。

对 PISA 的评价理念、框架、评价内容等进行详细阐述，试图对我国科学素养的评价提供思路，对我国科学课堂教学提供启示。通过对 PISA 测试项目的系统研究，可以寻找出对我国科学素养测评试题编制方面的启示，用于更好地指导并改进科学测评。

二　我国学生评价的思想与实践

我国学生评价的思想与实践起源可追溯到公元前 2200 年的尧舜时代，但在学生评价的科学化与专业化方面却远远落后于西方。新中国成立后，学生评价研究的全面发展阶段开始于 20 世纪 70 年代末。此阶段研究的主要成果是引进和介绍国外的研究成果，比较有代表性的是瞿葆奎和陈玉琨等著名专家。自 20 世纪 80 年代中期，尤其是《中共中央国务院关于深化教育改革全面推进素质教育的决定》颁布和人才强国战略实施以来，有关推进学生评价改革的研究渐进高潮。其中，比较有代表性的有：张民选（1995）在对"前三代评价"进行批判的基础上，对"第四代评价"的理论价值和局限性进行了评述；陈玉琨（2002）认为学生运用知识能力比知识本身更重要，人文素养是学生发展的重要方面，探究和实践能力是合格毕业生的必备能力；李吉会（2002）、沈志莉（2002）、齐国贤（2003）、田友谊（2009）对发展性教育评价的功能、目的、结果的应用等进行了系统研究；国家基础教育课程改革"促进教师成长与学生发展的评估体系研究"项目组（2004）对学生评价的方法、体系以及学校发展的使命等进行了研究。此外，我国也有不少学生评价方面的研究著作出版，如瞿葆奎等选编的《教育学文集·教育评价》（1989）、陈玉琨等著的《教育评价学》（1999）、王景英著的《教育评价的理论与方法》（2002）、涂艳国主编的《教育评价》（2007）、王斌华的《学生评价：夯实双基与培养能力》（2010）、苏启敏的《价值反思与学生评价》（2010）、崔允漷等的《基于标准的学生学业成就评价》（2008）等。尽管以上研究的角度和理论基础各有差异，但在学生评价"应强调为学生发展服务"、"应由多主体参与"、"内容应注意全面性以及与培养目标、学生特点的适切性"、"结果的反馈与应用等很重要"等方面形成了共识。

（一）关于学生评价运行方面

涂艳国在《教育评价》（2006）一书中认为，学生评价是教育评价领域中最基本的一个领域，也是教育评价体系中的核心和重要内容。学生评价是评价主体依据一定的评价标准对学生个体学习的进展和变化及其影响因素进行系统分析和价值判断的过程。学生评价是促进学生成长与发展的重要手段，也是学生自我完善的重要参考。姐媛媛在其论文《真实性评价研究》（2007）中认为，学生评价是在一定的教育价值观的指导下，根据一定的标准，运用一系列方法，对学生的思想品德、学业成绩及其身心素质进行价值判断的活动。但对于学校教育场景来说，学生发展是最终目的，学生是最终的价值主体，评价学生不是要判断学生能否满足另外的价值主体的需要，不是对学生的发展作价值判断，而是要衡量、描述学生的发展状态、发展水平，为下一步教学提供信息。因此，对学生的评价不仅要关注学生的学业成绩，而且要注重发现和发展学生多方面的潜能，了解学生发展中的需要。刘兆青在《基于卓越工程师培养的工科学生评价改革研究》（2013）中阐述了学生评价不是无关学生痛痒而只与评价者评价目的相关的活动，它是一个会改变学生心理以及行为的活动。苏强在《当前学生评价存在的问题及改革方向》（2009）中认为，学生评价是对学生学习进展与行为变化的评价，是学校教育评价的核心。

（二）关于学业评价方面

王景英在《教育评价理论与实践》（2006）中认为，学业评价也叫学习成绩（学习成就）评价，一般包括基础知识、基本技能、学习智力与非智力因素，所以学业评价的主要变量是学习收获或学习成果，其中包括某一学习阶段的学习成果、某一学期或某一学年的学习成果。学业评价是学习过程和学习结果的综合评价，它评价得是否合理直接影响到学生学习的动力以及教师教学的动力。刘兆青（2013）认为，首先，对学生来说，评价在很大程度上关乎他学习的动力、目的以及投入度。如果我们想要更好的学习效果，合理的评价就能给予很大的帮助。其次，他认为，学生评价的测量对象是学生的学习效果，其最终目的是通过评价促进学生获得要求甚至超出所要求的学习效果。最后，他还认为学生评价是对学生学习进展与行为变化（学习效果）的评价。学生评价按照功能不同可以分为对学习的评价（Assessment of Learning）和促进学习的评价。对学习的评价是指为了选拔、认证、监测或问责等目的在学习之后对学生个体或小组进行的评价。促进学习的评价是指发现、收集和解释有关学生学习信息的过程，而这些信息被学习者和教师等用来做出下一步的学习决策。它旨在支持学生学习的持续改善与进步，帮助学生达成更多的目标。沈晓丽在《我国普通高校学生评价实践研究》（2008）中指出，高校学生评价是教学活动的重要环节。在教学活动进行之前，教师通过学生评价来了解学生的学习基础、背景知识；在教学过程中，教师通过学生评价来了解教学的效果和学生学习的进展情况，诊断学生学习中存在的问题和遇到的困难，反思教学计划是否符合教学目标，教学内容的传递是否清晰准确，教学方法和技术是否得当，从而提出有针对性的建议，改进学生的学习，实现教学目标；在教学活动结束后，教师通过学生评价了解学生是否达到了预定的学习目标。她还认为，大学学习期间进行的评价，主要在于不断反馈学生学习成功或失败的信息。

（三）关于学生综合素质评价方面

王景英（2006）认为，学生综合素质评价是学校教育评价活动的核心内容，是对学生思想品德、知识技能、体质、社会适应性以及劳动技能等各个方面的可教育性及实际发展水平进行价值判断。《基础教育课程改革纲要（试行）》（教基〔2001〕17号）也强调，学生综合素质评价"不仅要关注学生的学业成绩，而且要发现和发展学生多方面的潜能，了解学生发展中的需求，帮助学生认识自我，建立自信"。涂艳国（2006）认为，学生综合素质评价是根据一定的评价标准，对学生的学习和发展进行系统分析，作出价值判断的过程。学生综合素质评价是深化素质教育，实现课程改革目标的重要措施。对学生进行综合素质评价，不仅有助于促进学生的全面发展，而且有助于教师因材施教、提高教学质量；不仅为学生提供了自我认识、自我完善的机会，而且也为教师、家长和行政部门提供了学生各方面发展状况的信息；不仅有利于选拔全面发展的高素质人才，而且有助于了解和评估教育目标达成的状况并检验课程改革的成果。甘泉在《高校学生综合素质评价的功能与原则》（2008）一文中阐述了高校学生综合素质评价是大学生思想政治教育工作的重要内容，也是检验大学生思想政治教育成效的主要方式。高校学生综合素质评价具有导向功能、规范功能、激励功能和调节功能。在构建高校学生综合素质评价体系时要坚持现实性、发展性、科学性和实用性原则，而在实施学生综合素质评价过程中要坚持主体性、民主性、动态性原则。徐明春在《高校学生综合素质评价系统分析与设计》（2004）中主要研究了高校经济专业学生综合素质的评价问题，在考察了现有大学生素质评价系统的基础上，运用模糊综

合评判法构建了人人都能得到奖励的激励模型，并运用基于 J2EE 技术的
B/S（Browser/Server）结构实现了高校经济专业学生综合素质评价系统。
田红芹等在《学生综合素质评价的实践与认识》（2013）一文中认为，学
生综合素质教育评价要以科学发展为指导，以提高学生素质为宗旨，按照
国家"课程标准"衡量学生德、智、体等各方面综合素质发展状况，要
促进教师关注学生全面发展，促进各门课程实施，促进学生自觉提高创新
能力、实践能力和多方面潜能的发展。樊亚峤等在《学生综合素质评价
的制度化》（2010）中提出，实现学生综合素质评价的制度化有助于缩小
理想评价制度与现实评价制度的差距，加快"制度丛"体系的改革进程，
减少公众对综合素质评价公正性的质疑等。叶祝颐（2013）专门指出，
浙江省中小学停止"三好学生"评选的做法，给学生评价注入科学内涵，
采用多元化标准评价学生综合素质，发掘每位学生的闪光点，肯定每位学
生的进步，激发每位学生的潜能，避免学生评价出现偏倚，应该是学生评
价努力的方向。

（四）关于学生评价存在的问题方面

陈庆（2013）在其硕士论文中指出，叶澜教授在回顾了 40 多年来教
育价值取向的变化过程后认为，当代中国教育价值取向偏差主要表现为：
在政府的教育决策中历来只强调教育的社会工具价值，忽视教育在培养个
性使人的潜能得到尽可能发展方面的价值；总是要求教育表现出即时的显
性的功效，忽视或轻视教育的长期效益。受其影响，学生评价会体现出更
多的工具价值，表现在学生选拔、教师评优、学校考评等方面，人们会过
于看重评价结果，追求成绩本身，而忽视评价对象的客观需要和评价的诊
断、激励作用，从而影响学生评价积极作用的发挥。刘兆青（2013）指
出，学生们及教师们最重视的都是一纸测验。学生也将自己最大的精力投
入到应付那一纸测验中去。不能否认测验能在一定程度上反映学生的学习
结果，但遗憾的是，这些测验不能真实反映学生的其他学习效果，这种单
一的评价方式仿佛是一把枷锁，它将学生的精力锁在了一个点上，造成了
学生对发展其他能力的忽视。张磊在《基于层次分析法的工科学生创新
能力综合评价》（2010）中指出，传统教育评价主要以学生在校期间的考
试成绩为评价核心，过于强化考试的作用，评价形式僵化单一，与用人单
位对人才创新能力的需求的矛盾越来越突出。孙慧娟在《地方高师院校
学生综合素质评价研究》（2014）一文中认为，当前地方高师院校学生综

合素质评价存在很多问题：评价主体匮乏，被评价者处于被动地位；评价
内容不全面、结构不合理；评价的组织不合理、不透明；评价的结果呈现
单一、运用不全面、反馈欠缺；等等。高师学生综合素质评价对甄别和选
拔功能的过分强调，对激励和发展功能的忽视；过分强调评价结果，忽视
评价过程；过分强调学业成绩的评价，忽视综合素质的评价；等等。最突
出的问题是没有与社会用人单位联系，有针对性地开展对高师学生这一特
殊群体的评价。苏强（2009）认为，现行的学生评价在评价理念、方法、
标准、内容等方面违背了促进学生发展的初衷，与素质教育、新课程的推
进背道而驰。

张素敏等在《高校学生综合素质评价存在的问题及改进措施》
（2008）中认为，由于存在人为的完全量化等方面的缺陷，综合素质评价
已经走入一种"学生排斥，教师头疼"的尴尬境地。叶祝颐（2013）认
为由于受应试教育传统观念的影响，不少地方"三好生"评选标准出现
了偏差，德、智、体全面发展的"三好"标准在某些评选者眼中异化成
了学习成绩"一好"，"三好学生"俨然成了高分数学生的代名词。这与
素质教育的宗旨以及"三好学生"的评选初衷背道而驰。

对于教学型本科高校高素质应用型人才培养的研究，王旭东（2007）
认为，教学型本科高校发展目标和人才培养目标的定位应该面向地方需
要，培养应用型人才。蔡袁强等（2010）提出"为地方经济社会发展服
务应成为学校的生存之基和活力之源"。代显华和李忠民（2009）、曾小
彬（2009）等从构建试验教学中心、强化实践教学环节的角度，对高素
质应用型人才培养的内涵、原则和方法进行了深入分析；潘玉驹和何毅
（2009）就教学型本科高校学生评价改革的必要性以及评价改革的策略进
行了论述。

三   国内外相关研究的述评

国外教育评价的理论与实践从 20 世纪 30 年代产生以来得到了迅速发
展，在其发展过程中，特别是在主要西方国家中十分重视对教育评价的研
究，并取得了显著的成绩。在评价的功能上，现代西方的教育评价模式不
再将评价看成鉴别、分等和检查的工具，而逐步使评价成为改进的工具，
推动教育发展、提高教育质量的手段，评价的结果也主要用于提供各方面

的信息，提出建议或通过社会舆论的力量来影响和促进学校的工作。在评价方法上，西方传统评价注重定量、实验的方法以及各种客观数据收集的方法；而现代西方教育评价在注重客观方法与主观方法相结合的同时，越来越注重评价方法的主观性。在评价主体上，现代西方教育评价高度重视评价者的自我评价，重视评价中各类相关者的参与和意见，体现了一定的民主性。现代西方教育评价重视元评价（评价的再评价），把再评价作为监督和改进评价工作的重要手段。

对我国影响最大的教育评价模式是以泰勒为代表的行为—目标评价模式。随着国外教育评价新思潮的不断涌入，我国教育工作者在引进、消化西方教育评价模式的同时，为探索适合我国教育实际情况的学生评价而进行不懈的努力和实践。根据我们对教育类中文书籍和"中文知网"的检索显示，国内学者从 20 世纪 80 年代开始关注学生评价，30 多年来关于学生评价研究的情况从论文的数量上看，已有一定的成果。在检索到的有关学生评价的 1428 篇期刊论文中，多数集中于 2004 年以后，从 2004 年到 2013 年每年关于学生评价的文献分别是 45 篇、65 篇、68 篇、76 篇、98 篇、148 篇、159 篇、159 篇、175 篇、253 篇。可以看出这方面的文献呈现逐年增多的趋势，说明近 10 年中学生评价这个问题一直受到教育者和学者的关注。在期刊论文中，注重经验借鉴、倾向基础教育和理论探索方面的研究较多，而专门针对高等教育领域，构建学生评价机制进行实践研究的则相对较少。

（一）从经验借鉴转向原创构建，学生评价的制度体系符合国情

关注学生评价近 10 年来的文献研究，不难发现，其理念多来自国外。当然不是说国外的东西不能用，国外先进的东西应该可以用来为我们的教育服务，但我们的教育毕竟有别于国外教育，所以评价研究贵在有自己的特色，适合于自己的学生评价、具有影响的学生评价必然是发源于本土的研究。因此，近年来，不少研究者开始关注基于不同高校类型、结合不同学生特点的评价研究，构建适应学生成长规律的学生评价制度，并进行了富有成效的探索。

（二）从基础教育转向高等教育，学生评价的研究视角不断拓展

从研究视角来看，在西方教育界的"大课程、小教学"体系中，基础教育的课程评价是学生评价的核心，在我国，实施小学生素质评价是基础教育课程改革的需要。20 世纪末以来，大学创新人才培养迫切要求对

评价的功能重新进行思考与定位，及时推行基于新理念的学生评价，充分发挥其在创新人才培养改革中的导向作用。创新人才培养迫切要求教育评价转向高等教育学生评价，从此关注这方面的研究成果日渐丰富。

（三）从理论探索转向实证研究，学生评价的研究方法不断创新

对学生评价研究的路径有两条：一是实证研究，一是理论思辨研究。近10年的学生评价研究主要采用的是理论思辨研究，有760篇，所占比例约为70%，采用实证研究的论文有325篇，约占比例为30%。实证研究方式远低于思辨研究方式，这与我国学术研究的整体现状是相符合的。思辨研究的分析路径是，通过对学生评价的概念界定、重要性的解说，对学生评价的特点、功能的说明及问题分析，然后提出改进学生评价的方法及意义。从实证研究的角度可以发现，最近几年采用实证研究的方式的比例呈上升趋势（2009年以前只有25篇，2010年有35篇，2011年有37篇，2012年有45篇，2013年有96篇），实证型研究方法越来越受到广大学者的推崇，大多数学者以问卷调查为基础，创新性地运用了深度访谈法、统计分析法、实验研究法、行动研究法等，了解学生评价的现实状况，继而发现问题，以一定理论为分析工具分析原因及影响因素，寻找解决对策。

四　学生评价的理论基础

对任何学校而言，学生评价改革都不仅仅是简单的、局部的、操作层面的问题，而是从教育思想、教育内容、教育方式到教育技术的一系列变革，其核心是贯穿于这一系列变革之中的教育理念的变革。评价改革的理念体现了一所学校所处的历史背景和时代特征，体现了一所学校对经济社会发展以及学生发展的价值取向，体现了对原有教育传统和评价观念的批判和继承，也体现了一所学校对教育目的、培养目标的新的理解与诠释。因为，学生评价制度的改革可谓牵一发而动全身，不可避免地会产生一系列新的矛盾和挑战。比如，评价改革试验成果的检验周期要长和评价改革推进的速度要快之间的矛盾，对教师教育教学的艺术、投入、要求更高和教师水平、投入实际状况改善滞后之间的矛盾，学生评价体系的引导作用和考试考查方式实际的指挥作用之间的矛盾，学生评价结果的展现和用人单位选人用人的考量之间的矛盾，等等。而在诸多矛盾中，最根本的则是

传统教育与评价理念和现代教育与评价理念之间的激烈碰撞，以及对传统理念顽固性与反复性的超越。因此，要准确把握和推动学生评价制度的改革创新，就要厘清其赖以改革的理论基础。我们以为，学生评价改革是基于人的全面发展理论、高等教育大众化理论、多元智能理论和建构主义理论的。其中，高等教育大众化理论是其现实基础，多元智能理论是其发展导引，建构主义理论是其前提条件，人的全面发展理论是其目的追求。

（一）高等教育大众化理论

1. 高等教育大众化理论的演变进程

高等教育大众化理论，实质上是建立在中等教育毛入学率快速提高，青年人要求上大学的需要更为迫切，社会发展对人才需求更为旺盛以及教育民主化的压力加大等背景下，关于高等教育规模扩张的理论。一般认为，高等教育大众化理论是以美国加州大学伯克利分校的马丁·特罗（Martin Trow）教授的学术和理论为核心的，特罗教授是高等教育大众化理论的创始人。实际上，高等教育大众化是一个历史的概念，又是一个发展的概念，有其自己形成和演变的过程。①

1962 年，特罗教授在《美国高等教育民主化》一文中首次提出了"大众化高等教育"这个概念。70 年代，他以美国和西欧国家高等教育发展作为研究对象，探讨高等教育发展进程中的量变和质变问题，先后发表了《从大众化高等教育向普及高等教育转化的思考》《高等教育的扩张与转变》《从精英向大众化高等教育转变中的问题》等一系列文章。特罗认为，高等教育发展呈现出三种表现形式，即在校生人数的增长、教育机构规模的扩张和适龄青年进入大学比率的提高。在此基础上，他根据适龄青年进入大学的比率，将高等教育的发展过程分成"精英化教育"、"大众化教育"、"普及化教育"三个阶段。精英化教育阶段，即高等教育毛入学率在 15% 以下，该阶段的高等教育对象局限于少数学术精英，在培养目标上注重塑造统治阶层的能力和人格，使学生成为国家和学术性专业中的精英角色。大众化教育阶段，即高等教育毛入学率处于 15% ~50% 之间，该阶段的高等教育对象更为多元，在培养目标上逐步转向传授更多的知识、技能。普及化高等教育阶段，则是高等教育毛入学率超过 50%，

① 邬大光：《高等教育大众化的理论内涵和概念解析》，《复印报刊资料》（高等教育）2004 年第 11 期。

此时的高等教育越来越成为国家和国民的一种义务，培养目标更趋向于自我完善与自我发展。

在此基础上，特罗教授指出，高等教育从一个阶段向另一个阶段的跨越，绝不仅仅体现在高等教育规模的扩张和毛入学率的提高，更为重要的是体现出高等教育类型、选拔制度、学术标准、课程组织和教育质量观的变革，教育文化观念、教育功能、教学形式、师生关系、教育运行机制等诸多方面的不同规定性。高等教育大众化理论揭示了随着高等教育数量规模的发展和普及程度的提高，对整个高等教育体系以及高等学校发展将发生的根本性变革，对制定高等教育发展的政策提供了重要的参考依据。

2. 高等教育大众化的基本特点

解析特罗教授的高等教育大众化理论，可以发现，在大众化教育阶段，高等教育至少呈现出三个与精英化教育阶段不同的基本特点：一是精英化教育与大众化教育并存。正如特罗先生所指出的："从精英向大众转变时，精英型和大众型高等教育机构同时存在。"在大众化阶段，高等教育必然出现两个不同的发展方向，即继续坚守精英化教育和趋于大众化教育。二是质量标准的嬗变。特罗教授认为，由精英教育迈向大众化教育，必将存在两对矛盾，即规模扩张与质量下降的矛盾、扩大招生与毕业生过剩的矛盾。进而，他指出，大众化和普及化高等教育所依赖的质量评价标准不能沿袭传统的精英高等教育标准，而应坚持"多元"或多样化的评价标准；不能以精英教育时代的传统就业观念来看待当今大众化与普及化阶段的大学生就业问题。三是高等教育的经济功能更加突出。大众化改变了传统高等学校的智能和办学模式。新建的或者以培养应用型人才为主要使命的大学不能再模仿传统大学那样重研究轻教学、重理论轻技术，而要更多地与社会、企业联系，培养适应地方经济和社会发展需要的应用型人才。在大众化和普及化阶段，高等教育不仅要培养一批拔尖创新人才、政治人才、高级管理人才和高级技术人才，还要培养一大批符合经济社会发展需要的各行各业的专门人才和实用技能型人才。

3. 高等教育大众化理论对学生评价改革的启示

（1）依据学校定位，厘清学生评价的标准。标准是学生评价的逻辑起点，也是判断一个国家高等教育的整体质量和不同学科、专业的人才培养质量高低的标尺。在大众化教育阶段，精英化教育与大众化教育并存的格局，决定着学生评价的标准也应该是一个精英化质量标准与大众化质量标准并存的多样化的质量系统。对于一些国家重点高校，理应始终坚守人才培养的学术标准和精英标准；而对于大量的教学型本科高校而言，则应立足地方和行业发展需求，突出能力标准和大众化要求，从而形成一个完善的高等教育体系和多样化的高等教育质量系统，以满足社会和学生的不同需要。相反的，如果所有不同层次和类型的高等学校，都单纯地坚守传统精英高等教育的质量标准来判断学校教育的整体质量和人才培养质量，这就必然出现社会和评价系统的错位，既不现实也不可能，而且在实践中也是十分有害的。正如美国学者克拉克·克尔（Clark Kerr）所指出的：高等教育大众化阶段是一个高等教育体系和质量结构分化的过程，试图把大众化高等教育和普及化高等教育的学生都容纳在精英框架之内，是一个巨大的历史性错误。

（2）确立科学评价理念，引导学生发展进步。如前所述，高等教育大众化理论所揭示的是高等教育功能、课程、培养模式、价值取向等的深刻变革。从目的与功能上看，在精英教育阶段，高等教育的任务是培养治国英才和学术英才，主要是体现国家的意愿；在大众化教育阶段，高等教育则从满足培养少数精英的国家需求，转向同时满足更广泛的社会需求和个人需求，个体需求、人本需求开始得到体现。从课程层面来看，在精英教育阶段往往以学科为本位，教材为中心，课程倾向于结构化，以必修课为主，学生处于无自主选择权的被动地位；而进入大众化阶段，课程设计模块化，具有灵活性，人性的发展受到重视。从人才培养的价值取向看，大众化高等教育更具个性化色彩，一改过去"千校统一，千人一面"的标准化教育产品生产的质量标准，体现因校而异。在培养模式上，由传统的"学科本位"型向"能力本位"型和"人格本位型"发展。因此，作为引导学生发展"指挥棒"的学生评价，也应坚持与时俱进，实现评价理念的嬗变。一是要形成以素质教育为目标，以开发人的潜能，展现人的个性，培养人的创新精神和实践能力为重点的评价体系；二是要把学生的个性、品德、思维方式、创造力作为考评的重要量值；三是既重视对学生认知能力、实践能力的评价，也重视对学生的科学精神、人文精神等的评价；四是要让学生成为评价的主体，改变教师与学生评与被评的关系；五是要更加面向社会需求，将教育的内在价值与外在价值紧密联系起来，引导学生成为社会有用之才。

（二）多元智能理论

1. 多元智能理论的演变进程

1905 年，法国心理学家阿尔弗莱德·比奈（Alfred Binet）成功发明了"智商测试"。从那时起，智商理论开始产生广泛影响，被认为是心理学最伟大的成就，是具有极其普遍实用价值的科学工具。这种理论应用于教育，就产生了一种学校观，即学校应当面向所有学生开设相同的课程，而不必提供更多可供选择的课程。也形成了一种学生观，即智商高的学生才是最聪明的和最有前途的学生。还形成了一种评价观，即类似诸如 IQ、SAT 等以纸笔解答问题的智商测试方法进行考试，是评价学生水平的最好方式。应当承认，它为近代和现代教育事业的发展做出了巨大的贡献。

然而，随着时代的进步，人们越来越认识到传统智力观的局限性。比如：传统智力观的智力仅限于学业智力，而无法涵盖观察力、记忆力、想象力以及思维能力等；传统智力观可以较好地预测个体的学业成就，但难以预测个人的生活及事业上的成功，忽略与现实世界的联系；传统智力观注重观察人的外部行为结果，却揭示不了内部的认知过程，忽视了智力活动的动态过程；更无法说明情绪、动机、人格等因素对智力活动的作用。这种智力观不但对学生智力的发展造成了片面的影响，而且导致学校教育以片面追求学业成绩为目的，最终难以培养出适应社会发展的优秀人才。因此，在之后的近一个世纪中，桑代克（Thorndike）、塞斯顿（Thurstone）、吉尔福特（J. P. Guilford）、弗农（Vernon）、斯滕伯格（Rodbert Sternberg）、戴特曼（Douglas Detter－man）、皮亚杰（Jean Piaget）等一批专家学者纷纷从对传统智能理论批判的基础上，从各自不同的视角提出了因素分析论、信息处理论、发展论等主要理论领域，力图摆脱不论是智力定义的阐述还是智力测试内容的一元化束缚，试图建立起一种全新的多元化智能理论。

1983 年，美国教育质量委员会发表了一篇题为"国家处在危险之中——教育改革势在必行"的国家报告，力求提高教育质量，建立一种平等而卓越的多元化教育，引发了一场教育大辩论和大变革运动。正是在这样的背景下，美国哈佛大学教育研究院的心理发展学家霍华德·加德纳在广泛借鉴当代心理学研究成果，运用生物科学及各种不同文化在认知发展和运用方面研究成果的基础上，出版了《智能的结构》一书，正式提出多元智能理论，为我们描绘了一幅多元智能的美丽画卷，受到教育界的极大推崇。

加德纳认为："智能指的是我们人类用某种特殊方法操作某种特别资讯的一种生理心理潜能。因此，它明显地包括了由精密神经网络系统执行的过程。每一种智能毫无疑问地都有它各自特殊的神经过程，这些过程在所有人身上都是大致相似的，只是对有些人而言，某些过程可能比别的过程更为习惯些。"① "一个人的智能必定会带来一套解决难题的技巧，它使个体能解决自己所遇到的真正难题或困难，如果必要的话，还使个体能创造出一种有效的产品；智能又必定会产生那种找出或制造出难题的潜力，因而便为新知识的获得打下基础。"② 这就意味着智能是原始的生物潜能，是人类所特有的能力；当人们积极地解决问题或创造作品的时候，才能算是真正在运用他的智能。以加德纳的理解，"智能在这个框架之下，变为一个具有弹性的、与文化相关的概念。个体和社会对于智能都可能起主导作用，但智能的发展需要两者的同时参与"③。这就揭示了智能是分布在一定的社会文化情境之中的。

加德纳提出的人身上具有的八种潜在智能：

（1）语言智能（Linguistic Intelligence），是指用言语思维、用语言表达和欣赏语言深层内涵的能力。

（2）逻辑—数学智能（Logical – Mathematical Intelligence），是指人能够计算、量化、思考命题和假设，并进行复杂数学运算的能力。

（3）视觉—空间智能（Visual – Spatial Intelligence），是指人们准确地感知视觉空间世界、辨别空间方向的能力。

（4）身体—运动智能（Bodily – Kinesthetic Intelligence），是指人能巧妙地操纵物体和调整身体的能力。

（5）音乐智能（Musical Intelligence），是指人敏锐地感知音调、旋律、节奏和音色的能力。

（6）人际关系智能（Interpersonal Intelligence），是指能够有效地理解别人和与人交往的能力。

（7）内省智能（Intrapersonal Intelligence），是指人对自己的认识、体

---

① ［美］加德纳：《再建多元智慧》，李心莹译，远流出版事业股份有限公司 2000 年版，第 132—133 页。

② ［美］加德纳：《智能的结构》，兰金仁译，光明日报出版社 1990 年版，第 69 页。

③ ［美］加德纳：《多元智能》，沈致隆译，新华出版社 1999 年版，第 247 页。

验和调节控制能力。

（8）自然观察智能（Naturalist Intelligence），是指观察自然界中的各种形态，对物体进行辨认和分类，能够洞察自然和人造系统的能力。

2. 多元智能理论的基本观点

（1）智能是多元和有差异的。在《多元智能》一书中，加德纳写道："我对下面的观点表示怀疑，那就是：所有的人在每个领域里的天赋都相同。"① 在他看来，尽管从物种成员的角度看我们基本上是相似的，但当我们从每个人独特的遗传蓝图来考察，则每个人都具有不同的潜能。世界上没有两个人的心智与意识是完全相同的，即使是同卵双胞胎也不例外。尽管他提出了人身上具有的八种潜在智能，但他认为，如果将这些智能进行简单结合或重复结合，就会产生不计其数的智能种类。"我们每一个人都是不相同的；我们没有相类似的心智（也就是说我们并不只是在一个钟形曲线上的不同点）；如果我们能把这些个别差异列入考虑，而不是不承认或忽略这些个别差异，教育将会更有效率。"②

（2）各种智能既独立又共同发挥作用。加德纳认为智能"在相当程度上是彼此独立存在的"，"智能的这种独立性，意味着即使一个人有很高的某一种智能，如数学逻辑智能，却并不一定有同样程度的其他智能"③。这如同当人的神经系统受到损害时，并不是所有的能力都受到同样的损害。如果大脑左半球受损，会失去语言能力，但在一定程度上却不影响音乐、空间、人际交往能力。如果大脑的右半球受损，则会出现相反的情况。所以，他说，八种智能都相对独立地存在于大脑之中，各有不同的神经组织。尽管八种智能彼此相对独立，但在解决问题时却是相互作用的，常常需要几种智能在同一件事情上一同发挥作用。"事实上，几乎具有任何程度的文化背景的人，都需要运用多种智能的组合来解决问题。"④

（3）各种智能是平等的。加德纳认为，人的智能表现在各个方面，每种智能都有着同等重要的作用，那种将逻辑和语言智能置于中心位置的做法是错误的，就会陷入斯皮尔曼智能的一般因素论局限。一般因素论强

---

① ［美］加德纳：《多元智能》，沈致隆译，新华出版社1999年版，第52页。
② ［美］加德纳：《再建多元智慧》，李心莹译，远流出版事业股份有限公司2000年版，第128—129页。
③ ［美］加德纳：《多元智能》，沈致隆译，新华出版社1999年版，第29页。
④ 同上。

调人的语言和逻辑能力，实际上只是智能的书面测验结果，而无法测出主体的其他出色的智能。因而他说："从更高的奥林匹克山上俯视，全部八种智能应有相同的地位。将其中有些叫做才能，有些叫做智能，就是偏见。如果你愿意，可以把它们叫做才能，或者全部叫做智能。"①

（4）智能具有文化性和情境性。加德纳认为，智能是解决问题和制造产品的能力，受到文化背景的影响，不同的历史条件和文化时期，强调的智能组合是有差异的。在古老的社会，人们很重视身体运动和人际交往能力。如狩猎时期的狩猎技巧和熟悉地形能力就比学习能力重要得多。在现代社会，人们重视语言和数理逻辑能力，那是因为学校的考试通常采取的是智能测验。加德纳预测，在不久的将来，由于计算机在生活中的普遍运用，作为程序设计的数理逻辑能力和作为自我控制的自我意识能力将变得尤为重要。

3. 多元智能理论对学生评价改革的启示

（1）树立人人都能成才的评价观。多元智能理论指出，每一个学生都有自己的优势智能领域，也有自己的弱势智能领域。我们在实施学生评价时，要确立"所有的学生都有发展潜力"、"所有的学生都是可育之才"的理念，多发现学生的闪光之处，善用表扬和欣赏的办法，鼓励学生发展进步。不能机械地比较哪一个学生最优秀，而是去细心地观察哪个学生在哪一方面更加具有优势或弱势，努力发展每一个学生的优势智能，提升每一个学生的弱势智能。

（2）将多元智能纳入评价的指标体系。长期以来，我们的评价是以培养传统的学业智力为中心的，导致课程的内容过于局限，教学方式过于呆板，评价方式过于僵化。这与多元智能理论和全面推进素质教育的要求相去甚远，是难以培养出创新能力和实践能力强的人才的。以至于不少国外学者和用人单位认为，我国高校培养的大学毕业生在学习成绩以及基本知识、基本理论的掌握上见长，但实践能力、创新能力却是弱项。这与我们的学校教育、学生评价过分注重传统的课业学习智力有着很大关系。因此，要努力将学生的多元智能有机地纳入学生评价的指标范畴。

（3）坚持多元多位评价。评价具有导向作用，不同的评价观将对学生成长产生不同的导向。借鉴多元智能理论，我们应该改变单纯以智商测

---

① ［美］加德纳：《多元智能》，沈致隆译，新华出版社1999年版，第38页。

试和学科成绩考试为主的评价观。在评价的方式上，不能只重视书面的考试，而应探索笔试、口试、论文、试验等多位多元的评价方式。在评价的主体上，不是只有教师参与决定，而是要将同学互评、学生自评等手段灵活地结合起来，提高学生的主动性、积极性和内驱力。在评价的内容上，更应该是多元的、全方位的智能考量，使评价真正成为促进每个学生充分发展进步的有效手段。

（4）增进对学生个体的关照。加德纳批判性地指出，现行的学校教育是统一化学校教育，它的本质是相信我们应该以同样的方式对待每一个人：以同样的方式学习同样的科目，并用同样的方式进行评估。① 这在实质上是不平等的。为此，他认为理想中的未来学校应该是一个以个人为中心的学校。在这里"不但寻求和每一个学生相匹配的课程安排，也寻求与这些课程相适应的教学方法"② 并"力求寻找与智能相匹配的教育机会，增加了学生最大限度地发挥其智能潜能的可能性"③。要求教育者充分认识学生的差异性，尽可能设计教育实践以平等地服务于拥有不同智能特征的学生。尽管在当前班级规模过大的现实情况下，真正要实施适合每一个学生的个别化教育、个别化评价是不可想象的，但我们必须在最大可能的范围内增进对学生个体的关照。

（三）建构主义理论

1. 建构主义理论的演变进程

建构主义（Constructivism）也可译为结构主义，是最近 30 多年来在欧美兴起并迅速发展的一种新的认知理论。它是在皮亚杰（J. Piaget）"认知结构说"的基础上，通过科恩伯格（O. Kernber）和斯滕伯格（R. J. Sternberg）等人的进一步研究而发展起来的。建构主义的理论源泉可以追溯到古希腊时代苏格拉底的思想，尤其是被称为"知识产婆术"的启发式教学方式理论。杜威是最早主张把建构主义思想用于教育的现代学者之一，其"做中学"的思想对建构主义理论的诞生产生了重大影响。对建构主义理论产生有过重要影响的还有维果斯基的社会—文化心理发展理论、布鲁纳的发现学习思想，等等。因此，建构主

---

① ［美］加德纳：《智能的重构——21 世纪的多元智力》，霍力岩等译，中国轻工业出版社 2004 年版，第 18 页。

② ［美］加德纳：《多元智能》，沈致隆译，新华出版社 1999 年版，第 11 页。

③ 同上书，第 81 页。

义本身是一个庞杂的社会科学理论。归纳起来至少有三个理论分支，即认知建构主义、社会建构主义和传统建构主义。认知建构主义理论认为，认识既不能看作是在主体内部结构中预先决定了的，也不能看作是在客体的预先存在着的特性中预先决定了的，因为知识既不是客观的东西，也不是主观的东西，而是个体在与环境交互作用的过程中逐渐建构起来的，是每个人在那些能够使自己生成图式的建构性学习中通过同化、顺应和平衡而获得的、个别化的过程。社会建构主义理论认为，促使人心理发展的根本原因是社会—文化—历史的发展，知识是通过社会互动而使本身非单独存在的信息建立联系，从而构建自己的理解的。传统建构主义理论认为，学习是相对持久的行为变化。当人们感受到某种刺激时，如果他们的行为得到强化，那么他们将针对该刺激做出预期的反应。

如前所述，建构主义流派众多，是一个庞杂的理论系统。其观点和思想往往由不同的学者提出，散见于不同的著作、刊物和教学语言当中，既有原创的，又有拓展的；既有从哲学的高度加以概况的，也有从技术层面延伸应用的。但它们的基本理论却是比较接近的。本书更多的是关注建构主义的学习观、知识观和师生观。

2. 建构主义理论的基本观点

（1）建构主义的学习观。建构主义认为，学习不是知识由教师向学生的传递，不是外在事物（如一般的环境或特定的人）所操纵的结果，而是学生自己以有意义的方式主动建构的，这种建构不可能由其他人来代替。建构在于学生通过新、旧知识经验之间反复的、双向的相互作用，来形成和调整自己的经验结构。在这种建构过程中，一方面学生需要运用其原有的知识经验，对所输入的信息进行有意义的建构和超越。另一方面又将依据新的知识经验对原有的知识经验进行改造和重组。建构主义还认为，知识和意义不仅是个人主动建构的结果，而且需要依靠意义的社会共享和协商进行深层的建构。综上所述，学习并不是被动地接受刺激，也不是简单的信息量的积累，而是借助社会和文化的特性，通过新旧知识经验间"碰撞"和"融合"，实现同化、顺应和平衡的不断循环往复而丰富、改善和发展的。

（2）建构主义的知识观。建构主义认为，知识仅仅是一种关于现象的比较可靠的假设、可能正确的解释，而绝不是唯一正确的答案。它会随着人类的进步而不断地被"革命"掉，并随之出现新的假设和解释；而且，知识并不能精确地概括世界的法则，而是要针对具体问题、具体情境进行再创造。另外，建构主义还认为，尽管我们通过语言符号赋予了知识一定的外在形式，甚至这些命题还得到了较普遍的认可，但知识不可能以实体的形式存在于具体的个体之外，而必须得到学习者的理解与响应。所以，对知识的学习不能仅仅满足于教条式的掌握，而应把它放在复杂变化的具体情境之中，不断地检验、调整和深化，使学习者走向"思维中的具体"①。

（3）建构主义的师生观。建构主义者强调，学生并不是空着脑袋走进教室的。尽管对于某些知识他们还没有接触过，没有现成的经验，但只要问题呈现在他们的面前，他们就会依靠原有的认知基础，形成对问题的某种解释。所以教学不能无视学生的经验，不能片面地将之理解为知识的单向传递，而是要把学生的已有知识经验作为新知识的生长点，引导学生从旧知识经验中生长出新的知识经验，把教学看成是师生知识经验的处理和转换的过程。如此一来，教师就由知识的传授者、灌输者转变为学生主动建构意义的组织者、促进者和帮助者，由知识的权威者、学生学习的主宰者转变为学生学习的倾听者、交谈者、沟通者，学生则是知识经验的主动建构者。

3. 建构主义理论对学生评价改革的启示

（1）评价方法的多样化。建构主义理论认为，知识不是对客观法则的精确抽象和概括，它必须依附于具体情境，具有情境性，脱离情境的"知识"也仅仅是命题，需要在具体的情境中由认识主体对其加工、改造，才会具有知识的真实意义。② 只有经过学生自身积极探索、试误、同化、顺应，所学的知识才能更快更有效地迁移到不同情景的实际运用之中，学生才能获得真正意义上的成长。在教与学的过程中应更突出学生分析问题、解决问题和创造性思维能力的培养。这些论点为评价方式的多样化要求指明了方向：①知识性评价，如传统信息了解和知识测试等；②技术性评价，如设计问题解决方案、提出处理问题的思路、专题演讲的几种

---

① 张建伟、陈琦：《从认知主义到建构主义》，《北京师范大学学报》1996 年第 4 期。

② 周先进、照风雨：《简析建构主义教学理论及其对基础教育课堂教学改革的启示》，《辽宁教育研究》2004 年第 6 期。

草稿等；③表现性评价，如辩论设计和展开，小组合作学习表现、设计和进行实验操作、小型模拟学习活动等；④真实性评价（实用性评价），如创作作品、真实场景的布置、社区问题解决等。①

（2）评价主体的多元化。建构主义理论认为，教学从本质上说是一种"沟通"与"合作"的活动，除了必要的独白外，教学更应是师生之间、生生之间的一种双向或多向的对话。学习既是主动的，又是反思性的过程，学习者只有成为学习活动的主体，通过自我定向、自我评价和合作学习才能成为意义的主动建构者。为此，在学生评价主体中，我们要改革过去"只见教师不见学生"的做法，鼓励学生甚至家长等参与其中，构建多元的评价主体，从而提高评价的交互性，促进师生之间、生生之间的合作与交流，形成宽松融洽的对话情境，教师的职责"越来越成为一位顾问，一位交换意见的参加者，一位帮助发现矛盾论点而不是拿出现成真理的人"②。

（3）评价运行的过程化。建构主义十分关注学生的学习过程，把学习看作是一个不断建构和永恒发展的过程。一方面，主体按照自身的知识结构同化、建构客体，使客体内容不断丰富与创新；另一方面，客观世界的不断发展又使主体不断扩展自己的知识容量，提高认识能力。③ 追求在学习发展过程中，不断培养学生对知识、技能的理解、运用以及训练学生的思维能力与品质。事实上，建构主义的这一观点是与其一直强调的学习的非结构性、不确定性等观点紧密联系的。他们认为，学习过程实质上是一个"消解原有知识结构"、"创建新知识"的过程；是一个生成性和重新建构性的变化过程。正是由于不确定的存在，才能导致选择的发生；通过选择，才能建构；而通过建构所带来的变化，才最终产生"发展"这一结果。④ 因而，建构主义视野中的学生评价是一种关注过程，关注实际学习活动的评价，评价不仅是一种检查学习的过程，更是一种通过沟通与对话而达成反思的过程。

---

① 李志厚：《变革课堂教学方式》，广东教育出版社 2010 年 8 月第 1 版，第 21 页。
② 联合国教科文组织国际教育发展委员会：《学会生存——教育世界的今天和明天》，教育科学出版社 1996 年版，第 108 页。
③ 赵耸婷：《建构主义：一种后结构主义学习理论》，《南通师范学院学报》（哲学社会科学版）2001 年第2 期。
④ 雪国凤、王亚晖：《当代西方建构主义教学理论评析》，《高等教育研究》2003 年第1 期。

（四）人的全面发展理论

1. 人的全面发展理论概述

人的全面发展理论是马克思主义理论的重要组成部分，是马克思主义理论实践的最终归宿，通过实现和促进人的全面发展，也是马克思主义建设未来社会的基本要求和根本标志。它是马克思主义经典作家在批判与吸收前人相关理论成果的基础上，不断形成并丰富、发展的。迄今为止，已历经以下三个发展阶段。

（1）马克思以前的思想家对人的全面发展问题的理论探求。原始社会后期，由于社会生产力的发展和社会分工的出现，人们逐渐意识到，人来源于自然但又不同于自然，是具有认识和改造自然的、拥有巨大潜力的个体，由此萌发了对人的完美发展的追求。在中国，早在西周时期就提出了"六艺"的要求，重视人自身能力发展的多样性和多维度。在西方，柏拉图的《理想国》提出了体育、智育、德育的思想，认为人在理性指导下，身心应得到全面发展，以达到美、智、仁、勇的境界。亚里士多德从他的灵魂学术出发，要求人的全面发展，认为人的三种灵魂是相辅相成缺一不可的整体。在文艺复兴时期，面对人片面发展倾向的日趋严重，薄伽丘、拉伯雷等主张加强教育，实现德、智、体、美、能等多方面发展，成为有修养的完人。人文主义思想家弗吉里奥明确提出，人文主义教育的目的在于对青少年施加通才教育以培养身心全面发展的人。16—18世纪，西欧各国资产阶级哲学家进一步发展了人文主义学说。赫尔德认为，各类知识是人全面发展的基础，全面发展的人是成为真正的人的前提；费希尔提出，人应该通过职业选择将个人的全面发展与社会的全面发展联系起来；黑格尔指出，社会和国家的目的在于使人类的潜能以及一切个人的能力在一切方面和一切方向都可以得到发展和表现，唯有教育才能促进人类的完善，使人得到充分发展。十八九世纪，空想社会主义者对人的全面发展做出了许多天才性的思想贡献，为马克思主义人的全面发展理论提供了直接来源。圣西门提出了"全面发展的人"的理论，而且明确指出："我们终身的全部劳动的目的，就是为一切社会成员创造最广泛的可能来发展他们的才能。"傅立叶设想了"和谐制度"，试图通过使人进行多种活动实现"人的体力和智力的全面发展"。欧文设计了未来的新型社会，即"劳动公社"或"合作新村"，希望实现教育与劳动相结合，取消工农差别、脑力劳动与体力劳动的差别，培养"全面发展的人"。尽管由于历史条件和阶级的制约，以及自身理论的片面性，上述各种关于人的全面发展思想的论述都不可避免地存在着诸多缺陷和不足，① 但为马克思主义人的全面发展理论奠定了坚实的思想基础。

（2）马克思主义人的全面发展理论的形成。我国理论界对于马克思主义人的全面发展理论的形成和过程研究成果相对较少，且众说纷纭，观点不一。陈桂生教授（2012）认为马克思主义关于人的全面发展理论的形成经历了上、中、下三个时期，沈艳丽（2011）认为历经了四个阶段。笔者将马克思主义关于人的全面发展理论的形成概括为三个时期，即萌芽期、形成期、成熟期。萌芽期的主要标志是马克思《1844 年经济学哲学手稿》《关于费尔巴哈的提纲》（1845）的发表和恩格斯在爱北斐特社会主义和共产主义活动家讨论会上的著名演说（1845 年 2 月 3 日）。在《手稿》中，马克思确立了劳动异化理论，并以此为基础对人的全面发展问题进行了全面考察，提出"私有财产是外化劳动即工人同自然界和自身的外在关系的产物、结果和必然后果"② "共产主义是私有财产即人的自我异化的积极的扬弃，因而是通过人并且为了人而对人的本质的真正占有；因此，它使人向自身、向社会的（即人的）人的复归，这种复归是完全的、自觉。"③ 在《提纲》中，马克思指出："凡是把理论导致神秘主义方面去的神秘东西，都能在人的实践中以及对这个实践的理解中得到合理解决。"④ 人的本质并不是单个人所固有的抽象物，"在其现实性上，它是一切伤害关系的总和"⑤。这就明确了马克思把实践作为认识论的基础的、考察人的本质问题的新的起点和新的理论前提。直到 1945 年 2 月，恩格斯的演说中，才第一次明确提出了人的全面发展问题，并描述了未来共产主义社会的大致情境。此为第一阶段。第二阶段是形成期。主要标志是《德意志意识形态》《哲学的贫困》和《共产党宣言》的发表。在《德意志意识形态》中，马克思、恩格斯从生产力、生产关系的把握上，

---

① 沈艳丽：《试论马克思主义人的全面发展理论的历史轨迹》，《经济研究导刊》2011 年第 18 期。
② 《马克思恩格斯全集》第 42 卷，人民出版社 1979 年版，第 100 页。
③ 同上书，第 120 页。
④ 同上书，第 18 页。
⑤ 同上。

对劳动分工问题进行全面考察，并指出：分工意味着职业的专门化，造成社会生产能力的全面化。但"只要私人利益和公共利益之间还有分裂，也就是说，只要分工还不是出于自愿，而是自发的，那么人本身的活动对人来说就成为一种异己的、与他对立的力量，这种力量驱使着人，而不是人驾驭着这种力量"①。"分工使他变成片面的人，使他畸形发展，使他受到限制。"② 在揭示生产力、生产关系和意识形态的矛盾后，马克思、恩格斯接着说：要使这三个因素彼此不发生矛盾"只有消灭分工"，③ 也就是实现共产主义，"任何人都没有特定的活动范围，每个人都可以在任何部门内发展，社会调节着整个生产，因而使我有可能随我自己的心愿今天干这事，明天干那事，上午打猎，下午捕鱼，傍晚从事畜牧，晚饭后从事批判，但并不因此就使我成为一个猎人、渔夫、牧人或批判者"，在共产主义社会里，没有单纯的画家，只有把绘画作为自己多种活动中的一项活动的人们。④ 这就是人的全面发展。在此后的《贫困的哲学》《共产主义原理》《共产党宣言》等书中，马克思、恩格斯多次强调：全面发展就是"各方面都有能力的人，即能通晓整个生产系统的人"⑤，"在那里，每个人的自由发展是一切人自由发展的条件"⑥。这一时期，马克思、恩格斯既有力驳斥了传统观念中人的神秘色彩和宗教哲学，又揭示了资本主义社会人的片面发展问题的根源所在，并从发展生产力、消灭私有制和旧的分工、发展教育等方面阐述了人的全面发展的实现条件和基本途径，标志着人的全面发展理论的形成。第三阶段是成熟期，主要标志是《经济学手稿（1857—1858 年）》《经济学手稿（1861—1863 年）》《剩余价值论》和《资本论》的相继发表。在《经济学手稿（1857—1858 年）》中，马克思从剩余价值理论的视角审视了人的片面发展与全面发展问题，把人类社会分为三大历史形态。①以"人的依赖"为特征的前资本主义社会形态。在这种形态下，"人的生产力只是在狭窄的范围内和孤立的地点上发展着"，个人只有范围有限的知识和经验，还谈不上专业发展，但拥有着

① 《马克思恩格斯全集》第 42 卷，人民出版社 1979 年版，第 37 页。
② 同上书，第 515 页。
③ 同上书，第 37 页。
④ 《马克思恩格斯全集》第 3 卷，人民出版社 1960 年版，第 460 页。
⑤ 《马克思恩格斯全集》第 1 卷，人民出版社 1972 年版，第 223 页。
⑥ 同上书，第 273 页。

"原始的丰富"。②以"物的依据为基础的人的独立性"的资本主义形态。在这种形态下，才形成"普遍的社会物质变换、全面的关系、多方面的需求以及全面能力的体系"，为向新的社会形态过渡、为个人的全面发展创造了客观前提。但人的依赖关系并未消除，并且使这种关系具有普遍的形式，只是在"物的依赖关系掩盖下的人的依赖关系"。③在未来的共产主义社会形态，是"建立在个人全面发展和他们共同社会生产能力能为他们的社会财富这一基础上的自由个性"①，提出了人的全面发展不是自然而是历史产物的思想。在之后的一系列著作中，马克思、恩格斯在进一步揭示两种分工（社会内部分工、生产机构内部分工）、两种劳动（生产劳动、非生产劳动）、两种生产（精神生产、物质生产）的基础上，系统考察了资本如何一步步造成"只是承担一种社会局部职能的局部个人"、大工业怎样决定全面发展的个人代替片面发展的个人的历史必然性、全面发展的途径和条件等问题，从而确立了人的全面发展理论的科学体系。

（3）马克思主义人的全面发展理论的中国化阶段。人的全面发展是人类社会发展的客观规律，更是中国共产党矢志不渝的追求目标。自中国共产党成立以来，党的几代领导集体根据本国的历史形态和制度条件，对人的全面发展问题进行了持续探索。①毛泽东提出培养德、智、体全面发展的人的观点。毛泽东高度关注人的发展问题，总是把社会主义事业发展的希望寄托在对人的教育上。他指出："世间一切事物中，人是第一个可宝贵的。在共产党领导下，只要有了人，什么人间奇迹也可以造出来。"②毛泽东主张培养德、智、体全面发展的社会主义劳动者，提出："我们的教育方针应该使受教育者在德育、智育、体育等几方面都得到发展，成为有社会主义觉悟、有文化的劳动者。"③ 毛泽东坚持教育与生产劳动相结合的思想，希望在结合的过程中达到在改造客观世界的同时改造主观世界，从而促进人的全面发展和社会的持续进步。②邓小平提出培育"有理想、有道德、有文化、有纪律"的四有新人的思想。在总结历史经验和毛泽东全面发展教育思想的基础上，邓小平多次强调："我们要在建设高度物质文明的同时，提高全民族的科学文化水平，发展高尚的丰富多彩

---

① 《马克思恩格斯全集》第 46 卷，人民出版社 1980 年版，第 104 页。
② 《毛泽东选集》第 4 卷，人民出版社 1991 年版，第 512 页。
③ 《毛泽东选集》第 5 卷，人民出版社 1977 年版，第 363 页。

的文化生活，建设高度的社会主义精神文明。"① "所谓精神文明，不但是指教育、科学、文化，而且是指共产主义的思想、理想、信念、道德、纪律，革命的立场和原则，人与人的同志式关系，等等。"我们坚持两手抓，两手都要硬，促进物质文明和精神文明的根本目的是"使我们的各族人民都成为有理想、有文化、守纪律的人民"②。他还指出："我们历来提倡有理想、有道德、有文化、有纪律，其中最重要的是有理想、有纪律。"③ 与此同时，邓小平高度重视科技知识人才在社会主义建设中的地位和作用，反复强调要尊重知识、尊重人才，"有了人才优势，再加上先进的社会主义制度，我们的目标就有把握达到"④。③江泽民提出在发展两个文明的同时，不断促进人的全面发展的思想。党的十三届四中全会以来，江泽民同志对人的全面发展问题作出了许多新的论断，并指出：人的全面发展是建设社会主义新社会的本质要求，他说："我们建设有中国特色社会主义的各项事业，我们进行的一切工作，既要着眼于人民现实的物质文化生活需要，同时又要着眼于人民素质的提高，也就是要努力促进人的全面发展。这是马克思主义关于建设社会主义新社会的本质要求。"⑤他在系统阐明人的全面发展的内在规律的基础上，强调推进素质教育，提高教育者的全面素质。他指出："我们必须全面贯彻党的教育方针，坚持教育为社会主义现代化建设服务，为人民服务，坚持教育与社会实践相结合，以提高国民素质为根本宗旨，以培养学生的创新精神和实践能力为重点，努力造就有理想、有道德、有文化、有纪律的，德育、智育、体育、美育等全面发展的社会主义事业建设者和接班人。"⑥ ④胡锦涛提出树立"以人为本"的科学发展观。科学发展观，是中国共产党执政理念的再次升华，也是马克思主义关于人的全面发展理论的继承和发展。科学发展观强调坚持以人为本的发展理念，使人的发展成为一切发展的目的；强调全面协调的发展原则，促进人的全面、自由和充分的发展；坚持可持续的发展战略，为人的全面发展提供和谐、美好的环境。在 2007 年全国优秀教

① 《邓小平文选》第 2 卷，人民出版社 1994 年版，第 208、367、408 页。
② 《邓小平文选》第 2 卷，人民出版社 1994 年版，第 208、367、408 页。
③ 《邓小平文选》第 3 卷，人民出版社 1993 年版，第 209 页。
④ 同上书，第 103 页。
⑤ 《江泽民文选》第 3 卷，人民出版社 2006 年版，第 294 页。
⑥ 《江泽民文选》第 2 卷，人民出版社 2006 年版，第 332 页。

师座谈会上，胡锦涛提出："要坚持以人为本，德育为先，把立德树人作为教育的根本任务，加强爱国主义教育，深入开展理想信念教育，加强和改进学生思想政治工作，把社会主义核心价值体系融入国民教育体系，引导学生树立正确的世界观、人生观、价值观、荣辱观，努力培养德、智、体、美全面发展的社会主义建设者和接班人。"① 同时，要求以科学发展观统领我国教育事业发展全局，努力办好人民满意的教育。⑤ 习近平提出：德育为重、能力为先、全面发展。站在新的历史背景下，习近平同志从方法、目的、要求等不同侧面对教育和人的全面发展问题作出了许多精辟论述。在谈到教育与人才的使命时，他提出："我们要积极发展教育事业，通过普及教育，启迪心智，传承知识，陶冶情操，使人们在持续的格物致知中更好认识各种文明的价值，让教育为文明传承和创造服务。……使人们在持续的天工开物中更好掌握科技知识和技能，让科技为人类造福。……让人们在持续的以文化人中提升素养，让文化为人类进步助力。"② 勉励青年"只有把人生理想融入国家和民族的事业中，才能最终成就一番事业"，希望当代青年"珍惜韶华、奋发有为，勇做走在时代前面的奋进者、开拓者、奉献者，努力使自己成为祖国建设的有用之才、栋梁之材，为实现中国梦奉献智慧和力量"。2014 年 5 月 4 日在与北京大学师生座谈时，习近平同志再次谈到当代青年是"两个一百年"目标的全过程参与者，"希望大家努力在实现中国梦的伟大实践中创造自己的精彩人生"。贯彻党的教育方针，要坚持德育为先、能力为重、全面发展，把促进学生健康成长作为学校一切工作的出发点和落脚点，促进每个学生主动地、生动活泼地发展。全社会都要为学生的成长创造良好环境，不断促进人的全面发展，造就国家发展所需要的各级各类人才。各级教育行政部门和各级各类学校要以学生为主体，以教师为主导，尊重教育规律和学生身心发展规律，为每个学生提供适合的教育。教育必须始终坚持为人民服务不动摇。培养全面发展的高素质人才是教育为人民服务的根本落脚点。要大力促进教育公平，不断提高教育质量，把促进人的全面发展、适应社

---

① 胡锦涛：《在全国优秀教师座谈会上的讲话》，《人民日报》2007 年 9 月 1 日版。

② 《习近平在联合国教科文组织总部的演讲》，2014 年 3 月 27 日（http：//news. xinhuanet. com/politics/2014 - 03/28/c_ 119982831. htm）。

会需要作为衡量教育质量的根本标准。①

2. 人的全面发展理论的主要观点

（1）人的发展的全面性。马克思的人的全面发展是在批判人的片面性、工具性和有限性发展基础上提出来的，认为人的全面发展就是人的本质的发展，是"人以一种全面的方式，也就是说，作为一个完整的人，占有自己的全面的本质"②。从内容上看，至少包括了以下三个方面：一是人的各种需要的全面发展。马克思、恩格斯认为，人的需要是产生人类的"第一个历史活动"，也是人全面发展的重要组成部分。然而，随着人类社会历史的不断进步发展，人的需要也是不断发展变化的，每个时代的人有每个时代特点的需求，不同社会阶段的人，有着不同的需要。每一个时代的人都有自己的不同需要，需要不是抽象的，而是具体的，人类社会发展的本质就是要尽量满足人的合理需要。二是人的各种能力的全面发展。马克思主义认为，人类的社会实践活动是人的能力发展的基本前提，而人的能力是多方面的，包括体力与智力、潜在的和现实的能力、自然力和社会力等各个方面。通过"全面发展自己的一切能力"，并在实践中"发挥他的全部才能和力量"，从而实现"任何人都没有特殊的活动范围，而是都可以在任何部门内发展，社会调节着整个生产，因而使我们有可能随自己的兴趣今天干这事，明天干那事……"③。三是人的社会关系和个性的全面发展。马克思认为，人的本质在其现实性是，它是一切社会关系的总和。个人的发展取决于同他直接或间接进行交往的其他人的发展。也就是说，社会关系实际上决定着一个人的发展程度，"个人的全面性不是想象的或设想的全面性，而是他的现实关系和观念关系的全面性"④。人的全面发展包含着社会关系的全面丰富、社会交往的普遍性和对社会关系的共同控制。马克思认为，人的个性发展是人的全面发展的根本要求，也是人的全面发展的最高成果。人的自由个性包括自律性、自由性、独立性、自主性等，人的个性的全面发展表现为人的主体性水平的全面提高和人的独特性的增加和丰富。

----

① 《习近平在第29个教师节来临之际给全国教师的慰问信》，2013年9月10日（http://sn. ifeng. com/jiaoyu/detail_ 2013_ 09/10/1206095_ 0. shtml）。

② 《马克思恩格斯全集》第42卷，人民出版社1979年版，第123页。

③ 《马克思恩格斯选集》第1卷，人民出版社1995年版，第85页。

④ 《马克思恩格斯全集》第46卷（上册），人民出版社1980年版，第36页。

（2）人的发展的主体性。马克思主义认为，人必然是作为主体而存在的人，这是人全面自由发展的先决条件，只有作为主体存在的人才能具有发展的可能性。但作为主体存在的人，既是单一的独立的主体，同时又总是现实存在于一定的社会群体中，更作为人类的一分子而客观存在的，必须受到来自客观世界及自身所面临的客体的限制与约束。所以，我们在强调人的全面发展时一定要重视与面对作为主体存在所具有的各种矛盾。因此，不仅单个的人可以作为主体存在，不同群体以至于整个人类都可以作为主体而存在，从而产生出个体主体、群体主体以及类主体三种主体形态。"人本身是个体的人、类的人和社会化的人的三位一体的生存结构，个体、社会和类，其实都应当看成是人的本质的三重属性，是人生存的三种主体。"① 这三种形态的关系紧密相连、密不可分，既存在着根本的一致性，又存在着诸多的冲突与矛盾。因此，在现实考量中，最为关键的是既要重视作为个体的存在，又要重视作为群体主体、类主体的存在，以求最大限度地实现作为三种主体的良好融合。

（3）教育是造就人的全面发展的重要途径。马克思、恩格斯指出："教育将使年轻人能够很快熟悉整个生产系统，将使他们能够根据社会需要或者他们自己的爱好，轮流从一个生产部门转到另一个生产部门。因此，教育将使他们摆脱现在这种分工给每个人造成的片面性。"② 在《共产党宣言》中，他们强调，最先进的国家几乎都可以采取的措施之一就是"对所有儿童实行公共的和免费的教育。取消现在这种形式的儿童的工厂劳动，把教育同物质生产劳动结合起来"③。在《临时中央委员会就若干问题给代表的指示》中，马克思阐述了他的全面发展的教育思想，"我们把教育理解为以下三件事：第一：智育。第二：体育，即体育学校和军事训练所教的内容。第三：技术培训，这种培训要以生产各个过程的一般原理为内容，并同时使儿童和少年学会各种行业基本工具的实际运用与操作。对未成年劳动者应按不同类别循序渐进地施以智力、体育和技术方面的培训"④。同时，马克思、恩格斯一再强调，教育要与生产劳动相

---

① 韩庆祥、邹诗鹏：《人学——人的问题的当代阐释》，云南人民出版社 2001 年版，第219—222 页。

② 《马克思恩格斯选集》第 1 卷，人民出版社 1995 年版，第 243 页。

③ 同上书，第 293—294 页。

④ 《马克思恩格斯选集》第 21 卷，人民出版社 2003 年版，第 270 页。

结合，指出："未来教育对所有已满一定年龄的儿童来说，就是生产劳动同智育和体育相结合，它不仅是提高社会生产的一种方法，而且是造就全面发展的人的唯一方法。"①

3. 人的全面发展理论对学生评价改革的启示

（1）在理想和现实的关系把握上突出学生评价的导向性。人的全面发展是无产阶级革命家针对资本主义社会使人得不到全面发展的客观实际以及人类的发展规律，为指导无产阶级解放运动，对未来社会发展趋势所作出的理想描述和不懈奋斗的目标，它是与人和社会发展的第三种形态（第一种形态是"人的依赖关系"，第二种形态则是"以物的依赖性为基础的人的独立性"，第三种形态即"建立在个人全面发展和他们共同的社会生产能力成为他们的社会财富这一基础上的个人自由个性"）相适应的。从这个意义上讲，对于尚处于第二形态社会特征的当前，人的全面发展只能是美好的理想和前进的"灯塔"。但是，自从马克思着手研究人的全面发展理论的那天起，就始终将现实的人作为人的全面发展的主体范畴和现实起点，要求我们站在现实的社会物质生产活动基础上进行现实的奋斗，逐步消灭造成人片面发展的现实因素，从而最终实现全面发展。正如马克思在谈到共产主义理想与现实的辩证关系时所指出的："共产主义对于我们来说不是应当确立的状况，不是现实应当与之相适应的理想。我们所称为共产主义的是那种消灭现存状况的现实运动，这个运动的条件是由现有的前提产生的。"② 因此，在谋划学生评价时，我们必须牢牢把握人的全面发展是理想与现实的辩证统一关系，深刻理解人的全面发展是需要在理想与现实的矛盾运动中逐步实现的原理，坚决反对将人的全面发展理想化、"乌托邦化"。要从德、智、体等多方面来把握学生评价的内涵与标准，切实纠正只重视学习的评价、能力的评价等倾向，引导学生在智力、知识技能、人格品质和身体素质等各方面得到更为全面、整体、和谐的发展。

（2）在过程与结果的关系把握上增强学生评价的互动性。人的全面发展是过程与结果的辩证统一，过程是实现结果的过程，结果是过程所要实现的结果，这也是人的全面发展的渐进性与历史性的体现。然而，从当

---

① 马克思：《资本论》第 1 卷，人民出版社 2004 年版，第 556—557 页。
② 《马克思恩格斯选集》第 3 卷，人民出版社 1995 年版，第 40 页。

前的学生评价制度看，评价只是成为检验学生学习结果、选拔优秀人才的一种形式，而极少地给予过程性的关照。虽然结果是过程发展的合乎逻辑的必然产物，但结果却不可能体现过程的全部特征，甚至对结果的描述在一定条件下可能会产生与过程描述相悖的结论。正如美国评价专家斯塔弗尔比姆所言："评价最重要的意图不是为了证明，而是为了改进。"因此，评价的目的不是为了区分、排名，更为重要的是分析问题、查找原因、对教师的教和学生的学加以调整和改进，从而促进学生全面发展。总之，促进发展的评价应该是一个既注重结果又注重过程的系统，一个将评价融入教育教学全过程的体系，一个师生互相倾听、相互尊重、平等对话、双向交流、互动启发的过程，一个教育、检验、反馈、激励等环节循环往复的过程。

（3）在统一性与多样性的关系把握上力求学生评价的包容性。人的全面发展是统一性和多样性的辩证统一，统一性指的是人在实现全面发展过程中体现出来的共性，多样性是在人的全面发展整体规律基础上的个性和特色。正像"世界上没有两片完全相同的树叶"一样，世界上也不存在两个完全相同的人，每个人都有自身的独特之处，有自己的个性。统一性是以多样性为前提的，多样性则是以统一性为基础的。因此，学生评价应该适应学生的天性和遵循教育规律，以宽容、尊重、关爱、平等的态度对待每一个丰富多彩的学生，关注学生的兴趣爱好，尊重学生的主体性、差异性，使学生评价成为一个轻松、愉快、充满活力与创造力，不断发展，引导人、发展人的有效途径。

第三章 国内外学生评价的经验借鉴

评价是一种价值判断的活动，是对客体满足主体需要程度的判断。教育评价是对教育活动满足社会与个体需要的程度作出判断的活动，是对教育活动现实的（已经取得的）或潜在的（还未取得，但可能取得的）价值作出判断，以期达到教育价值增值的过程。[①] 学生评价指在一定教育价值观指导下，根据一定的标准，运用现代教育评价的一系列方法和技术，对学生的思想品德、学业成绩、身心素质、情感态度等的发展过程和状况进行价值判断的活动。[②] 学生评价是教育评价领域汇总最基本的一个领域，也是教育评价体系中的核心和重要内容。[③] 教育评价的实践在教育产生之日便有了，而作为一门学科，教育评价的教育实践与思想产生于20世纪初，它像世上所有的事物一样，经历了从酝酿、产生到发展壮大的过程。因此，系统地梳理教育评价的历史发展脉络，有助于研究者更好地理解学生评价的价值，深化研究者对学生评价的准确认识，增强对学生评价实践的自觉性、科学性，以使学生评价能够更好地服务于教育，服务于学生发展。对学生评价的发展历史进行研究，也有利于研究者探索和预测它的未来，使我们的评价行为更符合其发展趋势。

一 国外学生评价的发展历史

由于分类标准不一，不同的研究者对于国外教育评价的历史发展阶段

---

① 《评价与教育评价》（http：//baike. so. com/doc/1099371. html）。

② 《学生评价》（http：//baike. so. com/doc/5967064. html）。

③ 涂艳国等主编：《教育评价》，高等教育出版社2007年版，第230页。

有着不同的分类。以色列著名教育家、课程论学者 A. 利维大跨度地审视西方教育评价的发展历史，并将其分为古典考试时期、测量主导时期和后现代时期三个时期。在《第四代评价》一书中，美国评价专家古巴和林肯将教育评价的发展过程分为测量和测验时期（第一代评价）、描述时期（第二代评价）、判断时期（第三代评价）和建构时期（第四代评价），共四个时期。显然，利维的三个时期划分法是从整个教育评价的历史出发的，而古巴和林肯的四个时期划分法是就现代教育评价而言的。利维划分的三个时期，分段较粗，虽涵盖了教育评价的整个发展历史，但还不能清晰地体现教育评价的现代发展历程。然而，古巴和林肯以现代教育评价为重点内容，较细地进行划分，能清晰地体现教育评价的现代发展历程，但他们未将现代教育评价产生之前的教育评价活动纳入其中。因此，本书综合三位学者的观点，把西方教育评价的发展历史分为考评阶段、测量与测验阶段、描述时期、判断时期和建构时期五个阶段。

（一）第一阶段：考评阶段

"考评阶段"的时间是从教育产生开始一直延续至 19 世纪末，这一阶段的评价侧重于"考评"，也就是利维所说的"古典考试时期"。当时"教育评价"这一概念还没有出现，所以从严格意义上讲，此阶段还不是真正意义上的教育评价。但这是教育评价的一个漫长的酝酿阶段，也有研究者把这一阶段说成是教育评价的史前期。在这个阶段，教育评价主要表现为运用考查（如问答、谈话、背诵等）和考试（如口试、笔试等）手段来检查学生对知识的掌握情况。当时，虽然没有形成专门的教育评价理论，但教育评价的实践却大量存在，并通常与教育活动或人才选拔活动融为一体。

考查是早期教育评价最基本的方法，教育评价的主要执行主体是教师，其目的是检查学生的学习情况，评价通常在教学中进行或者在教学之后进行，它的随意性和主观性都很大。考试制度的建立使得教育评价迈上了一个新台阶。1702 年，英国剑桥大学首先尝试用笔试代替口试，开了西方笔试的先河。美国麻省波士顿教育委员会于 1845 年率先倡导用笔试代替口试来考查该市所属学校的毕业生，笔试第一次在西方得到官方的认可。此后，笔试就在西方逐渐流传开来，因为笔试大大优先于口试：一是考试评价比较公平。这主要是因为考查难以用相同的题目考查应试者，所以就失去了统一的标准，而笔试可让应试者在同样的环境下做相同的题目，进行公平竞争。二是考试评价效率比较高。在同一时间内，考查只能对一个学生进行考查，效率比较低，而考试则不同，它可以在比较短的时间内对很多学生同时进行检测，并且能获得更多有关学生掌握知识的信息资料。三是考试评价便于总结教训。考查不便于对相关的信息做详细记录；考试则可以保存原始资料，方便考试之后进行总结，吸取经验教训，也有利于完善日后的考试。四是考试评价比较客观。考官的情绪、考场气氛、应试者的性格等主观因素在很大程度上影响考查结果，而考试则可以尽可能地避免考官主观偏袒个别应试者。

（二）第二阶段：测量与测验时期

"测量与测验时期"的时间是 19 世纪末至 20 世纪 30 年代。这一阶段相当于古巴和林肯所说的第一代评价时期。在本质上，评价被认为是通过测验或测量等主要手段对学生的知识掌握情况或其他方面进行的测定。

产生于 19 世纪末 20 世纪初的"科学管理运动"对学校教育和教育评价产生了深刻的影响：大家普遍认为，学校是工厂，教师是产品加工者，学生是原料和产品。教师的工作实效如何，毕业生与社会需要情况的契合度，学校教育是否成功，都可以通过测量与测验来鉴定。因此，"科学管理运动"对教育测量与测验的产生与发展提出了要求。与此同时，自然科学的发展，各种统计和测量技术得到迅猛发展等均为教育测量运动提供了有效的工具。此外，心理测量运动也为教育测量的产生提供了直接经验基础。在这一阶段，一批心理学家开始将测量技术大量运用于心理学研究领域，并对测量理论进行了阐释，如英国的遗传学家、心理学家高尔顿（Galton F. 1822—1911）的《英国的科学家：他们的禀赋与教养》的出版、德国著名心理学家威廉·冯特（Wundt W. 1832—1920）的《实验心理研究》和美国著名心理学家桑代克（1874—1949）的《心理与社会测量导论》的问世，都推进了心理测验的研究。1905 年，法国的"比纳—西蒙智力量表"（第一个智力测量）问世，此量表又分别于 1908 年和 1911 年进行了两次修订。美国斯坦福大学心理学教授推孟（Terman L. M. 1877—1956）用了五年时间对"比纳—西蒙智力量表"进行了严密的订正。1916 年，他发表了新修订的量表——"斯坦福—比纳量表"（S—B 量表）。在此之后，各种智力测验和人格测验于 20 世纪初相继出现，这些均为教育测量的发展提供了直接的经验。在智力测验方面，辜鲁满（Kunlman F.）和推孟相继对传入美国的比纳—西蒙智力测验进行了修改，加以量化，并引进了德国斯腾（Stern W.）的"智能商数"（IQ）这一概念，使智力测验日渐成熟，这个测验还在第一次世界大战中被用来测量美国士兵的情绪稳定性。马修斯（Mathews）于 1923 年对智力测验进行了修订，应用于测量学生的情绪。华纳德（Fernald G. G.）、哈芝红（Hartshorne H.）等一些其他学者也为推动测量与测验研究做了大量的工作。①

其实，英国格林尼治医学校教师费希尔（Fisher G.）早在 1864 年就通过搜集学生的书法、拼字、算术、作文、历史、自然、图画、法文等文科的成绩样本，编制了衡量学生成绩标准的《量表集》（*Sale Book*），这是世界上第一个教育测验量表。在当时，人们并未关注费希尔的研究。莱斯（Rice）是当时美国巴尔的摩的教育长，1897 年他发表了对 20 所学校 16000 名学生所作的拼字测验报告。他坚持八年对此进行研究并得出结论：每天用 30 分钟时间进行拼字练习的学生的拼字成绩并没有显著不同。许多教育家因这一结果而对教育测验高度重视，由此大大推动了教育测量的研究。1895—1905 年这 11 年期间，莱斯还编制了算术、拼音、语言等测验量表，成为提倡"教育测验的第一人"②。因此，他被称为教育测量的先驱。

在测量与测验时期，美国著名的教育心理学家桑代克对教育测量做出了突出贡献，其研究对教育学、心理学都产生了重要影响。在《心理与社会测量导论》一书中，他系统地介绍了统计方法以及编制测验的基本原理，并提出了一个著名的论断："凡是存在的东西都有价值。"后来，麦柯尔（Mccall W. A.）又进一步补充了此论断，"凡是有数量的东西都是可以测量的"③，他的论断也大大推进了教育评价的发展。桑代克又于 1909 年编写了适用于书法、拼字、作文、画图测验的标准化测量工具。《书法量表》《拼字量表》和《作文量表》就是桑代克最早的标准量表。桑代克的重要成就就是使得教育测量走上了科学化道路，因此他也被称为教育测量学的鼻祖。桑代克的学生、教育家斯通（Stone C. W.）以小学生为对象研制的算术标准学力测验，对教育测量也产生了重要影响。

① 吴钢：《美国教育评价理论的产生和发展》，《比较教育研究》1993 年第 3 期。
② 孙邦正等编著：《心理与教育测量》，台湾商务印书馆 1933 年版，第 18 页。
③ 罗黎辉等编著：《教育测量与评价》，云南教育出版社 1996 年版，第 14 页。

　　在这一时期，教育测验同智力测验与人格测验一样，也得到了长足发展。从桑代克发表《书法量表》到1928年为止，标准心理测验和标准测验已有3000余种之多。人们不仅在学业、检查、教育诊断、课程调查、教育实验等方面应用客观性测验，在教学中，教师也逐渐开始采用客观测验。在这一时期，教育测验有以下方面的重大发展：一是在测验的内容上，由单科测验向综合测验发展，由单一的智力测量向学力测量、人格测量发展；二是在测验的范围上，由小学向其他阶段发展；三是由于心理测验的影响，教育测量的客观化、标准化得到了极大重视；四是学校系统的测量在主要采用标准参照测验的同时，出现了常模参照测验；五是教育测量的理论得到了充分发展，并日渐成熟和完善；六是教育测验与心理测验相互交融，并出现了专门的教育测量。

　　（三）第三阶段：描述时期

　　"描述时期"的时间是20世纪30年代至50年代。这一阶段相当于古巴和林肯所说的第二代评价时期，在本质上，教育评价被认为是"描述"（Description），即描述教育结果与教育目标的一致程度，真正的教育评价就产生于这一阶段。随着"八年研究"而兴起，描述时期的教育评价也随之而起。"八年研究"是指美国自1933—1940年开展的一次课程研究活动。[①] 1929—1933年，资本主义国家爆发了举世罕见的经济危机，资本主义国家在经济危机中的经济损失总计约2500亿美元。欧美各主要工业国家经济瘫痪，生产倒退了20年。在这次经济危机中，美国经济也严重受挫，导致了大量工厂倒闭、大批工人失业；经济危机殃及学校，导致大量学校关门、大批教师失业。而在20世纪30年代，美国完成初等教育的人数迅猛增长，大批找不到工作的已完成初等教育的青年因为经济的大萧条而无处可去，因此他们尽管没有学习兴趣，还是被迫到中学去注册学习。在这种情况下，美国的中学教育迅速膨胀，原有的教育目标、课程目标都受到了前所未有的挑战。这一现实也迫使美国教育部门进行教育改革。成立于1918年的进步教育协会，它主张教育与生活结合、学校与社会结合、尊重儿童的个性和兴趣。于是在进步教育协会会长艾钦（Aikin, W. M.）的领导下，1933—1940年，7所大学和30多所中学进行教育改革实验研究，以此来解决学校与社会、学习与生活相分离的问题，这就是

---

① 涂艳国等主编：《教育评价》，高等教育出版社2007年版，第28页。

"八年研究"。试图通过这"八年研究"来探寻以下两个问题的答案：一是中学除了学术课程外是否还应增加其他课程以适应那些完成中等教育后不想进一步接受高等教育的学生的需要？二是增加其他课程后是否会降低中等教育质量进而影响到高等教育质量？

进步教育协会成立了以俄亥俄州立大学教育科学研究所教授泰勒为首的评价委员会，致力于研究和检验课程改革的结果，分析课程与学习的关系，全面衡量学生的各项进步，对教育改革的成效进行了卓有成效的评估。1942 年，泰勒发表了"八年研究"报告，即《史密斯—泰勒报告》。在报告中，泰勒将确定教育目标作为评价过程的核心和关键，所以这一评价模式被称为"目标模式"（Object Mode），由于泰勒为此做出了巨大贡献，它也被称为"泰勒模式"，《史密斯—泰勒报告》被称为"划时代的教育评价宣言"。泰勒和他的同事正式提出了"教育评价"的概念，将其思想与早期的测量思想区别开来。泰勒也是第一个正式对"教育评价"下定义的人。他认为，"评价是一种确定行为发生实际变化的程度的过程"①，并将"教育评价"定义为"在本质上是一个确定课程和教学计划实际达到教育目标的程度的过程"②。泰勒也因此被称为"教育评价之父"。泰勒的教育评价基本思想包括五个方面：一是教育就是使人的行为方式发生变化和改进的过程；二是各种行为方式的变化就是教育的目标；三是所谓教育评价就是确定教育目标实现程度的过程；四是对人的行为评价应是多方面的分析与综合的结合；五是评价方法应该是多样化的。③

（四）第四阶段：判断时期

"判断时期"的时间是 20 世纪 50 年代至 70 年代。这一阶段相当于古巴和林肯所说的第三代评价时期，"判断"（Judgement）是这一阶段教育评价的本质特点。苏联在 1957 年发射了第一颗人造地球卫星，使美国人猛然发现自己的科技已经落后于苏联，给美国人造成极大的危机感。在震惊后，美国人很快找到根源，即科技落后的原因是教育质量不高。于是，美国政府于 1958 年通过了《国防教育法》，拨出约三亿美元经费专门用

---

① 瞿葆奎主编，陈玉琨、赵永年选编：《教育学文集·教育评价》，人民教育出版社 1989 年版，第 263 页。

② ［美］泰勒：《课程与教学的基本原理》，施良方译，人民教育出版社 1997 年版，第 85 页。

③ 涂艳国主编：《教育评价》，高等教育出版社 2006 年版，第 29 页。

于提高中小学数理学科的教育质量，要求加强数学、科学、现代外语三门基本课程的学习。伴随这一教育改革，新的教育评价研究又不断兴起。在教育评价领域，有人开始深刻而全面地反思一直居于指导地位的泰勒模式。泰勒模式不但遭遇挑战，教育评价研究与实践也因此进入了繁荣时期。在这一阶段，评价研究者开始关注的主要问题是：已经确立的目标是否需要评价？价值判断是否应该成为评价的一项基本活动？判断是否需要标准？如果需要标准，那么客观、科学、公正的标准是否存在？这个时期的主要人物有毕比（C. E. Beeby）、艾斯纳（Eisner E. W.）、斯克里文、斯塔克、克龙巴赫（Cronbach L. J.）等。1977 年，毕比把评价定义为"系统地收集和解释证据，并以此作为评价过程的一部分，进而以行动为取向进行价值判断"[①]。他认为，评价主要是收集系统而非零散的资料，并将这些资料以评判性的思考进行整理和总结。在这个时期，毕比首次提出了价值判断问题。他认为，教育就是要对教育活动的价值作出判断，也包括对教育目标本身作出判断，使评价活动有助于决策的科学化。毕比主张"价值判断"的观点深化了教育评价的内涵，受到同行的关注。艾斯纳认为，凡是内容、活动、目标、顺序或呈现方式、反应方式，都必须考虑各种抉择，评价就是对某些计划方案的优劣进行评估，评价的主要问题在于评价时的集中点、复杂性和综合性。斯克里文也认为，评价是一种方法上的活动，以形成比较判断和价值判断，并说明收集资料的方式、加权数和目标选择的合理程度。在斯塔克看来，评价是一种既有描述又有判断的活动。克龙巴赫将教育评价定义为"作出关于教育方案的决策，收集和使用信息"[②]，并认为"评价能完成的最大贡献是确定教程需要改进的方面"[③]。在这一时期，不同的研究者基于各自的价值取向提出了各种评价模式，他们的教育评价研究通过不同的路径超越了泰勒模式。

1. 斯塔弗尔比姆的 CIPP 模式：突出形成性评价，重视对教育目标的评价

斯塔弗尔比姆是美国教育评价学家，他和研究团队在反思第二代评价

---

①　[瑞典] T. 胡森、[德] T. N. 波斯尔斯韦特主编：《教育大百科全书 I》，张斌贤等译，西南师范大学出版社、海南出版社 2006 年版，第 613 页。

②　瞿葆奎主编，陈玉琨、赵永年选编：《教育学文集·教育评价》，人民教育出版社 1989 年版，第 160—301 页。

③　同上。

时期的泰勒模式的基础上，认为教育评价不应该只局限于确定教育目标的实现，而应该在教育评价过程中为评价者提供有价值的信息。基于此，提出了 CIPP 教育评价模式，又称决策导向模式。这一模式包括背景评价、输入评价、过程评价和成果评价，[①] 这四种评价既是 CIPP 评价模式的构成部分，又是它的四个步骤。背景评价即是为确定教育目标提供有效信息，其内容包括教育目标描述、教育目标确定，以及教育目标的适切性和可行性评估；输入评价即是条件评价，为检验教育程序的有效性提供信息，内容包括确定目标实现的必要条件，以及实现目标的相应程序；过程评价即是对教育实施过程进行预测，为评价者提供反馈信息，用于发现教育决策实施过程中的隐性问题；成果评价即是目标评价，对教育实施结果与目标的达成程度进行评价，测量评价结果并给予解释和价值分析。在 CIPP 教育评价模式中，教育目标本身也被评价，这使评价内容更全面、合理，评价体系更完整。同时，CIPP 教育评价模式还关注过程性评价，注重为评价提供全面信息，使评价活动目标更明确，实用性更强。

2. 斯克里文的目标游离评价模式：教育目标与评价分离，关注非预期教育目标的影响

通过关注教育活动的实际效果，美国教育家斯克里文发现，在实际评价过程中，事先确定的教育目标的评价范围往往会受到限制，有时还产生许多非预期的效果，这对评价产生至关重要的影响。如果仅仅根据预设的教育目标进行评价，则可能导致评价过程只局限于既定目标规定的预期效果，非预期效果容易被忽视。这说明，教育活动的预定目标只反映评价方案、评价制定者的意图，可能会影响评价真实数据的收集，导致整个评价结果失真。为了使评价更加合理、科学，评价实施者应该把重点考虑的问题从"教育目标是什么"转变为"教育活动实际是什么"，即进行目标游离，跳出预设目标的局限。目标游离模式主张对评价实施者隐瞒评价方案、评价制定者的预定目标，减少评价方案、评价制定者的主观意图对评价的影响，以便收集到全部成果信息，获得全面、真实的效果。这种评价模式突破了预设目标的限制，重视实然的评价结果。较之以前的做法，其对评价对象的实际状态进行评价的模式显得更加科学化。同时，由于将评价方案、评价制定者的目标与评价实施者的目标分离，其评价结论也更为

---

① 王景英：《教育评价理论与实践》，东北师范大学出版社 2006 年版，第 57 页。

客观与公正。

目标游离模式与 CIPP 模式的主要区别是，评价结论不是依据方案制定者预定的目标，而是依据评价对象的需要。评价活动由关注管理者、决策者的意图转为关注局外人的意愿。因此，目标游离模式具有更大的客观性，也进而反映了评价者的自主性和将教育过程视为受教育者个人自我创造、自我实现、自我发展的民主观念，从根本上体现了以个人的需要为价值取向的评价标准。斯克里文在其概念体系中明确提出了形成性评价、总结性评价、业余评价、专业评价和需要评价的概念。

3. 斯塔克的应答模式：注重多主体评价，强调教育评价的民主性

美国教育评价研究者斯塔克在 1973 年提出应答模式，也称为反应模式或当事者中心模式。应答模式认为，教育价值在形式上有时是扩散的、潜伏的，在评价期限内不一定能感觉到，而且许多教育现象除了表现为特定教育目的服务的价值外，其自身也具有内在价值。由于教育价值的多样性、复杂性，该模式反对用传统的"设定目标—依目标搜集资料"的预定式评价，① 注重通过非正式的方法收集不同人、不同团体的不同观点，重视评价实施者与评价对象之间的相互交流、沟通，倡导通过持续不断的"对话"，了解他们的愿望，对教育方案做出修改，对大多数人的愿望做出回应，以便满足尽可能多的人的需要。应答模式强调在评价中使用非正式的自然主义方法获取全面、丰富的评价信息；注重各类人员在评价中的需要和愿望，综合考虑各方的意见和建议，充分体现了应答模式评价中的民主性。

4. 欧文斯等人的反对者模式：提倡教育评价的多元价值观，确保评价信息的全面与合理

反对者评价模式是美国学者欧文斯等人在 20 世纪 70 年代中叶提出的，又称为对手模式或反向评价模式。这种评价模式采取类似于法律实施过程中的评委会审议形式，揭示方案正反两方面长短得失，其主要模仿法律实施过程中正反双方的互辩活动、陪审团复议、最终形成法官审判意见等操作程序，典型代表是 1973 年沃尔夫提出的"司法模式"。他将教育评价分为争论的提出、争辩的选择、辩论的准备和听证四个阶段，主张让持有不同意见的正、反双方评价者一起参与评价并衡量教育方案和教育活

---

① 涂艳国主编：《教育评价》，高等教育出版社 2006 年版，第 35 页。

动，通过相互对立的评价者出示有说服力的证据和相互诘问，而得出更为全面、合理的结论。反对者评价模式追求教育价值的多元化，注意到了评价中存在的多元价值观的问题，认为对于同一教育现象，不同的人可能有不同的价值标准，所以就可能得出不同的价值判断。它还充分考虑反对者的意见，使评价的信息更为全面和合理。

（五）第五阶段：建构时期

"建构时期"（建构一种理解）的时间是 20 世纪 70 年代至今。这一阶段相当于古巴和林肯所说的第四代评价时期，在本质上，他们认为教育评价是"建构"（Construction）。他们合写的《有效的评价》（1981）和《自然主义的研究》（1985）两篇重要文章中最早出现了建构性评价的初步思想。1989 年，古巴和林肯正式出版了《第四代教育评价》专著，这是他们经过几年潜心研究的成果，专著系统地阐述了建构性评价的基本观念和理论构架，他们的建构性评价立即在思想和教育评价领域引起了强烈的反响。

建构时代的出现是与质性评价方法的应用紧密相连的。20 世纪 70 年代初，传统评价方式随着人们对课程改革运动的深刻反省而受到猛烈冲击，人们期待探讨评价的新理论和新方法。于是 14 位学者于 1972 年 11 月聚集到英国剑桥大学丘吉尔学院（Churchill College），共同探讨评价理论与评价方法的创新问题。他们认为，心理实验或心理测验的方法一直是传统教育评价的优势，这类方法适用范围狭窄，已经无法解决评价中遇到的复杂问题。因此，他们提倡用新的文化人类学的研究范式取代旧有范式，即认为评价不是对预期的教育结果进行测量与描述，而是对整个方案，包括前提假设、理论基础、实施效果及困难问题等进行全面深入的研究。质性评价方法由此兴起，并开创了一个新的评价时代，这即是古巴和林肯所说的"第四代评价"①。

20 世纪 80 年代启动的美国教育改革是推动这一新的教育评价理论发展的重大教育事件。美国教育优异委员会（The National Commission on Excellence）于 1983 年发布了题为《国家处在危险之中：教育改革势在必行》的调查报告。报告认为，1957 年以后，美国政府虽然开始重视教育，但是基础教育的质量 20 多年来并没有提高，而且学生成绩平庸的现状日

---

① 涂艳国主编：《教育评价》，高等教育出版社 2006 年版，第 37—38 页。

益严重。第二次世界大战后，日本和西欧等国的尖端科学技术发展威胁了美国的垄断地位，在科技、工业和商业方面，美国一向领先的地位正在被全世界的竞争者超越，这种状况威胁着国家前途，威胁着民族未来。强烈的危机感促使美国政府不得不加速教育改革的步伐。在全国科学技术委员会等机构的资助下，美国科学促进协会于 1985 年从国内外聘请了 400 余位科学家、教授、教师和科学、教育机构的负责人，历经四年时间完成了一份题为《2061 计划：全民的科学》的报告，并于 1989 年发布。《2061 计划：全民的科学》详细地阐述了美国全面改革基础教育的目标、步骤和科学依据，被称为最雄心勃勃的一项教育改革规划。新的教育改革呼唤新的评价理论与评价方法，建构性评价因此应运而生。①

1. 建构性评价的基本理论构想

建构性评价明显不同于以前的评价。它是一个社会政治过程，而非科学技术过程。其结果是有关评价对象及其意义的一个或多个理论框架，而且是利益相关者通过协商达成的。与科学主义范式相对应，建构主义范式也有三个前提：其本体论是相对主义的，它认为社会是千变万化和多元的；其认识论是主观一元主义的，认为"发现"是研究者与研究对象在互动性的探索过程中逐渐被创造出来的；其方法论前提是解释学的、辩证的，它认为必须将对立的观点放在一起，通过解释循环使认识更深入。②建构性评价是基于以前评价的基础上提出来的，因此它比以前的评价更符合实际，更加完善。关于建构性评价的基本理论，古巴和林肯作了以下设想。

（1）共同的心理建构是评价描述的关键点。评价描述的是参与评价的所有人或团体关于评价对象的一种主观性认识，而不是事物客观的、本真的状态。评价的结果是与评价有关的人的共同的看法，而不是评价者对评价对象的主观认识。所以评价活动发现的是参与评价的所有人的共同的心理建构，而不是事实，更不是评价者的价值判断。

（2）多元的价值判断是建构性评价的基础。在建构性评价中，人们不再以自己的价值观念为基础来对某一事物进行评判。由于参与评价的价值标准是不一样的，所以即使面对同一教育现象，人们也会有不同的价值

---

① 涂艳国主编：《教育评价》，高等教育出版社 2006 年版，第 37—38 页。
② 同上书，第 40 页。

判断。与以前的评价不同，建构性评价认为，这种多元的价值判断不仅是合理的，而且是必要的，因为只有这样，才存在共同的心理建构问题。教育评价是在不同的价值体系之间进行协调，以缩小各方的价值分歧，最后形成一致看法，而不是在多元的价值判断中选取某种权威性的或代表性的判断。

（3）评价对象参与评价对评价结果影响重大。如果评价对象没有参与到评价中，评价只会沿着对管理者和评价者有利的方向前行，评价对象的合理权利和正当要求就会受到影响。若评价对象参与评价，管理者与评价者的那种"交情关系"① 就会受到挑战，管理者与评价对象、评价者与评价对象的不平等、不公正的关系才能得以改善。在过去的评价中，评价者只注重对评价对象工作无效、责任不够进行评判，而忘记了评价的真正目的是为了改进评价对象的行为。只有评价对象参与了评价，他们的意见得到合理的表达，才会消除评价对象与管理者、评价者之间的对立情绪，才会使评价对象接受评价结果，进而增强改进行为的自觉性。

（4）评价要重视评价结果的推广与使用。古巴和林肯认为，评价工作不仅不能终止于评价结果的获取，而且还要重视评价结果的推广与使用。② 在建构性评价之前，评价终止于评价结果的出现，而建构性评价则不同，它要求评价者在获取评价结果后还要像推销员那样去推广自己的评价结果，古巴和林肯将这一评价过程称为"后续过程"。

（5）评价要重视对评价对象的尊重。古巴和林肯要求在评价过程中始终尊重个人的尊严、隐私、人格。虽然，过去的评价出于对评价对象的保护，在评价中也有尊重评价对象隐私、尊严等要求，但这主要是基于评价对象是弱势地位的角度考虑的。建构性评价提出将尊重评价对象作为一项工作原则，主要是基于"全面参与"的意识提出的。在建构性评价中，所有参与评价的人都是作为平等的合作伙伴出现的，所有的人都处于政治上的平等地位。

（6）评价结果最终形成案例报告。传统的评价结果更多的是"技术性的"、"对事物对错、真否、程度的描述"、"对现实与标准之间差距的对照"，或者是"刻意提出具有普遍意义的规律和原则"，那么建构性评

---

① 涂艳国主编：《教育评价》，高等教育出版社 2006 年版，第 40 页。
② 同上。

价所形成的则是案例报告，它不提供具有普遍意义的规律，但是它也不仅仅陈述所谓的事实。评价结果案例报告能够显示评价各方对事实的感受、动机和思考，反映在特定时空、条件和经验中形成的共同建构。对于案例报告的阅读者来说，案例报告的优势还在于它能够使阅读者获得"身临其境的体验"，这种体验是"人类学习的一种基本机制"①。

2. 建构性评价的基本评价方法

资料收集过程中的"回应性聚集法"和形成评价结论的"建构性探究法"是建构性评价的两个基本方法。

（1）资料收集过程中的"回应性聚集法"。古巴和林肯强调建构性评价的出发点应该是"回应性的聚焦方式"（Responsive Mode of Focusing），这一观点与"评价是一种心理建构"的思想、"价值多元性"的信念、反对权威主义倾向的愿望完全一致。以此为基础，他们将评价界定为"对教育计划所作的系统检查，目的是为决策提供信息"。根据这种理解，评价不是评价者对评价对象进行控制的过程，而应该是一种民主协商、主体参与的过程，应当在自然的条件下，各方人士通过形式灵活的对话来达成共识。这一阶段的一个标志性突破是用"评定"（Assessment）代替"评价"（Evaluation），强调评价的服务功能，即评价应为促进被评价者的发展服务。

著名的课程评价专家斯塔克是"回应性聚集"思想理念的主要来源。斯塔克认为，传统的评价模式是"预定式的评价"（Preordinate Evaluation），即先陈述目标，再以目标来搜索资料，并对目标与结果之间的差距或符合程度做出报告。这种评价的缺陷是难以反映课程方案目标本身的合理程度和变化、学生在目标之外的感受、各方面人士对目标和课程实施等方面的不同观点。斯塔克还认为，评价的意义在于服务，为了使评价有利于服务对象，评价者就更应该首先关注服务对象关注的问题、兴趣和焦点。因此，斯塔克特意提出了一个以"回应"服务对象为起点的评价模式，即"回应模式"（Responsive Mode），又称"应答模式"或"感应模式"。

古巴和林肯认为，建构性评价为了打破以往评价中"权威主义的倾向"，使评价成为各有关方面形成"共同的心理建构"（Joint Mental Con-

---

① 涂艳国主编：《教育评价》，高等教育出版社 2006 年版，第 41 页。

struction）的过程，评价的起点就应该是对有关方面评价要求的"回应"。为了能够对各方面的要求做出回应，古巴和林肯深入研究了两个问题：一是与评价有利益关系的人共有几类；二是要回应他们的哪些要求。通过分析，古巴和林肯认为，与评价有利益关系的人主要有三大类，即评价的推动者、评价的受益者和评价的受害者。应回应的要求大致也可以分为三类，他们将这三类要求称为"焦点"，分别是"要求"、"担心"和"问题"（Claims, Concerns and Issues）。所谓"要求"就是指某一利益相关方面提出的、被认为是有利于评价对象的方案、方法、目标、材料等；所谓"担心"就是指某些利益相关者认为实施某一方案、采用某些方案会不利于评价对象的意见和想法；所谓"问题"就是人们不一定都赞同的事。①

（2）形成评价结论的建构性探究法。古巴和林肯认为，建构性评价的关键是从出发点走向形成共同构建的途径和方法。在这方面，他们从战后兴起的人种学、人类学、"诠释学派"、"质的研究"等研究范式中大量地汲取了方法论的营养。古巴和林肯一再强调，第四代评价的一般模式与建构性探究方法（the Methodology of Constructive Inquiry）有密切的联系，甚至可以说，建构性探究法是第四代评价模式的基础。

古巴和林肯针对如何建构问题，提出了由进入条件、探究过程和探究结果三个阶段构成的建构框架。关于"进入条件"，古巴和林肯提出了两点要求：一是应该在自然环境中进行探究和评价；二是使用"质的研究方法"，由于探究在自然环境中进行，这就决定了必须更多地依靠人的感官和思维器官来做研究和评判，包括通过观察、座谈、阅读文献、记录未被人注意的迹象、重视人的非语言意向等方法来探究问题，当然还包括量化的研究方法。关于"探究过程"，古巴和林肯认为，建构的探究过程在本质上是一个"诠释辩证的循环圈"（Hermeneutic Dialectic Circle）。在这个循环圈中，一是要尽可能地吸收各方面意见；二是要努力收集具有相互关联性的资料；三是要在评价各方充分阐述、解释的基础上，通过协商和分析，逐渐形成共识，也就是"共同建构"；四是探究者和评价者都必须认识到"诠释辩证的过程"本身绝不是为了验证某一种建构，也不是为了去攻击其他人的缺陷，而是为了在不同的建构间建立起联系，是为了形成"共识"（Consensus）。通过这一过程，评价各方不仅能通过协商构筑

---

① 涂艳国主编：《教育评价》，高等教育出版社 2006 年版，第 42 页。

起更为精致、合理的新概念、新建构，而且也在建构的过程中得到"教育"。关于"探究结果"，建构性评价所产生的是各利益相关方的共识以及反映共识形成条件和过程的案例报告。因此，可以将整个建构过程分为以下12个具体步骤：与委托人或资助者签订契约；组织评价小组并授权；鉴定利益相关者；进行解释学联系；以新信息增进理解和扩大共识；查明和解决要求、担心和问题；确定优先评价点；收集与尚未解决的问题相关的信息，以增进认识；准备协商已成；进行协商；提出评价报告；再循环。在评价活动中，古巴和林肯强调要努力使所有与评价有利益关系的人都积极参与、充分表述自己的观点，把每一方面的"心理建构"都展现出来，只有在这样的基础上，有关各方才有可能达成共识，形成有利于改进课程、教学、学校教育的"共同心理建构"①。

二 国内教育评价的历史发展

我国的教育评价思想与实践早于西方。可以说，教育评价的源头在中国。孙中山先生在《五权宪法·民权初步》中说："现在各国的考试制度，差不多都是学英国的。穷根溯源，英国的考试制度，原来是从我们中国学过去的。"② 我国早在西周时期就有了笔试，并以笔试成绩取士，这是世界上最早的笔试。诞生于隋朝的科举制度，使笔试更加规范化与科学化。科举既是统治阶级选士的制度，也是一种教育评价制度，它在我国存在了1300多年，不仅对我国的教育产生了深远影响，而且对世界教育评价的发展，尤其是文官选拔制度产生了重要影响。日本于7世纪引进了科举制度，一直沿用到第二次世界大战前。法国于1791年参照我国的科举制度建立了自己的文官考试制度。英国于1855年建立了文职人员委员会，通过组织公开考试来选拔文职人员。美国于1883年也成立了文职人员事务委员会，以组织考试来选拔官员。国外也有许多学者认为，教育评价制度源于中国，如卡特总统当政时期的美国人事署署长艾伦·坎贝尔教授就认为"当我接受联合国的邀请来中国向诸位讲文官制度的时候，我感到

---

① 涂艳国主编：《教育评价》，高等教育出版社2006年版，第43页。
② 周朝森：《教育评价理论的新探索——美国"第四代评价"述评》，《教育研究》1992年第2期。

非常的惊讶。因为在我们西方所有的政治学教科书中，当谈到文官制度的时候，都把文官制度的创始者归于中国"[①]。利恩（Lien A. J.）在论述教育测量发展时就将公元前2200年的中国论文式测试作为开端。[②]　虽然如此，在教育评价的科学化与专业化发展方面，我们却远远落后于西方。对于我国教育评价的历史发展，我们将采用大跨度的分期方法，将其分为经验考核、科举考试和系统发展三个时期。

（一）公元606年以前：经验考核时期

我国古代的教育评价方式与人才选拔制度是紧密相关的。可以说，有什么样的人才选拔制度，就有什么样的教育评价方式。早在原始社会末期的尧舜时代（公元前2200—公元前2140），在人才选拔与使用上就有了评价的因素。据记载，当时选择部落联盟的首领是以"九德"（九条标准）为标准的，而且对他们的任职情况每隔三年要进行一次考核。到了阶级社会，天子之下的社会成员共分为三部分：第一部分是包括皇室、宗亲及外戚的贵族；第二部分是官吏；第三部分是庶民。庶民中有知识的阶层又称为"士"，"士"有机会升入官吏阶层。通过测评，国家就可以确定庶民中哪些人可以成为官，我国古代把这种制度称为"选士"。选士的方式决定了育士的方式，育士主要为选士服务，这就构成了中国古代社会的一大特色，也是学校教育评价活动的源头。

殷商的衰亡教训让西周清醒地认识到，殷商灭亡的原因之一是选才方法出现了问题，于是就提出了新的选贤任能的思想，建立了一套完整的人才选拔制度。西周的选士制度是世界上最早的人才选拔制度。[③]　它主要由三部分构成，即乡里选士、诸侯选士和学校选士。据《礼记·学记》记载，西周的大学是这样对学生进行评价的："比年入学，中年考校，一年视离经辨志，三年视敬业乐群，五年视博习亲师，七年视论学取友，谓之小成；九年知类通达，强立而不反，谓之大成。"意思是：学校每年都有学生入学，但隔年考核一次。入学的第一年考查学生读经断句的能力，辨别其学习志向；第三年考查学生是否专心于学习，是否与同学和睦相处；第五年考查学生学习是否广博，能否尊敬师长；第七年考查学生在学术上

---

① 盛奇秀：《中国古代考试制度》，山东教育出版社1988年版，第128页。

② 瞿葆奎主编，陈玉琨、赵永年选编：《教育学文集·教育评价》，人民教育出版社1989年版，第3页。

③ 涂艳国主编：《教育评价》，高等教育出版社2006年版，第45页。

是否有自己的见解，是否善于择优，如果这几项合格，就叫作学业小成；第九年考查学生能否触类旁通、遇事有主见且不违背老师的教导，如果合格，就叫作学业大成。这是我国有记载的最早的比较系统的学校评价制度。① 当时就从"大成"者中选取"进士"。进士经过考核与选拔，其中贤者被呈报于王，授予官位与爵禄。在西周时期，这种选士与育士制度大大地促进了当时教育事业的发展，激发了士子读书的积极性，也为我国古代的选士制度与教育评价的发展奠定了重要基础。西周时，对学生的评价有着严格的制度和程序规定，这为后期选士和育士制度的发展起到了重要作用。可以说，我国的教育评价制度早在西周的时候就建立起来了。

西周灭亡后，诸侯争霸天下，开启了历史上的春秋战国时期。当时，各国之间竞争异常激烈，这种竞争又关系到国家的生死存亡，所以各国都非常重视人才的选拔与任用。各国君主以高位重金聘士，积极选贤任能，尊士、礼士的做法蔚然成风，推动了学术研究和教育的发展。春秋战国时期出现了那么多的思想家就足以证明这一点。秦朝统一中国后，在维护民族的完整与统一上虽然有诸多贡献，但在人才培养与选拔上却大不如前，秦始皇的"焚书坑儒"政策就是最好的例证。

西汉时期，新王朝建立了以察举制为核心的选士制度，十分重视人才的培养与任用。考试作为教育评价的重要方式和制度，正式在察举制中诞生。汉代选士的主要方式为征辟和察举。征辟是皇帝和官府直接聘任官员的选士办法。察举则是由丞相、列侯、刺史、首相等官员通过考察，把品行和才能出众者推荐给朝廷，通过考试后任以官职。所谓"察举"，就是指经过考察之后予以举荐。② 《汉书·文帝记》载，汉文帝于公元前178年诏令"举贤良方正能直言极谏者"，创立贤良方正科。公元前165年，汉文帝出题考试，以举贤良并授以官职。其试题写在竹简上，称为"策题"，分为四个策目："朕之不德，吏之不平，政之不宣，民之不宁"，这是有记载的最早的试题。皇帝以策题取士称为"策问"，应试者在竹简上作答，称为"对策"。"策问"与"对策"既是我国以考试取士的开端，也是世界笔试的开端。察举制开考试制度之先河，开辟了教育评价的新纪

---

① 涂艳国主编：《教育评价》，高等教育出版社 2006 年版，第 45 页。
② 同上书，第 46 页。

元。① 为了培育和选择人才，汉武帝于公元前 124 年创立太学。太学既是全国的最高学府，以研究与传播儒术为主；又是一个国家考试机关，它汲取了西周教育评价制度的精华并加以扩展，实行一年一考的政策。汉代董仲舒最早使用"考试"一词。② 在魏晋南北朝时期，由于连年战乱，学校不兴，察举制中的策试难以进行。但此时开辟了九品中正制，以举人才。九品中正制就是各地方政府设立中正官，负责向朝廷举荐人才，中正官举荐的人才依据家世、才能和德行三项内容，评为九个等级（上上、上中、上下，中上、中中、中下，下上、下中、下下）。③ 学校在魏晋南北朝后期才得以复兴，学生才有可能通过策试进入上层社会。

（二）公元 606 年至 1905 年：科举考试时期

日本学者梶田叡一认为："中国的科举制度就是古代国家建立的具有划时代意义的和合理性的一种评价制度。"④ 这是符合历史事实的。科举制度是比较完善的考试制度和人才选拔制度，也是比较完善的教育评价制度，它对我国和世界的教育以及教育评价的发展起到了十分重要的作用。

为了巩固政权，隋朝统一中国后进行了多项改革，其中吏制为改革之首。公元 583 年，隋文帝为了抑制魏晋南北朝时期因九品中正制而导致的"上品无寒门，下品无士族"的门阀制度，废除了九品中正制，结束了门阀士族独霸仕途的局面。隋炀帝又于公元 606 年新开设了进士科，重新开辟了庶民进入仕途的通道。在当时，科举制度初见雏形。所谓科举制，主要是指分科考试并根据考试成绩来选拔人才的制度。科举制是一种考试制度，又是一种教育制度，或者说是一种教育形式。⑤ 这一制度对教育和教育评价的发展，起到了重要的作用。

隋朝后期，连年的战争造成唐初人才匮乏，为了巩固统治，唐朝统治者便设法四处招揽人才。唐高祖武德四年（621）下诏书，恢复了以往的明经、秀才、俊士和进士等科的考试。为了保障人才质量，朝廷规定，学官当先重考试，并将学生的考试成绩作为学官政绩的标准；学校则实行定期考试制度，按旬、月、季、岁进行考试。唐朝时期的科举制度制度完

① 涂艳国主编：《教育评价》，高等教育出版社 2006 年版，第 46 页。
② 罗黎辉等编著：《教育测量与评价》，云南教育出版社 1996 年版，第 5 页。
③ 涂艳国主编：《教育评价》，高等教育出版社 2006 年版，第 47 页。
④ ［日］梶田叡一：《教育评价》，吉林教育出版社 1988 年版，第 22 页。
⑤ 刘海峰等：《高等教育史》，高等教育出版社 2010 年版，第 58 页。

备、标准严格、方法多样，是科举制度兴盛时期。唐朝进士通过考试后若想进入官吏阶层还需经过吏部的考核，考核规定有四条标准：一是"身"，即身材，标准是体貌丰伟；二是"言"，即言辞，标准是言辞辨正；三是"书"，即书法，其标准是书写遒美；四是"判"，即文字逻辑，其标准是文理优长。① 此时的考试主要有经贴、问义、策问和诗赋四种方式。经贴就是现在的填空题，即将要考的经书某一页的两端掩盖仅露出要考的那一行，再用纸掩盖这一行的几个字，然后让学生填出被掩盖的那几个字。问义就是现在的简答题，主要考查学生背诵经书的情况。问义分口义和墨义两种，前者以口作答，后者以笔作答，就是现在的口试和笔试。策问就是现在的论述题，以重大历史问题或现实问题为题让学生提出自己的见解和主张。诗赋是指以前人的诗句或景物为题规定韵脚让学生作诗。唐代的科举制在进士科的基础上增设了秀才、明法、明书、明算、一史、三史、开元礼、童子、道举等科，后来武则天又增设了武举科，唐代先后共设有 50 余科。在进行考试之前，宋朝规定要先进行考核，考核的标准分为五级：一等学识优长，阅读精纯；二等才思赅通，文理周率；三等文理俱通；四等文理中等；五等文理疏浅。②

　　出于政治的需要，唐宋以后的统治者越来越重视科举制，科举制也因此而日益完善。以科举考试的分级为例，唐朝科举一般分为县试与礼部试两级，宋代增设殿试，明清时增至四级：童试（选秀才）、乡试（选举人）、会试（选贡士）和殿试（选进士）。③ 早期，在评阅试卷时只在卷面上披上"通"或者"不"，到清朝时，评卷采用的是五级评定法。与此同时，在科举制发展的过程中，亦有很多新突破，尤其宋朝的学校考试中出现了积分法，到元明时期发展为积分制。如明朝国子监规定，在高年级的孟仲、每季月份分别进行一次考试，每次试卷成绩为三等，文理双优者得一分，理优文劣者得半分，文理俱劣者不得分，一年内积分达到八分者为及格。但与此同时，科举制度也日渐僵化，如八股文取士的做法自明代开始实行一直沿用到清末。科举制度始于隋、兴于唐，而废于清末，历时1300 余年，是我国实行时间最长的选士制度，也是迄今为止持续时间最

---

① 涂艳国主编：《教育评价》，高等教育出版社 2006 年版，第 48 页。
② 同上。
③ 同上。

长的一种教育评价制度。

（三）1905 年至今：系统发展时期

1905 年至今，系统发展时期主要是指我国的教育评价科学化发展时期。不同的研究者对这一时期的教育评价发展阶段，有不同的划分方法，根据我国教育评价活动的进展及其理论研究状态，我们将这一时期主要分为三个阶段。

1. 国外测量引入阶段（1905—1949）

由于社会发展需要及科举制度"八股取士"做法的僵化，1905 年科举制度被正式废止。当我国正式废除科举制度时，正值西方教育测量运动兴起，相关理论很快就传入我国，我国于 20 世纪二三十年代掀起了教育测量运动。根据国外的研究，俞子夷于 1918 年编制了我国小学毛笔书法量表，这是我国最早的标准测试量表，但在当时没能引起外界关注。北京高等师范学校和南京高等师范学校于 1920 年建立了我国最早的心理实验室。廖世承和陈鹤琴也于 1920 年在南京高师开设心理测验课程，并用心理测试量表对学生进行了测评，开启了我国正式运用科学心理测验历史。他们于 1921 年正式出版了我国最早介绍心理测量的著作——《智力测验法》，在当时产生了较大的影响。1922 年，中华教育改进社邀请美国教育测量学专家麦柯尔来华讲学，北京师范大学、北京大学、燕京大学、北京女子高等师范、东南大学等校在他的指导下开始编制测验量表，先后共编写了 40 多种。1922 年，比纳 1911 年的智力测验量表率先被费培杰译成中文。陆志韦于 1924 年修订了斯坦福—比纳量表并发表。这一时期，许多研究者在翻译引进国外测验量表的同时还编制了许多测验，如廖世承的团体智力测验，刘廷芳的中学生智力测验，刘湛恩的非文学智力测验，陈鹤琴的图形智力测验以及艾伟和其他人士编制的小学各科测验及诊断测验等。在 20 世纪前 30 年里，在翻译国外教育测验理论和引进国外教育测验实践方面卓有成效。与此同时，中华教育改进社还结合我国实际对国外的研究进行了改造，并进行了自己的独立探索和研究。据统计，到 1923 年，中华教育改进社编制的心理和教育测验共有 40 多种。时任中华教育改进社总干事的陶行知先生于 1926 年起草的《乡村小学比赛表》是其中比较有名的量表之一，该表实际上是具有中国农村教育特色的教育评价量表，经过八年的试用后，陶行知先生再次着手修改，以供全国乡村小学使用。1935 年，陶行知在《生活教育》第 2 卷第 1 期上发表了《乡村小学比赛表》。中国的许多教育测验在 20 世纪前 30 年里达到了比较高的水平，麦柯尔曾这样评价当时中国的教育测验："至少都与美国的标准相符，有许多甚至比美国的还好。"① 然而，在当时的教育测验运动中也出现了严重偏差，如测验的功能被一些人过分夸大，对测验结果的解释也不够慎重等。在 1929—1930 年，这些偏差使教育测验一度陷入了困境。

面对 20 年代末的教育测验研究和实践的混乱局面，有学者意识到只有加强理论研究，还教育测验以真实面貌，才能确保教育测验在中国健康、持续地发展下去。于是在艾伟、陆志韦、陈鹤琴、萧孝嵘等教育学家与心理学家的倡导下，1931 年成立了我国教育测量方面的第一个专门学术研究组织——中国教育测验学会，专门从事测验理论的研究。在中国教育测验学会的推动下，我国的教育测验运动及其研究又获得了新的进展，测验的理论研究也得到了加强，发表了一些理论探讨的文章，如左任侠对智力结果进行了探讨，发表了《智力是什么》《常态曲线之基本原则》等论文；萧孝嵘讨论智力发展曲线和智力成熟年龄等问题。1932 年，中国测验学会为了推进教育测验理论研究的进展，还创办了我国第一本关于教育测验的专业期刊——《测验》杂志。此后，一批有关测验的学术著作也相继问世，如汤鸿普于 1933 年 8 月出版了《教育测验》，吴天敏于 1936 年 6 月出版了《中国比纳西蒙智力测验之经过（第二次修订）》。

1937 年，产生于 20 世纪初的中国教育测验运动由于日军侵华被迫中断，而就在中国进行浴血奋战、救亡图存的抗战时，美国教育专家泰勒完成了教育评价史上最有里程碑意义的"八年研究"。在当时的历史条件下，"八年研究"及其他一些研究成果自然无法被引入中国。我国的教育评价理论研究与实践探索也就因此与世界拉开了距离。1937 年至 1949 年这段时间内，关于教育测验的书籍屈指可数，主要有：陈选善的《教育测验讲话》，于 1944 年 6 月出版；孙邦正的《心理与教育测验》，于 1947 年 12 月出版；李象伟的《教育测验与统计》，于 1948 年 9 月出版。

在这一时期，中国的教育测验在开展自己的独立研究的同时，主要贡献是引入改造国外教育测验理论与实践，但教育测验的思想并没有完全生根。

① 刘本固：《教育评价的理论与实践》，浙江教育出版社 2000 年版，第 16 页。

2. 曲折发展阶段（1949—1977 年）

由于政治上的原因，新中国成立后，我们采取了全盘照搬的拿来主义态度即全盘肯定苏联的社会主义的教育，而一概否定和排斥欧美资产阶级教育；同时也因旧中国的教育是封建主义教育，予以全面清理与抛弃。这种现状使欧美的先进教育思想无法引入，旧中国的研究成果被全面清除。教育评价研究和实践方面的成果由于二三十年代的战争几乎丧失殆尽，剩下的一点遗产在全面学习苏联的热潮中被贴上了资本主义的和封建主义的标签而遭到唾弃。当时，以五分制为核心的苏联式的成绩考评法是我国教育评价的主要表现。50 年代末，中苏矛盾初见端倪。60 年代初，两国关系彻底破裂。政治上的斗争殃及至教育领域，由 50 年代对凯洛夫教育学的全面接受转向对其进行全面批判。此后，各校恢复百分制，注重对学生进行全面评价，特别注重对学生政治表现的评价。1966 年，我国开始了"文化大革命"，高等学校的招生被迫中断了六年，教育评价也随之被迫中断。1972 年开始，多数高校恢复招生，但此时取消了文化课考试，主要以推荐的方式招收工农兵学员。到 1977 年恢复高考时，我国的教育评价研究差不多中断了 40 年。[1] 纵观这一时期的教育评价，其主要特点是几乎全面停止教育评价研究与实践，未能及时引入国外的研究，更谈不上自己的独立研究了。

3. 全面发展阶段（1977 年以后）

（1）全面恢复与引进教育评价。根据邓小平的指示，教育部于 1977 年 8 月在北京召开了全国高等学校招生工作会议，会议确定了《关于1977 年高等学校招生工作的意见》，国务院于 10 月 12 日将《关于 1977 年高等学校招生工作的意见》转批至各有关部门。新的招生制度采取"自愿报名，统一考试，地市初选，学校录取，省、市、自治区批准"的办法。恢复统一招生制度的做法受到社会各界的普遍欢迎，也对教育评价提出了新的要求，极大地推动了教育评价的理论研究与实践改革。70 年代末到 80 年代初，教育评价研究的主要成果是引进和介绍海外教育评价的研究成果，为我国进一步开展教育评价理论研究奠定了重要的基础。我国的许多期刊从 80 年代初开始陆续译介国外及我国台湾地区关于教育评价的专著和论文，如台湾李聪明的《教育评价的理论与方法》，加拿大梅

---

① 涂艳国主编：《教育评价》，高等教育出版社 2006 年版，第 51 页。

森（G. Mason）的《教育与评价》等。通过这些译著，国外比较先进的教育评价理论被引入国内。教育部于 1983 年 9 月邀请国际教育成就评价协会（IEA）的时任主席胡森（Husen T.）及世界银行高级专员、教育评论专家海德曼（Heideman）等人来我国讲学。他们作了题为"当前世界教育发展的趋势与评价"等的报告，全面介绍了世界教育动向、教育发展趋势及教育评价研究与实践的动态。我国还于 1983 年加入国际教育成就评价协会，1984 年 1 月正式签署了入会文件，搭建了我国教育评价研究的国际交流平台。与此同时，教育部指定在中央教育科学研究所建立"中国国际教育成就评价中心"，在我国开展大规模的教育现状调查与评价。这些活动不仅推动了我国教育评价研究的发展，还为我国教育评价的国际交流奠定了基础。

（2）全面探索与发展教育评价。1985 年 5 月颁布的《中共中央关于教育体制改革的决定》（以下简称《决定》）标志着我国教育评价的研究与实践又进入了一个新的发展时期。《决定》强调，国家及其教育主管部门要加强对高等教育的宏观指导与管理，教育管理部门要组织教育界、知识界和用人部门定期评估高等学校的办学水平，支持与奖励成绩卓越的学校，整顿甚至停办办得不好的学校。在 80 年代中后期，由于国家的重视、支持与引导，教育评价研究被大规模地开展起来。在总结"七五"期间我国教育评价理论研究成果和试点工作经验的基础上，国家发改委于 1990 年 10 月发布了 14 号令，正式颁布实施了《普通高等学校教育评估暂行规定》，对教育评价的目的与作用、基本形式、组织程序以及相关政策都作了规定。这是新中国成立以来第一个关于教育评价的行政性法规，是教育评价一般规律与我国教育实情相结合的产物，它标志着我国教育评价理论和实践工作开始走向规范化，并为其进一步的发展提供了重要的制度保证。① 国家教委于 1990 年 12 月对评价试点工作进行了总结，提出了今后评价工作要遵循"逐步展开，扩大试点，深入研究"的工作方针。中共中央、国务院于 1993 年 2 月颁布了《中国教育改革和发展纲要》（以下简称《纲要》），对与社会主义体制相适应的教育体制改革的目标及相应的教育评价的地位、作用都作出了明确的规定。《纲要》第 32 条明确指出："建立各级各类教育的质量标准和评估指标体系。各地教育部门

---

① 涂艳国主编：《教育评价》，高等教育出版社 2006 年版，第 52 页。

要把检查评估学校质量作为一项经常性的任务。要加强督导队伍，完善督导制度，加强对中小学学校工作和教育质量的检查和指导。对职业技术教育和高等教育要采取领导、专家和社会用人部门相结合的办法，通过多种形式进行质量评估和检查。各类学校都要重视了解用人单位对毕业生质量的评价。"这一纲领性的规定对我国教育评价研究与实践的发展起到了重要作用。

在这一时期，全国成立了许多教育评价研究机构。全国普通教育评价专业委员会于 1990 年 10 月成立；全国高等教育评价研究会于 1994 年 1 月成立，各省还成立了地方教育评价学会；受国务院学位委员会和国家教委的委托，高等学校与科研院所学位和研究生教育评估所于 1994 年 7 月 29 日在北京理工大学成立。中央与地方各级教育考试评价机构也同期相继建立。教育部考试中心于 1998 年成立，各省都先后成立了与此相应的教育考试院。

教育评价制度的建立和实践的开展也推动了教育评价理论研究和学术期刊的发展。我国于 90 年代创办了《教育督导与评价》《教育评价》《中国高等教育评价》等几份专业性的教育评论杂志。这些专业杂志的创立为教育评价研究的专业化发展及教育评价研究的交流与互动搭建了良好的平台。在此期间，理论工作者和实践工作者深入地探讨了教育评价的理论与方法问题，硕果累累，许多有关教育评价的论文在各级各类教育杂志发表。有关教育评价的教材与专著也陆续出版，同时国外的教育评价理论也相继被介绍到国内。

我国 80 年代中期至 90 年代末的教育评价的发展主要表现为以下三个特点：一是制度上有了保证；二是成立了专门的教育评价结构和专业的教育评价研究机构；三是教育评价理论研究有了长足进展，创办了教育评价的专业杂志，出版了教育评价的专著。①

（3）教育评价发展的新时代。第三次全国教育工作会议于 1999 年 6 月 15 日至 18 日在北京召开。会议始终围绕"动员全党同志和全国人民，以提高民族素质和创新能力为重点，深化教育体制和结构改革，全面推进素质教育，振兴教育事业，实施科教兴国战略，为实现党的十五大确定的社会主义现代化建设宏伟目标而奋斗"的主题。为配合第三次全国教育

---

① 涂艳国主编：《教育评价》，高等教育出版社 2006 年版，第 53 页。

工作会议的召开，1999 年 6 月 13 日，即在会议召开前夕，颁布了《中共中央国务院关于深化教育改革全面推进素质教育的决定》，它主要着眼于在知识经济背景下"深化教育改革，全面推进素质教育，构建一个充满生机的有中国特色社会主义教育体系，为实施科教兴国战略奠定坚实的人才和知识基础"。关于教育评价，其第 13 条要求"加快改革招生考试和评价制度，改变'一次考试定终身'的状况"，要"逐步建立具有多种选择的、更加科学和公正的高等学校招生选拔制度"，要"建立符合素质教育要求的对学校、教师和学生的评价机制"①。国务院又于 2001 年 5 月 29 日颁布了《国务院关于基础教育改革与发展的决定》，它以"全面贯彻党的教育方针，大力推进基础教育的改革和健康发展"为宗旨。关于教育评价，其第 25 条规定"改革考试和招生选拔制度"；它同时还要求"加强和完善教育督导制度"②。伴随着《国务院关于基础教育改革与发展的决定》的实施，在全国范围内轰轰烈烈地开展了新一轮基础教育课程改革。为了顺利推进课程改革，2001 年 6 月 8 日，教育部颁布了《基础教育课程改革纲要（试行）》（以下简称为《纲要》），要求"大力推进基础教育课程改革，调整和改革基础教育的课程体系、结构、内容，构建符合素质教育要求的新的基础教育课程体系"。《纲要》以培养学生的创新精神和实践能力为重点，对整个基础教育阶段的课程进行了全方位的革新。关于学生的发展，《纲要》要求从"知识与技能、过程与方法、情感态度与价值观"等方面进行全面评价。关于课程评价，《纲要》要求要"建立促进学生全面发展的评价体系"，"建立促进教师不断提高的评价体系"；"建立促进课程不断发展的评价体系"。《纲要》还要求"继续改革和完善考试制度"③。

人们发现，随着新一轮基础教育改革的推进，要使课程改革在实践中取得实效，必须进行考试制度的改革。2002 年 12 月 27 日，教育部又颁布了《教育部关于积极推进中小学评价与考试制度改革的通知》（以下简

---

① 《中共中央国务院关于深化教育改革全面推进素质教育的决定》，1999 年 6 月 13 日（http://www. chinalawedu. com/news/1200/22598/22615/22793/2006/3/he7396032197360029150 – 0. htm）。

② 《国务院关于基础教育改革与发展的决定》，2001 年 5 月 29 日（http://www. edu. cn/20010907/3000665. shtml）。

③ 《基础教育课程改革纲要（试行）》（http://baike. so. com/doc/6728196. html）。

称为《通知》），它指出："现行中小学评价与考试制度与全面推进素质教育的要求还不相适应，突出反映在强调甄别与选拔功能，忽视改进与激励的功能，注重学习成绩，忽视学生在全面发展和个体差异；关注结果而忽视过程，评价方法单一；尚未形成健全的教师、学校评价制度等。"①《通知》所构建的新的教育评价体系具有以下特点：一是评价要强调全面性。它要求对学生的德、智、体、美等方面进行综合评价，诚信、终身学习的愿望和能力、良好的心理素质以及健康的审美情趣等也都被列入评价内容。二是评价要强调发展性。《通知》指出，中小学评价与考试制度改革的根本目的是为了更好地提高学生的综合素质和教师的教学水平，为学校实施素质教育提供保障，充分发挥评价促进发展的功能，使评价的过程成为促进教学发展与提高的过程。② 三是评价要强调多样性。首先是对学生、教师与学校评价的内容要多元；其次是评价方法要多样，除考试或测验外，还要研究制定便于评价者普遍使用的科学、简便易行的评价办法，将学生、教师和学校的自评和他评结合起来。四是评价主体要强调多元性，教育行政部门、学校、教师、学生和家长都应参与评价。五是评价要强调个性化。评价标准既要注意对学生、教师和学校的统一要求，也要关注个体差异以及对发展的不同需求，为学生、教师和学校有个性、有特色地发展提供一定空间。六是评价要强调民主化。重视学生、教师和学校在评价过程中的作用。七是评价要强调过程性。对学生、教师和学校的评价不仅要重视结果，更要注重发展和变化过程。要把形成性评价与总结性评价结合起来，使发展变化的过程成为评价的组成部分。总而言之，全国性、多元化、开放性、民主化的教育评价体系已伴随着新一轮基础课程教育改革的推进而初步建成，评价体系的建立开创了教育评价的新时代。

总结 1977 年以来我国教育评价的发展特点主要有：一是评价越来越全面。就对学生的评价而言，从以学习成绩为评价的唯一指标发展到今天的综合评价。二是评价越来越科学。就评价的方法而言，从以考试成绩作为评价学生和教师的唯一标准发展到增加了评语评价和等级评价，今天又有了如档案袋评价、表现性评价等新的质性评价方法。三是对评价功能的

---

① 《教育部关于积极推进中小学评价与考试制度改革的通知》（http://baike.baidu.com/view/2955602.htm）。

② 同上。

认识越来越深刻。评价从最初只是用来挑选适合教育的学生，到今天评价更多地用来创造适合学生的教育，也就是从强调评价的甄别与选拔功能发展到强调评价的改进与服务功能。四是评价越来越民主。从评价只是教师对学生进行评价，学校对教师进行评价，上级主管部门对学校进行评价，强调评价的单向性，发展到今天更重视评价对象在评价中的地位和作用。

　　虽然，我国的教育评价有了良好的基础，并且也取得了长足进展，但从教育改革与发展的需求来看，从评价在整个教育发展与改革过程中应该发挥的作用来看，教育评价还存在许多不足之处：一是教育评价发展水平还比较低。如果用西方教育评价发展的阶段来衡量，我国教育评价目前仍停留在"测量阶段"，虽然也有一些"建构阶段"的思想，但还没有被人们普遍接受，而且离实践还有相当远的距离。二是教育评价的原创性研究不足。仔细分析我国的教育评价理论和时间，可以发现，其理念多来自国外。三是教育评价的功能定位不准确。教育评价的原本目的是通过评价促进教育的改善以实现学生的良好发展。然而在我国，教育评价主要还是对学生的学习成绩、教师的教学效果、学校的教育质量进行鉴定的手段，主要表现为总结性评价。教育评价的发展性功能、教育性功能没有引起重视。四是教育评价的保障机制不健全。在理论上，虽然倡导要对教育进行全面评价，在政策上也规定不能单凭考试成绩来判定教育质量，但实际上相关主管部门，尤其是基层的领导部门在进行教育评价时主要还是以学生成绩作为教育质量的指标，以成绩为标准进行排名的现象依然广泛存在，其他因素也因操作性差没能进入到教育评价领域。五是教育评价的指标体系不够完善。目前，我国还比较缺乏系统、科学的评价指标体系。虽然也研制了部分评价指标体系，但由于缺乏科学依据和严格论证，其结构的合理性、内容的准确性、结果的解释性都不够强，而且各种指标体系稳定性不够，常随政策指令的变化而改变。六是教育评价的专业化水平不高。我国的教育评价过多地依赖教育政策与教育法规，缺乏自己的专业性。另外，教育评价的专业水平比较低还与评价人员的专业素养比较低有关。在我国，虽然有各种各类的教育评价和督导机构，但其工作人员多半是教育行政人员而不是教育评价的专业人员，他们对评价的基本原理和工作方式了解甚少。各高校虽有一定的专业研究人员，但他们又因缺乏相应的权力而居于教育评价实践之外，只能坐在室内研究评价理论。缺乏专业性的不良后果之一是教育评价容易受政策因素的干扰，一旦新的政策出台，原来的那一套评价体系往往就被废除了，这样就不利于教育评价的健康发展，不符合教育评价自身的发展规律。缺乏专业性的不良后果之二是评价缺乏权威性，主要表现为评价中的水分较大，社会认可程度和国际认可度偏低。①

　　改革开放以来，我国的教育评价在理论和实践方面稳步发展，尤其是随着新世纪课程改革的推进，教育评价改革也逐渐触及教育的深层问题。我们相信，教育评价必将随着教育改革的推进而朝着更加科学、合理的方向发展。

---

① 涂艳国主编：《教育评价》，高等教育出版社 2006 年版，第 56 页。

第四章 教学型本科高校学生评价的现状分析

近年来，一些教学型本科高校大学生面临的"教育性失业"问题日益凸显，专业基础、创新精神不如研究型大学培养的学术型人才，实践能力、动手能力又不如高职院校培养的技能型人才，在就业市场中处于"上顶不了天，下立不了地"的尴尬境地。出现这种状况的一个重要原因，就是一些教学型本科高校尚未切实确立起符合自身特点与定位的教育质量观与人才观，在学生评价中不同程度地存在着"照搬研究型大学的评价制度"、"沿用精英教育阶段的评价制度"等问题，这种学生评价制度忽视了高等教育大众化背景下高校发展定位和发展趋向的差异，忽视了高等教育大众化背景下人才市场需求对高校人才培养目标调整的反映，忽视了教育价值回归理念下个体成长和个性发展的需要，削弱了其在促进学生成为高素质应用型人才中的引领作用。因此，依据人才培养目标定位，把握人才市场需求，建立更为科学的学生评价制度，促进学生社会化与个性化协调发展迫在眉睫。

一 当前学生评价存在的突出问题

学生评价是以学生的发展变化为对象的一种教育评价，它是在系统、科学、全面搜集和分析学生信息的基础上对学生发展和变化的价值做出判断的过程，目的在于推动教育教学改革，促进学生全面发展。

随着素质教育的全面推进，坚持以学生为本，引导学生成为科学技术与人文素质相结合、智力因素与非智力因素相协调、社会化与个性化相统一的新型人才的思想成为教育理论与实践界的共识。然而，我国高校现行学生评价制度形成于 20 世纪 80 年代，是计划经济条件下教育质量观、人才观和价值观的反映，与当前实施的素质教育和社会发展的要求存在差异。

（一）片面的评价功能观，抑制了"促进学生发展"功能的发挥

前文已述，学生评价从根本上具有本体性功能和附加性功能两大功能。本体性功能是为体，附加性功能是为用，二者互相区别也各有侧重。如果混淆了这两大功能，学生评价就将无法避免地出现功能异化。

在英文中，学生评价中的评价是"assessment"。从词源学上讲，评价一词源于拉丁文"assidere"，"assidere"的意思是教师坐在学生旁边，这无疑暗示了教师与学生在评价中的密切合作关系与经验的共享。因而学生评价本来的目的就是要促进学生的学习和发展，提高学生的综合素质，因而评价的过程也是激励学生全面发展、自我完善的过程。

正如美国教育学家戴维·拉齐尔（David Lazear）在《智慧的课程：利用多元智力发掘学生的全部潜力》中所说的："评估应该是一个增加学生学习信心、强化学生学习动力以及重视学生学有所成的机会。"但是，发生异化的学生评价则是在学生之间进行区分，分辨优劣，继而进行选拔和甄别，评价视野中受到关注的是学生，评价的功能就是将学生区分出优劣。学生评价从对学生发展和变化的价值做出判断异化成一种促进学生分别等级、优胜劣汰的强制性工具和精英教育得以推行、发展的催化剂。在这个评价体系中，甄别与发展对立，它能造就选拔考试的暂时胜出者，却难以产生自由发展的个性。

事实上，学生评价目的和评价功能异化的现象在不少高校普遍存在。不少高校习惯于将学生评价的主要目的定位在选拔与甄别功能上，即通过对学生发展水平的测试与诊断，给学生一个等级或分数并与他人进行比较，进而使之成为奖学金、三好学生评比和毕业审核、就业推荐的依据，导致学生关注分数，注重结果，而不是关注学习的整个过程和自身的全面发展，也不能从日常的即时评价中获得有益的信息并对自己的学习进行调整与改进。一部分希望获奖的同学放弃自己的兴趣爱好、忽视自己的身心发展，甚至采取投机钻营的手段力争"高分"；一部分成绩靠后的同学被贴上"差生"的"标签"，丧失学习的动力，带来心理负担，对自身的健康发展产生逆推作用。实际上，除了甄别、选拔与管理功能之外，高校内部对学生的评价应发挥改进、激励与发展功能，将评价嵌入学生发展的全

过程，通过评价了解学生过去和现在、分析学生的优势和不足、关注学生个体的差异、提出改进建议和计划，促进学生在原有水平上提高，最终达到高素质人才目标的要求。

（二）窄化的评价内容，减弱了对学生情感、态度、价值观等品质的养成

学生评价内容是教育目标的具体体现，反映了一定的教育价值观。学生评价的内容关注的应该是涵盖学生的道德品质，学习的愿望和能力，交流与合作，个性与情感以及创新意识和实践能力等诸多方面的发展。

但是，现实的学生评价内容仍存在片面化的局限。表现为以知识评价为主，而漠视诸如学习过程和方法，学科素养、基本的科学精神和科学态度，收集信息、分析信息、发现问题、解决问题的能力，探究精神与创新能力，与他人的交流与合作，团队精神和责任感，健康的体魄和良好的心理素质等内容的关照。

因为学生评价的内容具有极强的导向性，所以学生评价的内容实际上构成了评价学生的尺度。课程作为教学的重要载体，评价内容直接决定了教什么，怎么教，而不考虑学什么，怎么学。例如，在现行的课程标准中，学科教学目标较多地考虑知识和技能，对学习过程与方法，情感、态度和价值观等因素的评价重视不够。除关注学业评价外，对学生的探究与学习兴趣、创新能力、实践和应用能力、表达和沟通、合作与分享以及良好的身心素质等方面的发展状况关注不够。这与教育不仅要培养学生学会学习、学会做人、学会生存、学会合作，还要使每个学生成为有能力追求幸福生活的个体的价值追求相去甚远。在这种评价氛围中，对学生来说，学习已不再是一种乐趣，一种来自好奇心的渴望，而完全成为一种负担，一种外在的压力。对教师而言，也只是关心知识点的传授和学生的分数，并不考虑如何促进学习个体的学习和能力发展。

评价应以高校的人才培养目标为依据，从某种意义上可以将评价内容和标准理解为培养目标的具体化。由于高校人才培养的多样性，人才培养模式各不相同，评价内容和标准应有较大的差异。但现行的评价内容却主要关注学生的智育，注重知识和技能，尤其是基本知识与基本技能，较少关注学生的学习态度、学习习惯、情感态度、价值观等方面，忽略对学生综合素质的全面评价。在对学生行为评价中，也仅仅以"基本分＋加减分"的方式进行简单处理，过于强调共性、社会性、主观性评价尺度。

在"学会认知、学会做事、学会合作、学会生存"成为21世纪教育"四大支柱"的今天，"教育应该较少地致力于传递和储存知识，而应该更努力寻找获得知识的方法"，"教师的职责现在已经越来越少地传递知识，而越来越多地激励思考"。[①] 只重视知识技能的评价导向，将削弱对学生和谐发展和综合素质提高的引领作用，导致学生片面甚至畸形发展。

（三）刻板的评价方式，影响了学生创新精神与实践能力的培养

从评价方式上看，当前的学生评价领域中测量评价范式仍居于主导位置，认为学生评价应该脱离其存在的具体教育背景，成为一把客观科学的尺子，以这种绝对的方式去测量学生已有的成绩及潜力。

测量评价范式带来的最大问题就是在学生评价中信奉量化评价。唯分数论是量化评价的首要表现。在唯量化论的学生评价技术下，一般将对学生的评价结论全部表述为"分数"。对此，"合作教育学"的代表人物阿莫纳什维利（Amor Nash Willy）曾对传统教育评价中的分数进行过深刻的分析批判："（1）分数是分等的工具，不利于形成和发展学生完美的个性；（2）分数不产生矫正和反馈，不利于学生完善和巩固知识、技能与技巧；（3）分数导致偶像崇拜，不利于培养学生的认知兴趣；（4）分数产生依赖心理，不利于形成学生的独立判断能力和自我评价能力；（5）分数造成过分的焦虑与压力，不利于学生的心理健康；（6）分数产生不良习惯，不利于培养和发展学生的道德品质；（7）分数引起师生之间的对立与冲突，不利于师生关系的和谐。"[②]

量化评价的另一突出表现就是对测试的过度依赖。在学业评价中，笔试几乎成了唯一的评价形式。虽然它能迅速、清晰、直观地反映学生的学习状况，但却不能对学生应用知识的综合能力、学科整合能力、交流合作能力以及实践创新能力等进行有效的评价。同时，考试的内容与形式又会影响学生学习方法和学习内容的选择，致使学生采取不同的方式来应付不同的考试。教师在课堂教学中往往满足于教材内容的讲解，照本宣科，考试内容大多局限于教材，考前又忙于给学生划范围、定重点，导致出现"上课记笔记、下课看笔记、考试背笔记，考完全忘记"的现象。这种评价所检验的仅仅是学生对记忆性知识内容的熟悉程度和简单的再现能力，

① 闫瑞祥：《高校课堂教学评价要素的反思和重建》，《教育理论与实践》2009年第1期。
② 陈和华编译：《取消分数的教学》，上海教育出版社1989年版，第57—58页。

而不是学生创造性分析问题和解决问题的能力，必然限制学生独立性、创造性、想象力和探索精神的发展。

如果说在学业因素评价中实行量化的方式还具有一定科学性的话，那么在对学生需要、情感、态度、思想品德等非认知因素方面进行量化评价则是难以想象的。因为学生本身发展的复杂性和智能发展的多元性，所以他们的表现是多维度的，其素质、能力、发展方向、发展水平都各不相同，所以很难用一种形式和方法对所有学生的各个方面进行客观评价。量化方法、笔试只是众多评价形式中考查学生某一方面发展的手段。如果不能灵活地运用量化评价、质性评价，如笔试、口试、答辩、操作实践、情景模拟等形式，评价将不能真实地反映学生的状况，更不利于学生创新精神与实践能力的培养。

（四）单一的评价主体，限制了学生个性充分自由的发展

学生评价依据不同标准可以有很多种分类，无论哪种分类都离不开学生评价的基本要素：评价的标准、主体、客体和事实材料。传统意义上的学生评价，教师是唯一主体。在教师的绝对权威下，学生处于消极的被评价地位，由于评价主体的一元化和绝对性，学生只能听到教师对自己的评价。由于评价者（教师）是高高在上的主宰者，被评价者（学生）是诚惶诚恐的服从者，所以两者之间的关系是死板的、机械的、冷冰冰的、戒备的，甚至是敌对的"检查与被检查"的关系。作为评价主体的教师具有绝对权威，作为评价对象的学生则失去了发声的机会。这种评价关系，一方面造成教师和学生把对方视为相对立的客体，存在着一定程度的"对象性思维"；另一方面教师掌握着评定学生优劣的决定权，对学生进行控制、观察与评价，学生则在这种关系中形成了消极的体验、产生一种被控制感和无助感，制约了学生个性自由充分的发展。因此，重视学生的主体地位，尊重学生的个体差异和独特的思维，改变单一由教师评价学生的倾向，使评价成为教师、同伴、学生和社会机构共同参与的"协商、建构"过程势在必行。

事实上，科学的学生评价应该具有多元主体。家长、教师、学校、学生甚至教育行政部门都应该成为学生评价主体的组成部分。学生日益成为学生评价主体的一员。传统的学生评价只是教师和教育行政部门的事情，学生只是被动的被评价者。教育的真正对象是全面发展的人，是处于各种环境中的人，是担负着各种职责的具体的人。因此，学生既是教育评价的

对象，又是自我评价的主体，这是由学生独立性发展的程度所决定的。学生在受教育过程中成为学生评价主体的一员体现出学生评价体系改革的重要进步。

社会作为学生评价主体的角色日益重要。社会评价指的是使用高校毕业生的单位，通过工作实践的考察，对毕业生社会适应性、工作适应性等综合素质与专业素质所作的评价，是整个高等教育质量的终极评价。学校培养的最终产品是学生。这个产品要被社会认可和接受，用人单位具有更多的发言权。如果说高校毕业生的培养质量如何在包就业分配的时代还不是那么重要的话，那么在今天，学校是否主动对接社会需要、学校的人才培养规格是否适应多元化的社会需求则已经决定着学校的发展存亡。社会作为学生评价主体的角色日益突出，教育要与社会发展需求相适应而不能脱离经济社会发展的需要就不再只是一个口号。

教育行政部门对教育质量的关注对学生评价提出了更高要求。高等教育的经费相当一部分来自于教育行政部门的财政投入，作为公共财政的一部分，教育行政部门不得不更加重视教育投入的产出效益。教育行政部门作为评价主体的一员，具有两方面的作用：一是对高校的教育质量进行评价，此种评价是教育主管部门对高校实施目标管理的手段；二是对所辖范围的高等教育的整体质量进行评价，作为宏观决策与宏观调控的依据。

当然，不同评价主体所提出的要求、关注的侧重点、自我价值观不同，往往会使各主体形成一套属于自己的标准，如家长的标准、教师的标准、学校的标准、教育行政部门的标准、社会的标准、学生的标准等，再加上评价标准存在的客观误差使学生评价无法像我们测量某个物体的长度、重量那么客观、稳定和统一。因此，坚持用什么样的标准来评价学生，其实质是我们要树立什么样的学生观和质量观。真正的学生评价主体性的发挥要求评价各方摈弃知识、权威与等级意识，给学生真正的选择空间。

（五）终结性的评价运行，影响了学生认识能力、反思能力和促进自身发展能力的培养

评价是通过教育教学为学生发展服务的，而学生的发展是一个连续不断的变化过程。所以，评价应成为教育教学活动的必要组成部分，贯穿于教师从备课、上课、作业批改、辅导答疑到课外活动的全过程。通过评价，一方面要让教师了解到学生的兴趣、意图、动机、理解力等信息，并

依据这些信息来调整他们的教育教学计划以满足学生的要求;①一方面要引导学生内化评价的目标和标准,认识与反思自身的优势与不足,积极主动设计自我成才路径,成为学习的主人。

在现行高校学生评价中,由于过于关注结果评价而忽视过程和形成性评价,评价往往成了一个学期教育教学活动完成前的一个独立环节,目的在于对学习结果进行判断。虽然结果是过程发展的合乎逻辑的必然产物,但却不可能体现过程的全部特征,在某种条件下,对结果描述可能会得出与过程描述相悖的结论。只有将过程性评价与终结性评价结合起来,才能得出更为客观、准确的评价结论;才能克服以成绩和分数代替对学生的综合评价的现象;才能在师生参与互动的过程中实现教育的"双向性",改进"教"与"学";才能有益于学生认识能力、反思能力和促进自身发展能力的培养。

二　影响学生评价现状的主要因素

(一)制度因素

学生评价工作是高校评价的重要组成部分,也是高校教学评价、教师评价、学校管理的基础。

高校学生评价作为学校层面的基本评价活动,每个高校具有各自不同的特点,但也具有许多共通之处。各个高校依据国家宏观的教育方针战略、教育评价以及人才评价制度的总体目标,结合本校实际制定符合本校发展实际的学生评价制度体系,以保障高校学生评价工作顺利开展。但是,在实践过程中,学生评价制度不完善成为制约学生评价科学性的重要因素。主要表现在:学生综合素质考评是学生评价制度的主要表现形式;学生综合素质考评长期以来没有脱离学生评价以"智"为主的框架;学生评价注重具体的评价技术、评价标准和评价程序,对具体方案的操作性描述多于对评价目标的研究;学生评价终结性评价的性质明显,难以实现其本质的目的,在正向激励激发学生方面的作用不明显。

事实上,各高校对学生评价还没有给予足够的重视,学生评价体制不

---

① 丁邦平:《从形成性评价到学习性评价:课堂评价理论与实践的新发展》,《课程教材教法》2008 年第 9 期。

完善，学生评价制度不健全，相应对评价结果的反馈也缺少明确的指导。由此，学生获悉评价结果后，往往只是将其看作对自己在某个阶段学习发展状况的判定，导致学生对评价活动积极性不高，甚至会对评价活动产生排斥效应，机械地为"评价"而"评价"。

（二）观念因素

学生评价的目的是促进学生个体的发展。发展性评价是现代学生评价的基本理念。在高等教育领域中，实施发展性评价是全面贯彻素质教育的关键，也是促进学生发展的核心和落脚点。但在高校学生评价过程中，无论是社会、学校还是教师、学生，对发展性评价的理念均存在着观念上的误区，使高校发展性学生评价流于形式，忽视发展，实为应试。

通常，在学生评价过程中，我们会简单地将素质教育评价与发展性评价等同。实际上，二者具有促进学生发展的共同之处，但也存在本质差别。

素质教育评价实质上是以素质发展（或者说是学生素质发展）为导向的教育评价，而发展性评价是以人的主体发展为根本的教育评价。素质教育所指的素质是以人的个体全面素质为基础，是身体素质与心理素质，是知识素质与能力素质，是先天素质与后天发展的多维度、多元素的整体素质。

高等教育在实施素质教育背景下，全面推进本科教育教学工作的改革，以适应素质教育的发展需求。改革传统的应试教育评价理念，以促进学生的全面发展。将学生评价由单一的知识领域扩展到综合素质的全面测评，增加学生的平时表现性评价，注重学生文、体、美、劳方面的综合考核，在形式和内容上都已经突破单一的知识评价的范畴。但是统一的评价标准、学生被动地接受评价、分数是唯一的评价结果，其本质仍然是应试教育理念下的选拔性评价。这种观念层面上的误解在很大程度上影响着学生评价功能的真正发挥，制约着高校学生的全面发展。

（三）保障因素

在高校学生评价活动的实践中，教师和学生是学生评价活动最直接的参与者和执行者，教师和学生对评价的理解，以及参与评价的能力、素质直接决定着学生评价工作的成败。

通常，高校教师在学校教育过程中重科研轻教学，直接导致教师对教育教学研究的动力不足，教师教育评价素养不高。教师很少主动了解教育教学的最新理念，忽视对教育教学理论的深入探索，课程教学形式因循守旧，难以创新，忽视评价工作对学生、对课程发展的重要作用，是制约发展性学生评价活动开展的关键。

同时，学生对自身作为现代学习评价活动的主体和重要参与者的角色认知同样不够。与传统的学生评价中学生的角色不同，现代学生评价，特别是发展性学生评价主张通过学生的自我评价、小组评价、合作学习评价等促进学生的自我发展、自我提高，学生有效地参与评价是发展性学生评价区别于其他评价方式的重要特征。但是，在目前的学生评价活动中，学生对于发展性学生评价本质认识不足，对于自己在评价活动中的角色定位不清晰，难以客观地反映学生评价活动的事实。

这两个方面问题产生的原因在于高校在全面推进素质教育理念、进行教育教学改革和人才评价模式改革的过程中，对转变教师和学生的观念关注不够，造成教育评价观念与教育评价实践不相适应的局面。

三　学生评价问题背后的价值反思

学生评价是教育评价的一个重要领域。它是在系统、科学和全面地搜集、整理、处理和分析学生信息的基础上，对学生发展和变化作出价值判断的过程。教育评价研究的权威学者陈玉琨认为评价是一种价值判断活动，是对客体满足主体需要的程度的判断。布鲁姆认为评价的本质就是作出价值判断。显然，学生评价不仅是一个事实判断，而且蕴含着丰富的价值内涵。

当前学生评价现实中呈现的诸般令人忧心忡忡的问题，让我们看到如果学生评价仅仅局限于技术层面的完善，学生评价永远难以脱离评价伦理缺失带来的深层次制约。长期以来，我们一直关注于学生评价的测量技术和手段，实际上学生评价存在问题的根本是关于教育以及教育评价的价值取向在评价实践中的扭曲运用。

下面，我们着重从学生评价的取向、内容、目标和技术四个方面对影响学生评价现状的伦理价值取向进行探讨。

（一）工具理性的学生评价取向

工具理性，也叫科学理性，即"在给定特定目标时对最经济、最有效率的手段的设计和算计，能够实现最高效率，能否以最少投入获得最大收益是衡量工具理性的标尺"①。

自马克斯·韦伯（Max Weber）最早提出"合理性"概念以来，逐渐扩展为"工具理性"并在法兰克福学派批判理论中得到广泛运用。工具理性通过实践的途径确认工具（手段）的有用性，从而追求事物的最大功效，为人的某种功利的实现服务，以工具崇拜和技术主义为生存目标。当然，最为核心的是"分离事实和价值，关心如何去做而不是应做什么，排除思维的否定性与批判性，使人有效顺应现实，而不是积极改变现状，是一种单一性或肯定性的思维方式"。工具理性表现了人的科学认知与价值评价的相互分割，以及轻人文、趋于功利化等倾向。

在学生评价标准研制的价值取向上如果过于推崇工具理性崇尚的量化评价，往往会把复杂的教育现象简单化、表面化和僵硬化，失去教育中最有意义、最根本的内容，最终使学生成为被动接受知识的容器，扼杀学生主体的个性、主体性和创造性。工具理性指导下的学生评价正是过于注重各种指标体系的科学化和技术精致，在无形之中淡化了对现实学生评价活动的意义作更深层次的思考，淡化了评价本身的"元价值"，评价目的逐渐为评价手段所置换或替代，作为手段的科学化追求和技术的完善"反客为主"地成为目的，使评价活动的本体意义成为无关宏旨的赘余，学生评价被异化而日益沦为物化的工具。

（二）功利主义的学生评价内容

作为一种伦理学说或学派，功利主义产生于18世纪末19世纪初的英国，以杰里米·边沁（Jeremy Bentham）和约翰·斯图加特·穆勒（John Stuttgart Muller）为代表。在功利主义倾向学者看来，利益是人类行为的动机，人们总是在利益计算中采取行动。具体表现为以下三个基本条件的结合："第一，'福利主义'要求事物状态的好坏程度仅仅是与这一状态有关的效用函数；第二，'总和排序'要求对有关任何一种状态的效用评价只能通过观察这一状态所包含的效用总和来进行；第三，'结果主义'要求每一个选择，包括行为、制度、动机和规则等，最终由结果的好坏来决定。"②如果用一句话来概括功利主义学说的基本观点，那就是"行为和

---

① ［利比里亚］查尔斯·泰勒：《本真性伦理》，程炼译，中央编译出版社1992年版，第5页。

② ［印度］阿马蒂亚·森：《伦理学与经济学》，王牟、王文采译，商务印书馆2001年版，第42页。

实践的正确性与错误性只取决于这些行为和实践对受其影响的全体当事人的普遍福利所产生的结果：所谓行为的道德上的正确或错误，是指该行为所产生的总体的善或恶而言，而不是指行为本身"①。

功利主义是以行为的目的和效果衡量行为价值的各种伦理学说中最有影响的学说之一。功利主义作为影响深远的理论流派，在发展过程中逐渐跳出了伦理学的范畴，对教育、政治等领域产生了重要影响。当前，教育领域里的功利主义倾向日渐扩张，人逐渐被"工具化"和"手段化"的倾向开始引起人们的广泛关注。教育评价方面，功利主义的教育评价观意味着教育评价的标准并非依据教育自身的内在价值，而是以教育结果所带来的经济和物质利益的多寡作为指针。学生评价方面则将学业标准视为学生评价内容的唯一标准，学生仅仅根据学业标准来开展学习活动，只是为了在学业评价中取得优异表现或获得通过而进行学习。

在功利主义的学生评价观念下，学校教育方面过分关注的是人的物质层次的发展，严重偏向于实用知识和技术的传授，忽视人与人的精神性发展。这种急功近利式的学生评价使人们重视眼前利益，无暇顾及长期发展，削弱了评价对学生和谐发展和综合素质提升的引领作用，与学生评价促进学生全面发展的主旨相背离。"学以致考"成为教育实践的支配力量，"学业至上"成为教育价值的标准导向。对此，西方学者达拉里（M. Dallaire）曾深刻地指出："教育成为制造劳动者的一台机器，通过教育的塑造，人被变成追求物质利益的人，掌握生产技术成为受教育的全部目的，这样，人愈是受教育，他就愈被技术和专业所束缚，愈会失去作为一个完整人的精神属性。"②达拉里的这个论述可谓一针见血。当前，我们的教育过程过多地充斥着渗透物质激励的教育评价，在促进人们对教育评价关注的同时，也加大了教育评价的风险和敏感，导致利益至上，造成教育评价中"准评价"和"伪评价"现象泛滥。

（三）管理主义的学生评价目标

管理主义自20世纪70年代末在西方公共政治领域兴起，其本意是："强调管理人员在公共服务机构的角色，务求以最少的投入来完成更多的

---

①　张念书：《论功利主义价值观对中国传统道德的冲击》，《东岳论丛》1994年第2期。
②　王坤庆：《当代西方精神教育研究述评》，《教育研究》2002年第9期。

成果，重视优化管理结构来推行变革的成效。"① 但是，教育评价具有的管理属性，使得管理者在发挥教育评价管理功能的同时，常常把管理的思维特性和行为特性带进教育评价之中。其表现尤如美国学者古巴和林肯在《第四代评价》中对管理主义倾向的批判那样，管理者注重从提高效率出发，以评价者自我为中心，通过权力和提供资助控制着评价，决定着评价的范围和任务，决定着评价的报告对象，体现出过分注重效率和统一标准下的泛行政化和管理极端化意识。

管理主义倾向的学生评价，从行为主体看，强调管理者是教育评价的价值主体。管理者尽量把自己的意志和价值取向体现在教育评价之中，通过制定评价标准、规范评价程序和评价结论的表达方式、调配评价资源，来保证其目标的实现。从行为方式看，强调统一性、行政性，效率优先。即统一评价标准，统一操作过程，规范表达评价结果。教育评价的推行过程，是自上而下的强制方式。在推行过程中，主要以命令和服从作为原则，评价者处于评价的主导地位，被评价者处于服从地位，并把这种评价模式应用于任何人、任何部门。

管理主义倾向的学生评价对评价标准、操作过程、评价结果表达统一的极端追求，对共性特征和一般趋势的极端强调，客观上造成了教育评价中价值主体与价值客体的分离、评价者和被评价者的分离、评价标准与评价情景的分离。其后果便是把"教育"从评价中抽离出来，使评价对本真的教育问题视而不见，评价中不见了教育的主体——"人"，不见了对人的发展和教育进步的具体研究，只剩下对"评价"和"评价指标"的过度追求。从而导致评价本身由手段上升成为目的，而评价过程中评价的指标也超越人的价值分析成为评价中第一位的标准，评价行为不可避免地朝异化方向发展。

（四）实证主义的学生评价技术

评价技术和手段是评价不可缺少的要素。在评价技术的发展过程中，教育评价方法论的实证化特点一直非常明显。无论是评价初创时期泰勒倡导的目标—导向的评价模式，还是在新泰勒时代，大力发展的标准化测验以及 20 世纪中期以后人文化倾向的萌芽。教育评价的实证范式因为注重

---

① 戴晓霞、莫家豪、谢安邦：《高等教育市场化》，北京大学出版社 2004 年版，第183—184 页。

从逻辑实证主义的哲学思想出发，强调观察、实验和比较的方法，追求可证实化的操作主义和行为主义，因而具有评价模式的客观性、准确性、高效性和广泛适应性的特点，同时因为可移植性强和说服力强并且简单易行、便于操作等，在评价实践中得到了广泛应用和推广。

但是，实证主义方法对客观性、准确性的过分追求，也导致教育评价中出现了很多问题。"科学方法"、"实证技术"只是人类认识和评价事物的一类方法技术，而不是全部。评价若是过于依赖数的测量而忽视质的探究，会使评价活动缺乏必要的灵活性和弹性。尤其是他们把教育评价现象当作和自然现象一样来认识，遵从与认识自然一样的方法论准则，甚至以教育评价研究是否应用实验方法，以教育评价概念、命题和体系是否严密和具有逻辑性来衡量教育评价研究是否具有科学性的做法值得我们反思。无论是加德纳多元智能理论对人的素质和潜能的理论分析，还是学生综合素质测评的操作实践，都说明人的发展极具个性化和多样化，人的素质的很多要素和侧面也很难进行单纯的量化处理，不可能也不应该采取单一的评价方法来对待千变万化、丰富多彩的评价对象和评价要素。实证主义范式支配下的教育评价要求："评价者与评价情景分离，被评价的对象从评价中剥离，保证评价的客观性，学生的生动活泼的个性被抽象成一组组僵硬的数字，学生在各个方面的发展和进步也被简化为可能的几个数量，教育的复杂性和学生状况的丰富性则泯灭于其中。"①在这种可计算的科学主义取向下，学生评价越来越还原并化约为可用于甄别、分类、计量的指标和精致性的数学模型，从而走向一个迷信数字和测量技术的极端。

---

① ［美］比尔·约翰逊：《学生表现评定手册》，李雁冰主译，华东师范大学出版社2001年版，译者前言。

第五章 教学型本科高校学生评价的实证分析

　　学生评价不仅是高校教学的重要环节和高校教学管理的重要手段，同时也是高等教育领域各种教育评价活动的基础和核心。学生评价构成了高等教育评价研究的重要内容。但在我国，有关高校学生评价的研究和实践，一直是高等教育发展的薄弱环节，长期难以适应我国高等教育发展形势的要求。为增进和深化对我国高校学生评价问题的认识，本书以 W 等三所大学为案例，对我国教学型本科高校学生评价实践进行了系统、深入的研究。

　　W 大学是一所地方综合性大学，有 80 年的办学历史，学校文化底蕴深厚，有着优良的办学传统。W 大学牢固树立人才培养质量是办学生命线的观念，坚持教学工作的中心地位，坚持教学、科研协调发展。致力于培养"重实践、强创新、能创业、懂管理、敢担当"的高素质应用型人才，建立以素质教育为主线、通识教育与专业教育有机结合的人才培养机制；积极融合地方元素，不断创新人才培养模式，全面加强大学生的创新、创业教育；积极开展教学质量工程建设，不断提高本科教学质量与水平。

　　W 大学弘扬学校的优良传统，秉承校训精神，遵循"以人为本、质量立校、服务地方、特色取胜、追求卓越"的办学理念，立足地方、服务全省、面向全国，努力建设具有鲜明地域特色、国内知名的教学研究型大学，成为省内外有影响的应用型创新创业人才培养基地、基础教育师资培养和区域内高端人才集聚培养中心、科技创新研发服务中心、先进文化培育发展中心。

　　为激励学生德、智、体全面发展，培养具有创新精神和实践能力的合格人才，W大学根据人才培养目标制定《大学生综合素质考核实施办法》。学生综合素质评价内容由德育、智育、体育和能力四个一级指标组成，德育主要考查学生的思想品德、遵纪守法、诚实守信、宿舍文明等情况；智育主要依据学习成绩和英语、计算机等级考试；体育主要考查学生的早锻炼、课外体育锻炼、体育达标、体育竞赛等内容；能力方面主要考核学生的基本职业技能、学术论文（设计）、数学建模、美术创作、小发明和小创造等。不同的年级中，四个一级指标中的智育和能力比重各有侧重。学生综合素质评价方法主要以量化评价为主，评价主体主要是辅导员老师和班委，综合素质评价结果归入学生档案。

一　在校师生对现行学生评价的看法

　　为了听取教师和在校生对学生评价问题的意见和建议，为改革和完善大学生评价体系和激励制度提供第一手资料，课题组针对教师和在校生分别拟定了"对现行学生评价问题有关看法的调查"问卷。在校生问卷编制了27个问题（其中1个是开放性问题），教师问卷编制了12个问题（其中2个是开放性问题）。调查方法采用抽样调查的方式进行，在校生调查共发问卷600份，回收有效问卷580份，其中一年级学生130份（占22.4%），二年级学生200份（占34.4%），三年级学生220份（占37.9%），四年级学生30份（占5.17%）；教师调查共发问卷200份，回收有效问卷173份。所得数据输入计算机，运用SPSS 17.0统计软件来处理。

　　（一）对现行学生评价中评价内容的看法

　　1. 在回答"你认为教师在开展课程成绩评定工作中应当如何做"这个问题时，5.2%的在校生认为教师在开展课程成绩评定时应该"以考试为主要评价依据"，10.3%的在校生认为教师在开展课程成绩评定时应该"重视考核基础知识"，43.1%的在校生认为教师在开展课程成绩评定时应该注重"测试方式的多样性"，20.7%的在校生认为教师在开展课程成绩评定时应该"重视考核解决实际问题的能力"，20.7%的在校生认为教师在开展课程成绩评定时应当在"教学或学习进行之中"进行。详见表1。

表1 （%）

		频率	百分比	有效百分比	累积百分比
有效	以考试为主要评价依据	30	5.2	5.2	5.2
	重视考核基础知识	60	10.3	10.3	15.5
	测试方式的多样性	250	43.1	43.1	58.6
	重视考核解决实际问题的能力	120	20.7	20.7	79.3
	教学或学习进行之中	120	20.7	20.7	100.0
	合计	580	100.0	100.0	

2. 在回答"考试作为学生学业评价的基本手段，你对其以下作用的表述如何看"这个问题时，19.0%的在校生、23.7%的教师"完全同意"将考试作为"检查学生知识掌握的状况"的基本手段，53.4%的在校生、61.8%的教师"部分不同意"将考试作为"检查学生知识掌握的状况"的基本手段，这两组数据表明，绝大多数学生"同意"将考试作为"检查学生知识掌握的状况"的基本手段。详见表2。

表2 （%）

		频率		百分比		有效百分比		累积百分比	
		学生	教师	学生	教师	学生	教师	学生	教师
有效	完全同意	110	41	19.0	23.7	19.0	23.7	19.0	23.7
	部分不同意	310	107	53.4	61.8	53.4	61.8	72.4	85.5
	不好回答	130	9	22.4	5.2	22.4	5.2	94.8	90.8
	部分不同意	20	15	3.4	8.7	3.4	8.7	98.3	99.4
	完全不同意	10	1	1.7	0.6	1.7	0.6	100.0	100.0
	合计	580	173	100.0	100.0	100.0	100.0		

15.5%的在校生、6.4%的教师"完全不同意"将考试作为"考核学生的创新意识和解决实际问题的能力"的基本手段，46.6%的在校生、47.4%的教师"部分不同意"将考试作为"考核学生的创新意识和解决实际问题的能力"的基本手段。数据表明，半数在校生和教师"不同意"将考试作为"考核学生的创新意识和解决实际问题的能力"的基本手段。详见表3。

表3 （%）

		频率		百分比		有效百分比		累积百分比	
		学生	教师	学生	教师	学生	教师	学生	教师
有效	完全不同意	90	11	15.5	6.4	15.5	6.4	15.5	6.4
	部分不同意	270	82	46.6	47.4	46.6	47.4	62.1	53.8
	不好回答	110	31	19.0	17.9	19.0	17.9	81.0	71.7
	部分同意	70	46	12.1	26.6	12.1	26.6	93.1	98.3
	完全同意	40	3	6.9	1.7	6.9	1.7	100.0	100.0
	合计	580	173	100.0	100.0	100.0	100.0		

19.0%的在校生、15.0%的教师"完全同意"将考试作为"掌握学生学习信息，为优化教师教学行为提供基础"的基本手段，53.4%的在校生、54.3%的教师"部分同意"将考试作为"掌握学生学习信息，为优化教师教学行为提供基础"的基本手段。数据表明，超过半数的在校生和教师"同意"将考试作为"掌握学生学习信息，为优化教师教学行为提供基础"的基本手段。详见表4。

表4 （%）

		频率		百分比		有效百分比		累积百分比	
		学生	教师	学生	教师	学生	教师	学生	教师
有效	完全同意	110	26	19.0	15.0	19.0	15.0	19.0	6.4
	部分同意	310	94	53.4	54.3	53.4	54.3	72.4	53.8
	不好回答	120	28	20.7	16.2	20.7	16.2	93.1	71.7
	部分不同意	40	23	6.9	13.3	6.9	13.3	100.0	98.3
	完全不同意	0	2	0	1.2	0	1.2		100.0
	合计	580	173	100.0	100.0	100.0	100.0		

3. 在做好期末终结性评价的基础上，对当下一些教师开始重视对学生学习过程（如课堂发言、课外作业、考勤等）的评价方面，36.2%的在校生、48.0%的教师认为，一些教师开始重视对学生学习过程（如课堂发言、课外作业、考勤等）的评价"可取，是一种值得采用的评价方

法"，43.1%的在校生、43.9%的教师认为，一些教师开始重视对学生学习过程（如课堂发言、课外作业、考勤等）的评价"总体上来说是一种好方法，但还需要改进"。详见表5。

表5　　　　　　　　　　　　　　　　　　　　　　　　　　　　（%）

		频率		百分比		有效百分比		累积百分比	
		学生	教师	学生	教师	学生	教师	学生	教师
有效	可取，是一种值得采用的评价方法	210	83	36.2	48.0	36.2	48.8	36.2	48.8
	不可取，费时费力，还不如期末终结性评价好	120	11	20.7	6.4	20.7	6.5	56.9	55.3
	总体上来说是一种好方法，但还需要改进	250	76	43.1	43.9	43.1	44.7	100.0	100.0
	合计	580	170	100.0	98.3	100.0	100.0		
缺失	系统		3		1.7				
合计			173		100.0				

4. 在体质评价方面，如果采用体育课成绩、体育达标成绩、体质测试成绩和平时体育锻炼状况四个方面加权的办法计算总分，22.4%的在校生"完全同意"这种评价办法，56.9%的在校生"比较同意"这种评价办法。详见表6。

表6　　　　　　　　　　　　　　　　　　　　　　　　　　　　（%）

		频率	百分比	有效白分比	累积百分比
有效	完全同意	130	22.4	22.4	22.4
	比较同意	330	56.9	56.9	79.3
	说不清楚	50	8.6	8.6	87.9
	比较不同意	30	5.2	5.2	93.1
	完全不同意	40	6.9	6.9	100.0
	合计	580	100.0	100.0	

　　在体质评价方面，如进一步加大平时体育锻炼状况在体质评价中的分量，27.6%的在校生的态度是"完全同意"，55.2%的在校生"比较同意"这种评价办法。详见表7。

表7　　　　　　　　　　　　　　　　　　　　　　　　　　　　　　（%）

		频率	百分比	有效百分比	累积百分比
有效	完全同意	160	27.6	27.6	27.6
	比较同意	320	55.2	55.2	82.8
	说不清楚	70	12.1	12.1	94.8
	比较不同意	30	5.2	5.2	100.0
	合计	580	100.0	100.0	

　　5. 37.9%的在校生认为，应该通过"对每参加一次活动或获得奖项分别计算相应分数"的办法对学生能力进行考核，50.0%的在校生认为，应该"以有无参加活动或获得奖项的方式进行写实性记载"的办法对学生能力进行考核。详见表8。

表8　　　　　　　　　　　　　　　　　　　　　　　　　　　　　　（%）

		频率	百分比	有效百分比	累积百分比
有效	对每参加一次活动或获得奖项分别计算相应分数	220	37.9	37.9	37.9
	以有无参加活动或获得奖项的方式进行写实性记载	290	50.0	50.0	87.9
	其他	70	12.1	12.1	100.0
	合计	580	100.0	100.0	

　　6. 对于学生评价的倾向性意见和做法，1.2%的教师认为"应看重结果"，10.7%的教师认为"应较看重结果"，26.6%的教师认为"应不看重结果"，24.9%的教师认为"应较关注过程"，36.7%的教师认为"应重点关注过程"。详见表9。

表9 （%）

		频率	百分比	有效百分比	累积百分比
有效	应看重结果	2	1.2	1.2	1.2
	应较看重结果	18	10.4	10.7	11.8
	应不看重结果	45	26.0	26.6	38.5
	应较关注过程	42	24.3	24.9	63.3
	应重点关注过程	62	35.8	36.7	100.0
	合计	169	97.7	100.0	
缺失	系统	4	2.3		
合计			173	100.0	

对于学生评价的倾向性意见和做法，6.5%的教师认为应该"一般重视考核基础知识"，13.1%的教师认为"重视考核基础知识"，28.0%的教师认为"不应重视考核基础知识"，29.8%的教师认为"一般重视考核解决实际问题的能力"，22.6%的教师认为"重视考核解决实际问题的能力"。详见表10。

表10 （%）

		频率	百分比	有效百分比	累积百分比
有效	一般重视考核基础知识	11	6.4	6.5	6.5
	重视考核基础知识	22	12.7	13.1	19.6
	不应重视考核基础知识	47	27.2	28.0	47.6
	一般重视考核解决实际问题的能力	50	28.9	29.8	77.4
	重视考核解决实际问题的能力	38	22.0	22.6	100.0
	合计	168	97.1	100.0	
缺失	系统	5	2.9		
合计			173	100.0	

（二）对现行学生评价中评价方法的看法

1. 对于现行将学生德、智、体、能等素质进行量化考核，并按照一定的权重计算学生最终得分且排名的评价办法，13.8%的在校生、15.9%的教师认为"简单、易操作"，13.8%的在校生、16.6%的教师认为"比较简单、易操作"，41.4%的在校生、43.3%的教师认为"一般"。数据表明，在校生和教师对于现行将学生德、智、体、能等素质进行量化考核，并按照一定的权重计算学生最终得分且排名的评价办法认同度不高。详见表11。

表11　　　　　　　　　　　　　　　　　　　　　　　　　　　　　　（%）

		频率		百分比		有效百分比		累积百分比	
		学生	教师	学生	教师	学生	教师	学生	教师
有效	简单、易操作	80	25	13.8	14.5	13.8	15.9	13.8	15.9
	比较简单、易操作	80	26	13.8	15.0	13.8	16.6	27.6	32.5
	一般	240	68	41.4	39.3	41.4	43.3	69.0	75.8
	比较复杂、难操作	50	22	8.6	12.7	8.6	14.0	77.6	89.8
	复杂、难操作	130	16	22.4	9.2	22.4	10.2	100.0	100.0
	合计	580	157	100.0	90.8	100.0	100.0		
缺失	系统		16		9.2				
合计			173		100.0				

对于现行将学生德、智、体、能等素质进行量化考核，并按照一定的权重计算学生最终得分且排名的评价办法，6.9%的在校生、3.2%的教师认为"科学性强"，19.0%的在校生、17.1%的教师认为"科学性比较强"，44.8%的在校生、53.2%的教师认为"科学性一般"，15.5%的在校生、13.3%的教师认为"比较没有科学性"，13.8%的在校生、13.3%的教师认为"没有科学性"。详见表12。

表12　　　　　　　　　　　　　　　　　　　　　　　　　　　　　　（%）

		频率		百分比		有效百分比		累积百分比	
		学生	教师	学生	教师	学生	教师	学生	教师
有效	科学性强	40	5	6.9	2.9	6.9	3.2	6.9	3.2
	科学性比较强	110	27	19.0	15.6	19.0	17.1	25.9	20.3
	科学性一般	260	84	44.8	48.6	44.8	53.2	70.7	73.4
	比较没有科学性	90	21	15.5	12.1	15.5	13.3	86.2	86.7
	没有科学性	80	21	13.8	12.1	13.8	13.3	100.0	100.0
	合计	580	158	100.0	91.3	100.0	100.0		
缺失	系统		15		8.7				
合计			173		100.0				

对于现行将学生德、智、体、能等素质进行量化考核，并按照一定的权重计算学生最终得分且排名的评价办法，8.6%的在校生、6.3%的教师认为"能促进学生成长"，10.3%的在校生、21.4%的教师认为"比较能促进学生成长"，44.8%的在校生、47.8%的教师认为"作用一般"，8.6%的在校生、8.8%的教师认为"比较不能促进学生成长"，27.6%的在校生、15.7%的教师认为"不能促进学生成长"。详见表13。

表13 （%）

		频率		百分比		有效百分比		累积百分比	
		学生	教师	学生	教师	学生	教师	学生	教师
有效	能促进学生成长	50	10	8.6	5.8	8.6	6.3	8.6	6.3
	比较能促进学生成长	60	34	10.3	19.7	10.3	21.4	19.0	27.7
	作用一般	260	76	44.8	43.9	44.8	47.8	63.8	75.5
	比较不能促进学生成长	50	14	8.6	8.1	8.6	8.8	72.4	84.3
	不能促进学生成长	160	25	27.6	14.5	27.6	15.7	100.0	100.0
	合计	580	159	100.0	91.9	100.0	100.0		
缺失	系统		14		8.1				
合计			173		100.0				

2. 智育成绩评价方法

对于智育成绩的评价，36.2%的在校生认为按照分数高低排名的做法"合理"，34.5%的在校生认为按照分数高低排名的做法"不合理"，29.3%的在校生对按照分数高低排名的做法"不置可否"。详见表14。

表14 （%）

		频率	百分比	有效百分比	累积百分比
有效	合理	210	36.2	36.2	36.2
	不合理	200	34.5	34.5	70.7
	不置可否	170	29.3	29.3	100.0
	合计	580	100.0	100.0	

对于智育成绩的评价，59.6%的在校生认为既重视平均学分绩点总成绩排名，又注重学生在某学科、课程上（如发表论文、英语成绩突出等）突出成绩激励的做法"合理"，19.3%的在校生认为"不合理"，21.1%的在校生"不置可否"。详见表15。

表15　　　　　　　　　　　　　　　　　　　　　　　　　　　　　（%）

		频率	百分比	有效百分比	累积百分比
有效	合理	340	58.6	59.6	59.6
	不合理	110	19.0	19.3	78.9
	不置可否	120	20.7	21.1	100.0
	合计	570	98.3	100.0	
缺失	系统	10	1.7		
	合计	580	100.0		

3. 5.2%的在校生认为教师在开展课程成绩评定工作中应当"采用纸笔测验"，10.3%的在校生认为教师在开展课程成绩评定工作中应当"较多采用纸笔测验"，31.0%的在校生认为教师在开展课程成绩评定工作中应当"采用纸笔方式和测试方式的多样性同等重视"，29.3%的在校生认为教师在开展课程成绩评定工作中应当"较多重视测试方式的多样性"，24.1%的在校生认为教师在开展课程成绩评定工作中应当重视"测试方式的多样性"。详见表16。

表16　　　　　　　　　　　　　　　　　　　　　　　　　　　　　（%）

		频率	百分比	有效百分比	累积百分比
有效	采用纸笔测验	30	5.2	5.2	5.2
	较多采用纸笔测验	60	10.3	10.3	15.5
	采用纸笔方式和测试方式的多样性同等重视	180	31.0	31.0	46.6
	较多重视测试方式的多样性	170	29.3	29.3	75.9
	测试方式的多样性	140	24.1	24.1	100.0
	合计	580	100.0	100.0	

3.4%的在校生、3.0%的教师认为，教师开展课程成绩评定工作应当在"教学或学习环节结束之后进行"，5.2%的在校生、8.3%的教师认为，教师开展课程成绩评定工作应当"较多在教学或学习环节结束之后进行"，46.6%的在校生、33.9%的教师认为，教师在开展课程成绩评定工作中应当"兼顾过程和结果"，24.1%的在校生、25.0%的教师认为，教师开展课程成绩评定工作应当"较多在教学或学习进行之中"进行，20.7%的在校生、29.8%的教师认为，教师开展课程成绩评定工作应当在"教学或学习进行之中"进行。详见表17。

表17 （%）

		频率		百分比		有效百分比		累积百分比	
		学生	教师	学生	教师	学生	教师	学生	教师
有效	教学或学习环节结束之后进行	20	5	3.4	2.9	3.4	3.0	3.4	3.0
	较多在教学或学习环节结束之后进行	30	14	5.2	8.1	5.2	8.3	8.6	11.3
	兼顾过程和结果	270	57	46.6	32.9	46.6	33.9	55.2	45.2
	较多在教学或学习进行之中	140	42	24.1	24.3	24.1	25.0	79.3	70.2
	教学或学习进行之中	120	50	20.7	28.9	20.7	29.8	100.0	100.0
	合计	580	168	100.0	97.1	100.0	100.0		
缺失	系统		5		2.9				
合计			173		100.0				

6.9%的在校生、13.2%的教师认为，在开展课程成绩评定时"试题从试题库中随机抽取"，15.5%的在校生、12.0%的教师认为，在开展课程成绩评定时"大部分试题从试题库中随机抽取"，43.1%的在校生、

31.1%的教师认为，在开展课程成绩评定时"试题库选题和自主命题同等重要"，13.8%的在校生、21.0%的教师认为，在开展课程成绩评定时"多数时候应该任课教师自主命题"，20.7%的在校生、22.8%的教师认为，在开展课程成绩评定时"任课教师自主命题"。详见表18。

表18　　　　　　　　　　　　　　　　　　　　　　　　　　　　（%）

		频率		百分比		有效百分比		累积百分比	
		学生	教师	学生	教师	学生	教师	学生	教师
有效	试题从试题库中随机抽取	40	22	6.9	12.7	6.9	13.2	6.9	13.2
	大部分试题从试题库中随机抽取	90	20	15.5	11.6	15.5	12.0	22.4	25.1
	试题库选题和自主命题同等重要	250	52	43.1	30.1	43.1	31.1	65.5	56.3
	多数时候应该任课教师自主命题	80	35	13.8	20.2	13.8	21.0	79.3	77.2
	任课教师自主命题	120	38	20.7	22.0	20.7	22.8	100.0	100.0
	合计	580	167	100.0	96.5	100.0	100.0		
缺失	系统		6		3.5				
	合计		173		100.0				

　　5.2%的在校生、3.0%的教师认为，教师在开展课程成绩评定时应当"单一教师评价"，3.4%的在校生、5.4%的教师认为，教师在开展课程成绩评定时应当"少进行单一教师评价"，39.7%的在校生、31.1%的教师认为，教师在开展课程成绩评定时应当"单一向多人评价过渡"，24.1%的在校生、21.0%的教师认为，教师在开展课程成绩评定时应当"教师、学生本人、同学互相评价结合"，27.6%的在校生、39.5%的教师认为，教师在开展课程成绩评定时应当"很注重教师、学生本人、同

学互相评价结合"。详见表19。

表19　　　　　　　　　　　　　　　　　　　　　　　　　　　　　　（%）

		频率		百分比		有效百分比		累积百分比	
		学生	教师	学生	教师	学生	教师	学生	教师
有效	单一教师评价	30	5	5.2	2.9	5.2	3.0	5.2	3.0
	少进行单一教师评价	20	9	3.4	5.2	3.4	5.4	8.6	8.4
	单一向多人评价过渡	230	52	39.7	30.1	39.7	31.1	48.3	39.5
	教师、学生本人、同学互相评价结合	140	35	24.1	20.2	24.1	21.0	72.4	60.5
	很注重教师、学生本人、同学互相评价结合	160	66	27.6	38.2	27.6	39.5	100.0	100.0
	合计	580	167	100.0	96.5	100.0	100.0		
缺失	系统		6		3.5				
合计			173		100.0				

3.4%的在校生、1.8%的教师认为，教师在开展课程成绩评定时应当"以考试为主要评价依据"，6.9%的在校生、8.4%的教师认为，教师在开展课程成绩评定时应当"较少以考试为主要评价依据"，37.9%的在校生、24.0%的教师认为，教师在开展课程成绩评定时应当"考试与多元评价相结合"，20.7%的在校生、24.6%的教师认为，教师在开展课程成绩评定时应当"较少评价依据多元化"，31.0%的在校生、41.3%的教师认为，教师在开展课程成绩评定时应当"评价依据多元化"。详见表20。

表 20 （%）

		频率		百分比		有效百分比		累积百分比	
		学生	教师	学生	教师	学生	教师	学生	教师
有效	以考试为主要评价依据	20	3	3.4	1.7	3.4	1.8	3.4	1.8
	较少以考试为主要评价依据	40	14	6.9	8.1	6.9	8.4	10.3	10.2
	考试与多元评价相结合	220	40	37.9	23.1	37.9	24.0	48.3	34.1
	较少评价依据多元化	120	41	20.7	23.7	20.7	24.6	69.0	58.7
	评价依据多元化	180	69	31.0	39.9	31.0	41.3	100.0	100.0
	合计	580	167	100.0	96.5	100.0	100.0		
缺失	系统		6		3.5				
合计			173		100.0				

4. 15.5%的在校生认为，学习单项奖评定应"仅考虑学习总成绩"，25.9%的在校生认为，学习单项奖评定应"仅考虑某课程或学科领域的表现"，58.6%的在校生认为，学习单项奖评定应"两者都要考虑"。详见表21。

表 21 （%）

		频率	百分比	有效百分比	累积百分比
有效	仅考虑学习总成绩	90	15.5	15.5	15.5
	仅考虑某课程或学科领域的表现	150	25.9	25.9	41.4
	两者都要考虑	340	58.6	58.6	100.0
	合计	580	100.0	100.0	

5. 对于学生评价中有关"测试"做法的倾向性意见，3.6%的教师认为，应当"采用纸笔测试"，10.1%的教师认为，应当"较少采用纸笔测试"，22.0%的教师认为，应当"不采用纸笔测试"，29.2%的教师认为，应当"纸笔测试与测试方式多样性相结合"，35.1%的教师认为，应当"注重测试方式的多样性"。详见表22。

表22 （%）

		频率	百分比	有效百分比	累积百分比
有效	采用纸笔测试	6	3.5	3.6	3.6
	较少采用纸笔测试	17	9.8	10.1	13.7
	不采用纸笔测试	37	21.4	22.0	35.7
	纸笔测试与测试方式多样性相结合	49	28.3	29.2	64.9
	注重测试方式的多样性	59	34.1	35.1	100.0
	合计	168	97.1	100.0	
缺失	系统	5	2.9		
合计		173	100.0		

6. 在回答"你认为将学生的德行按量化的方法计算是否可取?"这个问题时，29.3%的在校生认为，将学生的德行按量化的方法计算"可取"，44.8%的在校生认为，将学生的德行按量化的方法计算"不可取"，25.9%的在校生认为，将学生的德行按量化的方法计算"说不清楚"。详见表23。

表23 （%）

		频率	百分比	有效百分比	累积百分比
有效	可取	170	29.3	29.3	29.3
	不可取	260	44.8	44.8	74.1
	说不清楚	150	25.9	25.9	100.0
	合计	580	100.0	100.0	

在回答"你认为德行评价最好采用怎样的方式"这个问题时，65.5%的在校生认为，德行评价应当"教师、其他同学评价和自我评价相结合"，29.3%的在校生认为，德行评价应当"将社会评价和家长评价也纳入评价范围"，5.2%的在校生认为，德行评价由"教师评价即可，无须其他对象参加"。详见表24。

表 24　　　　　　　　　　　　　　　　　　　　　　　　　　（%）

		频率	百分比	有效百分比	累积百分比
有效	教师、其他同学评价和自我评价相结合	380	65.5	65.5	65.5
	将社会评价和家长评价也纳入评价范围	170	29.3	29.3	94.8
	教师评价即可，无须其他对象参加	30	5.2	5.2	100.0
	合计	580	100.0	100.0	

（三）对现行学生评价中结果处理的看法

1. 6.9% 的在校生认为，教师在开展课程成绩评定工作时"应看重结果"，6.9% 的在校生认为，教师在开展课程成绩评定工作时"应较少看重结果"，41.4% 的在校生认为，教师在开展课程成绩评定工作时应当"兼顾结果与过程"，17.2% 的在校生认为，教师在开展课程成绩评定工作时"应较少关注过程"，27.6% 的在校生认为，教师在开展课程成绩评定工作时"应关注过程"。详见表 25。

表 25　　　　　　　　　　　　　　　　　　　　　　　　　　（%）

		频率	百分比	有效百分比	累积百分比
有效	应看重结果	40	6.9	6.9	6.9
	应较少看重结果	40	6.9	6.9	13.8
	兼顾结果与过程	240	41.4	41.4	55.2
	应较少关注过程	10	17.2	17.2	72.4
	应关注过程	16	27.6	27.6	100.0
	合计	58	100.0	100.0	

5.2% 的在校生认为，教师在开展课程成绩评定工作时应当注重"答案的唯一正确性"，5.2% 的在校生认为，教师在开展课程成绩评定工作时应当"较少注重答案的唯一正确性"，32.8% 的在校生认为，教师在开展课程成绩评定工作时应当注重"兼顾答案的唯一性和多样性"，29.3% 的在校生认为，教师在开展课程成绩评定工作时应当注重"较少重视答案的多样性"，27.6% 的在校生认为，教师在开展课程成绩评定工作时应当"重视答案的多样性"。详见表 26。

表 26　　　　　　　　　　　　　　　　　　　　　　　　　　　　　　（％）

		频率	百分比	有效百分比	累积百分比
有效	答案的唯一正确性	30	5.2	5.2	5.2
	较少注重答案的唯一正确性	30	5.2	5.2	10.3
	兼顾答案的唯一性和多样性	190	32.8	32.8	43.1
	较少重视答案的多样性	170	29.3	29.3	72.4
	重视答案的多样性	160	27.6	27.6	100.0
	合计	580	100.0	100.0	

6.9％的在校生、3.6％的教师认为，教师的课程成绩"评价后不反馈"，5.2％的在校生、3.0％的教师认为，教师的课程成绩"评价后较少反馈"，31.0％的在校生、19.8％的教师认为，教师的课程成绩"评价与反馈同等重要"，12.1％的在校生、19.8％的教师认为，教师的课程成绩"评价后偶尔反馈"，44.8％的在校生、53.9％的教师认为，教师的课程成绩"评价后及时反馈"。详见表27。

表 27　　　　　　　　　　　　　　　　　　　　　　　　　　　　　　（％）

		频率		百分比		有效百分比		累积百分比	
		学生	教师	学生	教师	学生	教师	学生	教师
有效	评价后不反馈	40	6	6.9	3.5	6.9	3.6	6.9	3.6
	评价后较少反馈	30	5	5.2	2.9	5.2	3.0	12.1	6.6
	评价与反馈同等重要	180	33	31.0	19.1	31.0	19.8	43.1	26.3
	评价后偶尔反馈	70	33	12.1	19.1	12.1	19.8	55.2	46.1
	评价后及时反馈	260	90	44.8	52.0	44.8	53.9	100.0	100.0
	合计	580	167	100.0	96.5	100.0	100.0		
缺失	系统		6		3.5				
	合计		173		100.0				

2. 在回答"你是否认为有必要对德行好的学生设立德行方面的单项奖"这个问题时，60.3％的在校生认为有必要，39.7％的在校生认为没有必要。详见表28。

表 28　　　　　　　　　　　　　　　　　　　　　　　　　（%）

		频率	百分比	有效百分比	累积百分比
有效	是	350	60.3	60.3	60.3
	否	230	39.7	39.7	100.0
	合计	580	100.0	100.0	

3. 47.4%的在校生认为，现行的体育量化考核有助于增强大学生的身体素质，52.6%的在校生认为，现行的体育量化考核对增强大学生的身体素质没有帮助。详见表29。

表 29　　　　　　　　　　　　　　　　　　　　　　　　　（%）

		频率	百分比	有效百分比	累积百分比
有效	是	270	46.6	47.4	47.4
	否	300	51.7	52.6	100.0
	合计	570	98.3	100.0	
缺失	系统	10	1.7		
	合计	580	100.0		

4. 仅有26.3%的在校生认为，在过去的奖学金评比过程中，能获得高分的同学"能力的确很强，实至名归"，而57.9%的在校生认为，在过去的奖学金评比过程中，能获得高分的同学"并不觉得特别强，不过有值得学习的地方"，还有15.8%的在校生认为，在过去的奖学金评比过程中，能获得高分的同学"并不能代表一个人的能力，有失公平"。详见表30。

表 30　　　　　　　　　　　　　　　　　　　　　　　　　（%）

		频率	百分比	有效百分比	累积百分比
有效	能力的确很强，实至名归	150	25.9	26.3	26.3
	并不觉得特别强，不过有值得学习的地方	330	56.9	57.9	84.2
	并不能代表一个人的能力，有失公平	90	15.5	15.8	100.0
	合计	570	98.3	100.0	

续表

		频率	百分比	有效百分比	累积百分比
缺失	系统	10	1.7		
	合计	580	100.0		

5. 在回答"你认为大学期间是否有必要建立类似于智育成绩档案那样的学生德、智、体、能完整的个人档案"这个问题时，82.5%的在校生认为"有必要，有利于用人单位或社会全面了解自己"，17.5%的在校生认为"没有必要"。详见表31。

表31　　　　　　　　　　　　　　　　　　　　　　　　　　　　　　　（%）

		频率	百分比	有效百分比	累积百分比
有效	有必要，有利于用人单位或社会全面了解自己	470	81.0	82.5	82.5
	没有必要	100	17.2	17.5	100.0
	合计	570	98.3	100.0	
缺失	系统	10	1.7		
	合计	580	100.0		

6. 在回答"你认为奖学金评比对大学生而言应当发挥的主要作用是"这个问题时，77.6%的在校生认为，主要作用是"让同学发现自身优劣势，激励同学全面发展"，13.8%的在校生认为，主要作用是"评定优劣，甄别选拔"。详见表32。

表32　　　　　　　　　　　　　　　　　　　　　　　　　　　　　　　（%）

		频率	百分比	有效百分比	累积百分比
有效	让同学发现自身优劣势，激励同学全面发展	450	77.6	77.6	77.6
	评定优劣，甄别选拔	80	13.8	13.8	91.4
	其他	50	8.6	8.6	100.0
	合计	580	100.0	100.0	

7. 在回答"在奖学金评定中，如果不再将德、智、体、能等要素按

一定的权重计算总分，而是分别在德、智、体、能评价的基础上评定单项奖学金，对在四方面均符合单项奖学金评定资格的同学，才授予综合奖学金。这样的做法你赞成吗"这个问题时，86.2%的在校生表示"赞成"，13.8%的在校生表示"不赞成"。详见表33。

表33　　　　　　　　　　　　　　　　　　　　　　　　　　　（%）

		频率	百分比	有效百分比	累积百分比
有效	赞成	500	86.2	86.2	86.2
	不赞成	80	13.8	13.8	100.0
	合计	580	100.0	100.0	

8. 在回答"除了学校设立一系列单项奖学金项目外，如果允许每位同学在学期初针对上学期自己评价中的'弱项'，制订改进计划与目标，提出或创造性地提出单项奖学金申报方案，到学期末再按课题立项验收的方式考核学生是否完成了改进计划，完成了即授予单项奖学金。你是否赞成这样的办法"这个问题时，74.1%的在校生表示"赞成"，25.9%的在校生表示"不赞成"。详见表34。

表34　　　　　　　　　　　　　　　　　　　　　　　　　　　（%）

		频率	百分比	有效百分比	累积百分比
有效	赞成	430	74.1	74.1	74.1
	不赞成	150	25.9	25.9	100.0
	合计	580	100.0	100.0	

二　毕业生（校友）对学生评价的看法

为了了解毕业生对在校期间学生评价的意见和建议，本书拟定了"对学生评价与激励机制有关看法的调查问卷"。问卷编制了28个问题（其中1个是开放性问题），调查方法采用抽样调查的方式进行，分别针对上海、杭州、宁波、温州等"长三角"区域近三年毕业的W等三所大学毕业生发放调查问卷200份，回收有效问卷175份。所得数据输入计算机，运用 SPSS 17.0 统计软件来处理。

（一）毕业生对当前自身能力素质的评价

1. 在回答"目前，请您对自己的敬业精神进行评价"这个问题时，41.6%的毕业生认为自己的敬业精神"很强"，56.1%的毕业生认为自己的敬业精神"一般"，2.3%的毕业生认为自己的敬业精神"需努力"。详见表35。

表35　　　　　　　　　　　　　　　　　　　　　　　　　　　　　　　　　　（%）

		频率	百分比	有效百分比	累积百分比
有效	很强	72	41.1	41.6	41.6
	一般	97	55.4	56.1	97.7
	需努力	4	2.3	2.3	100.0
	合计	173	98.9	100.0	
缺失	系统	2	1.1		
合计		175	100.0		

在回答"目前，请您对自己的理论基础和专业知识进行评价"这个问题时，20.0%的毕业生认为自己的理论基础和专业知识"很强"，74.9%的毕业生认为自己的理论基础和专业知识"一般"，5.1%的毕业生认为自己的理论基础和专业知识"需努力"。详见表36。

表36　　　　　　　　　　　　　　　　　　　　　　　　　　　　　　　　　　（%）

		频率	百分比	有效百分比	累积百分比
有效	很强	35	20.0	20.0	20.0
	一般	131	74.9	74.9	94.9
	需努力	9	5.1	5.1	100.0
	合计	175	100.0	100.0	

在回答"目前，请您对自己的创新能力进行评价"这个问题时，17.1%的毕业生认为自己的创新能力"很强"，73.7%的毕业生认为自己的创新能力"一般"，9.1%的毕业生认为自己的创新能力"需努力"。详

见表37。

表37 （%）

		频率	百分比	有效百分比	累积百分比
有效	很强	30	17.1	17.1	17.1
	一般	129	73.7	73.7	90.9
	需努力	16	9.1	9.1	100.0
	合计	175	100.0	100.0	

在回答"目前，请您对自己的组织协调与管理能力进行评价"这个问题时，24.6%的毕业生认为自己的组织协调与管理能力"很强"，68.0%的毕业生认为自己的组织协调与管理能力"一般"，7.4%的毕业生认为自己的组织协调与管理能力"需努力"。详见表38。

表38 （%）

		频率	百分比	有效百分比	累积百分比
有效	很强	43	24.6	24.6	24.6
	一般	119	68.0	68.0	92.6
	需努力	13	7.4	7.4	100.0
	合计	175	100.0	100.0	

在回答"目前，请您对自己的团队精神进行评价"这个问题时，33.7%的毕业生认为自己的团队精神"很强"，58.3%的毕业生认为自己的团队精神"一般"，8.0%的毕业生认为自己的团队精神"需努力"。详见表39。

表39 （%）

		频率	百分比	有效百分比	累积百分比
有效	很强	59	33.7	33.7	33.7
	一般	102	58.3	58.3	92.0
	需努力	14	8.0	8.0	100.0
	合计	175	100.0	100.0	

在回答"目前，请您对自己的计算机应用能力进行评价"这个问题时，18.3%的毕业生认为自己的计算机应用能力"很强"，70.3%的毕业生认为自己的计算机应用能力"一般"，11.4%的毕业生认为自己的计算机应用能力"需努力"。详见表40。

表40　　　　　　　　　　　　　　　　　　　　　　　　　　　　（%）

		频率	百分比	有效百分比	累积百分比
有效	很强	32	18.3	18.3	18.3
	一般	123	70.3	70.3	88.6
	需努力	20	11.4	11.4	100.0
	合计	175	100.0	100.0	

在回答"目前，请您对自己的外语水平及应用能力进行评价"这个问题时，11.4%的毕业生认为自己的外语水平及应用能力"很强"，66.9%的毕业生认为自己的外语水平及应用能力"一般"，21.7%的毕业生认为自己的外语水平及应用能力"需努力"。详见表41。

表41　　　　　　　　　　　　　　　　　　　　　　　　　　　　（%）

		频率	百分比	有效百分比	累积百分比
有效	很强	20	11.4	11.4	11.4
	一般	117	66.9	66.9	78.3
	需努力	38	21.7	21.7	100.0
	合计	175	100.0	100.0	

在回答"目前，请您对自己的自我提高能力进行评价"这个问题时，24.0%的毕业生认为自己的自我提高能力"很强"，63.4%的毕业生认为自己的自我提高能力"一般"，12.6%的毕业生认为自己的自我提高能力"需努力"。详见表42。

表 42 （%）

		频率	百分比	有效百分比	累积百分比
有效	很强	42	24.0	24.0	24.0
	一般	111	63.4	63.4	87.4
	需努力	22	12.6	12.6	100.0
	合计	175	100.0	100.0	

在回答"目前，请您对自己的职业道德水平进行评价"这个问题时，37.1%的毕业生认为自己的职业道德"较高"，56.6%的毕业生认为自己的职业道德"一般"，6.3%的毕业生认为自己的职业道德"需努力"。详见表43。

表 43 （%）

		频率	百分比	有效百分比	累积百分比
有效	较高	65	37.1	37.1	37.1
	一般	99	56.6	56.6	93.7
	需努力	11	6.3	6.3	100.0
	合计	175	100.0	100.0	

在回答"目前，请您对自己的综合素质能力进行评价"这个问题时，20.6%的毕业生认为自己的综合素质能力"很强"，73.1%的毕业生认为自己的综合素质能力"一般"，6.3%的毕业生认为自己的综合素质能力"需努力"。详见表44。

表 44 （%）

		频率	百分比	有效百分比	累积百分比
有效	很强	36	20.6	20.6	20.6
	一般	128	73.1	73.1	93.7
	需努力	11	6.3	6.3	100.0
	合计	175	100.0	100.0	

2. 在回答"您对自己在校期间能力养成的满意程度如何"这个问题时，3.4%的毕业生对自己在校期间能力养成"非常满意"，49.7%的毕

业生对自己在校期间能力养成"比较满意"，32.6%的毕业生对自己在校期间能力养成"介于满意与不满意之间"，9.7%的毕业生对自己在校期间能力养成"比较不满意"，4.6%的毕业生对自己在校期间能力养成"非常不满意"。详见表45。

表45 （%）

		频率	百分比	有效百分比	累积百分比
有效	非常满意	6	3.4	3.4	3.4
	比较满意	87	49.7	49.7	53.1
	介于满意与不满意之间	57	32.6	32.6	85.7
	比较不满意	17	9.7	9.7	95.4
	非常不满意	8	4.6	4.6	100.0
	合计	175	100.0	100.0	

3．与其他本科学校的毕业生相比，W大学毕业生认为自己有优势的三项能力素质分别是："合作、协助能力"（占26.3%），"组织管理能力"（占18.3%），"社会适应度"（占12.0%）。详见表46。

表46 （%）

		频率	百分比	有效百分比	累积百分比
有效	专业知识	9	5.1	5.1	5.1
	基础理论知识	9	5.1	5.1	10.2
	人文社会知识	18	10.3	10.3	20.5
	社会适应度	21	12.0	12.0	32.5
	专业技能	16	9.1	9.1	41.6
	组织管理能力	32	18.3	18.3	59.9
	合作、协助能力	46	26.3	26.3	86.2
	决策能力	7	4.0	4.0	90.2
	计算机水平	11	6.3	6.3	96.5
	分析、解决问题能力	1	0.6	0.6	97.1
	语言、文字表达能力	5	2.9	2.9	100.0
	合计	175	100.0	100.0	

4. 与其他本科学校的毕业生相比，W 大学毕业生认为自己不足的三项能力素质排行分别是："基础理论知识"（占 26.3%），"专业技能"（占 16.0%），"发明创造能力"（占 12.6%）。详见表 47。

表 47　　　　　　　　　　　　　　　　　　　　　　　　　　（%）

		频率	百分比	有效百分比	累积百分比
有效	专业知识	6	3.4	3.4	3.4
	基础理论知识	46	26.3	26.3	29.7
	人文社会知识	20	11.4	11.4	41.1
	社会适应度	11	6.3	6.3	47.4
	专业技能	28	16.0	16.0	63.4
	组织管理能力	2	1.1	1.1	64.5
	合作、协助能力	12	6.9	6.9	71.4
	决策能力	5	2.9	2.9	74.3
	分析、解决问题能力	4	2.3	2.3	76.6
	外语水平	11	6.3	6.3	82.9
	计算机水平	6	3.4	3.4	86.3
	发明创造能力	22	12.6	12.6	98.9
	语言、文字表达能力	2	1.1	1.1	100.0
	合计	175	100.0	100.0	

5. 在回答"与曾获得奖学金的同学和未获得奖学金的同学相比，您认为你们现在的发展状况差异是否明显"这一问题时，仅有 8.6% 的毕业生认为"明显"，66.3% 的毕业生认为"不明显"，25.1% 的毕业生认为"无差别"。详见表 48。

表 48　　　　　　　　　　　　　　　　　　　　　　　　　　（%）

		频率	百分比	有效百分比	累积百分比
有效	明显	15	8.6	8.6	8.6
	不明显	116	66.3	66.3	74.9
	无差别	44	25.1	25.1	100.0
	合计	175	100.0	100.0	

（二）毕业生对在校期间学生评价的认同情况

1．75.4%的毕业生认为，在校期间评奖评优时主要应有教师参与，24.6%的毕业生持反对意见。详见表49。

表49 （%）

		频率	百分比	有效百分比	累积百分比
有效	是	132	75.4	75.4	75.4
	否	43	24.6	24.6	100.0
	合计	175	100.0	100.0	

在回答"您认为评奖评优时主要应辅导员参与"这个问题时，58.3%的毕业生认为"是"，41.7%的毕业生认为"否"。详见表50。

表50 （%）

		频率	百分比	有效百分比	累积百分比
有效	是	102	58.3	58.3	58.3
	否	73	41.7	41.7	100.0
	合计	175	100.0	100.0	

在回答"您认为评奖评优时主要应班主任参与"这个问题时，55.2%的毕业生认为"是"，44.8%的毕业生认为"否"。详见表51。

表51 （%）

		频率	百分比	有效百分比	累积百分比
有效	是	96	54.9	55.2	55.2
	否	78	44.6	44.8	100.0
	合计	174	99.4	100.0	
缺失	系统	1	0.6		
合计		175	100.0		

在回答"您认为评奖评优时主要应班干部参与"这个问题时，

64.0%的毕业生认为"是"，36.0%的毕业生认为"否"。详见表52。

表52   （%）

		频率	百分比	有效百分比	累积百分比
有效	是	112	64.0	64.0	64.0
	否	63	36.0	36.0	100.0
	合计	175	100.0	100.0	

在回答"您认为评奖评优时主要应普通同学参与"这个问题时，37.7%的毕业生认为"否"，62.3%的毕业生认为"是"。详见表53。

表53   （%）

		频率	百分比	有效百分比	累积百分比
有效	否	66	37.7	37.7	37.7
	是	109	62.3	62.3	100.0
	合计	175	100.0	100.0	

在回答"您认为评奖评优时主要应家长参与"这个问题时，95.4%的毕业生认为"是"，4.6%的毕业生认为"否"。详见表54。

表54   （%）

		频率	百分比	有效百分比	累积百分比
有效	是	167	95.4	95.4	95.4
	否	8	4.6	4.6	100.0
	合计	175	100.0	100.0	

在回答"您认为评奖评优时主要应学院（系）领导参与"这个问题时，92.0%的毕业生认为"否"，8.0%的毕业生认为"是"。详见表55。

表 55　　　　　　　　　　　　　　　　　　　　　　　　　　　　　（%）

		频率	百分比	有效百分比	累积百分比
有效	否	161	92.0	92.0	92.0
	是	14	8.0	8.0	100.0
	合计	175	100.0	100.0	

　　在回答"您认为评奖评优时主要应自己参与"这个问题时，87.4%的毕业生认为"是"，12.6%的毕业生认为"否"。详见表56。

表 56　　　　　　　　　　　　　　　　　　　　　　　　　　　　　（%）

		频率	百分比	有效百分比	累积百分比
有效	是	152	86.9	87.4	87.4
	否	22	12.6	12.6	100.0
	合计	174	99.4	100.0	
缺失	系统	1	0.6		
	合计	175	100.0		

　　2. 在回答"您认为大学生评奖评优的方式是"这个问题时，35.8%的毕业生认为应该"学生自行申报"，17.3%的毕业生认为应该"以综合成绩排名进行排序"，46.8%的毕业生认为应该"以综合考虑个人的各方面能力发展进行推选"。详见表57。

表 57　　　　　　　　　　　　　　　　　　　　　　　　　　　　　（%）

		频率	百分比	有效百分比	累积百分比
有效	学生自行申报	62	35.4	35.8	17.3
	以综合成绩排名进行排序	30	17.1	17.3	53.2
	以综合考虑个人的各方面能力发展进行推选	81	46.3	46.8	100.0
	合计	173	98.9	100.0	
缺失	系统	2	1.1		
	合计	175	100.0		

3. 在回答"您认为您大学在读期间学校的评奖评优方法是否公平合理"这个问题时,81.6%的毕业生认为"否",18.4%的毕业生认为"是"。详见表58。

表58 （％）

		频率	百分比	有效百分比	累积百分比
有效	否	142	81.1	81.6	81.6
	是	32	18.3	18.4	100.0
	合计	174	99.4	100.0	
缺失	系统	1	0.6		
	合计	175	100.0		

4. 在回答"您认为您大学在读期间学校的评奖评优方法是否激励学生"这个问题时,46.3%的毕业生认为"否",53.7%的毕业生认为"是"。详见表59。

表59 （％）

		频率	百分比	有效百分比	累积百分比
有效	否	81	46.3	46.3	46.3
	是	94	53.7	53.7	100.0
	合计	175	100.0	100.0	

在回答"您认为您大学在读期间学校的评奖评优方法是否不利于学生个性发展"这个问题时,84.6%的毕业生认为"是",15.4%的毕业生认为"否"。详见表60。

表60 （％）

		频率	百分比	有效百分比	累积百分比
有效	是	148	84.6	84.6	84.6
	否	27	15.4	15.4	100.0
	合计	175	100.0	100.0	

在回答"您认为您大学在读期间学校的评奖评优方法没有起到激励作用"这个问题时,84.0%的毕业生认为"是",16.0%的毕业生认为"否"。详见表61。

表 61 （%）

		频率	百分比	有效百分比	累积百分比
有效	是	147	84.0	84.0	84.0
	否	28	16.0	16.0	100.0
	合计	175	100.0	100.0	

5. 在回答"您认为参加工作后用得最多的知识是"这个问题时，仅有 9.5% 的毕业生认为是"课堂内所学知识"，而 90.5% 的毕业生认为是"课堂外所学知识"。详见表 62。

表 62 （%）

		频率	百分比	有效百分比	累积百分比
有效	课堂内所学知识	16	9.1	9.5	9.5
	课堂外所学知识	152	86.9	90.5	100.0
	合计	168	96.0	100.0	
缺失	系统	7	4.0		
	合计	175	100.0		

6. 在回答"您认为在学校所学的知识能够适应当前工作的需要吗"这个问题时，仅有 5.1% 的毕业生认为"非常能够"，10.9% 的毕业生认为"比较能够"，58.9% 的毕业生认为"基本能够"，22.3% 的毕业生认为"不能够"，2.9% 的毕业生认为"完全不能够"。详见表 63。

表 63 （%）

		频率	百分比	有效百分比	累积百分比
有效	非常能够	9	5.1	5.1	5.1
	比较能够	19	10.9	10.9	16.0
	基本能够	103	58.9	58.9	74.9
	不能够	39	22.3	22.3	97.1
	完全不能够	5	2.9	2.9	100.0
	合计	175	100.0	100.0	

7. 在回答"您认为在学校所经历的社会工作及社会实践对您当前工作有帮助吗"这个问题时，仅有3.4%的毕业生认为"非常有帮助"，24.7%的毕业生认为"比较有帮助"，61.5%的毕业生认为"一般"，8.0%的毕业生认为"没有帮助"，2.3%的毕业生认为"完全没有帮助"。详见表64。

表64 （%）

		频率	百分比	有效百分比	累积百分比
有效	非常有帮助	6	3.4	3.4	3.4
	比较有帮助	43	24.6	24.7	28.2
	一般	107	61.1	61.5	89.7
	没有帮助	14	8.0	8.0	97.7
	完全没有帮助	4	2.3	2.3	100.0
	合计	174	99.4	100.0	
缺失	系统	1	0.6		
	合计	175	100.0		

8. 4.6%的毕业生在大学所学习的知识对自己成功履岗的贡献率在80%以上，53.7%的毕业生在大学所学习的知识对自己成功履岗的贡献率为60%~80%，41.7%的毕业生在大学所学习的知识对自己成功履岗的贡献率在60%以下。详见表65。

表65 （%）

		频率	百分比	有效百分比	累积百分比
有效	80%以上	8	4.6	4.6	4.6
	60%~80%	94	53.7	53.7	58.3
	60%以下	73	41.7	41.7	100.0
	合计	175	100.0	100.0	

9. 2%的毕业生在大学所形成的各方面能力对自己成功履岗的贡献率在80%以上，63.6%的毕业生在大学所形成的各方面能力对自己成功履

岗的贡献率为60%～80%，27.2%的毕业生在大学所形成的各方面能力对自己成功履岗的贡献率在60%以下。详见表66。

表66　　　　　　　　　　　　　　　　　　　　　　　　（%）

		频率	百分比	有效百分比	累积百分比
有效	80%以上	16	9.1	9.2	9.2
	60%～80%	110	62.9	63.6	72.8
	60%以下	47	26.9	27.2	100.0
	合计	173	98.9	100.0	
缺失	系统	2	1.1		
	合计	175	100.0		

9. 仅有2.9%的毕业生认为自己毕业时的素质与用人单位的愿望"完全相符"，24.0%的毕业生认为自己毕业时的素质与用人单位的愿望"经过培训，完全相符"，48.6%的毕业生认为自己毕业时的素质与用人单位的愿望"基本相符"，15.4%的毕业生认为自己毕业时的素质与用人单位的愿望"经过培训，基本相符"，5.1%的毕业生认为自己毕业时的素质与用人单位的愿望"不相符，但有潜质"，4.0%的毕业生认为自己毕业时的素质与用人单位的愿望"不相符，且难培训"。详见表67。

表67　　　　　　　　　　　　　　　　　　　　　　　　（%）

		频率	百分比	有效百分比	累积百分比
有效	完全相符	5	2.9	2.9	2.9
	经过培训，完全相符	42	24.0	24.0	26.9
	基本相符	85	48.6	48.6	75.4
	经过培训，基本相符	27	15.4	15.4	90.9
	不相符，但有潜质	9	5.1	5.1	96.0
	不相符，且难培训	7	4.0	4.0	100.0
	合计	175	100.0	100.0	

10. 在回答"在您所学的大学课程中,您认为哪一类课程让您获益最多"这个问题时,仅有5.1%的毕业生认为是"公共必修课",30.3%的毕业生认为是"公共选修课",57.7%的毕业生认为是"专业必修课",6.9%的毕业生认为是"专业选修课"。详见表68。

表68 　　　　　　　　　　　　　　　　　　　　　　　　　　　(%)

		频率	百分比	有效百分比	累积百分比
有效	公共必修课	9	5.1	5.1	5.1
	公共选修课	53	30.3	30.3	35.4
	专业必修课	101	57.7	57.7	93.1
	专业选修课	12	6.9	6.9	100.0
	合计	175	100.0	100.0	

11. 在回答"大学期间的评奖评优对您的激励作用"这个问题时,仅有9.7%的毕业生认为"很大",66.3%的毕业生认为"一般",24.0%的毕业生认为"没有"激励作用。详见表69。

表69 　　　　　　　　　　　　　　　　　　　　　　　　　　　(%)

		频率	百分比	有效百分比	累积百分比
有效	很大	17	9.7	9.7	9.7
	一般	116	66.3	66.3	76.0
	没有	42	24.0	24.0	100.0
	合计	175	100.0	100.0	

12. 在回答"您认为大学期间获得的奖励对您目前的成长有帮助吗"这个问题时,仅有1.1%的毕业生认为"非常有帮助",40.6%的毕业生认为"比较有帮助",53.1%的毕业生认为"一般",5.1%的毕业生认为"没有帮助"。详见表70。

表70 (%)

		频率	百分比	有效百分比	累积百分比
有效	非常有帮助	2	1.1	1.1	1.1
	比较有帮助	71	40.6	40.6	41.7
	一般	93	53.1	53.1	94.9
	没有帮助	9	5.1	5.1	100.0
	合计	175	100.0	100.0	

13. 在回答"您认为大学毕业时的优秀学生是您心目中真正的优秀学生吗"这个问题时，仅有1.7%的毕业生认为"是"，36.0%的毕业生认为"大部分是"，45.7%的毕业生认为"一半是"，14.9%的毕业生认为"少部分是"，1.7%的毕业生认为"否"。详见表71。

表71 (%)

		频率	百分比	有效百分比	累积百分比
有效	是	3	1.7	1.7	1.7
	大部分是	63	36.0	36.0	37.7
	一半是	80	45.7	45.7	83.4
	少部分是	26	14.9	14.9	98.3
	否	3	1.7	1.7	100.0
	合计	175	100.0	100.0	

（三）毕业生认为在校期间应该培养的素质和能力

1. 74.9%的毕业生认为，大学生的思想品德素质评价指标应该包括政治表现，而有25.1%的毕业生持反对观点。详见表72。

表72 (%)

		频率	百分比	有效百分比	累积百分比
有效	是	131	74.9	74.9	74.9
	否	44	25.1	25.1	100.0
	合计	175	100.0	100.0	

53.1%的毕业生认为，大学生的思想品德素质评价指标应该包括遵纪守法，而有46.9%的毕业生持不同意见。详见表73。

表73 （%）

		频率	百分比	有效百分比	累积百分比
有效	否	82	46.9	46.9	46.9
	是	93	53.1	53.1	100.0
	合计	175	100.0	100.0	

74.3%的毕业生认为，大学生的思想品德素质评价指标应该包括学习态度，而有25.7%的毕业生持反对观点。详见表74。

表74 （%）

		频率	百分比	有效百分比	累积百分比
有效	否	45	25.7	25.7	25.7
	是	130	74.3	74.3	100.0
	合计	175	100.0	100.0	

50.6%的毕业生认为，大学生的思想品德素质评价指标应该包括集体观念，而有49.4%的毕业生认为"否"。详见表75。

表75 （%）

		频率	百分比	有效百分比	累积百分比
有效	否	86	49.1	49.4	49.4
	是	88	50.3	50.6	100.0
	合计	174	99.4	100.0	
缺失	系统	1	0.6		
合计		175	100.0		

60.3%的毕业生认为，大学生的思想品德素质评价指标应该包括道德修养，而有39.7%的毕业生认为"否"。详见表76。

表 76 　　　　　　　　　　　　　　　　　　　　　　　　　　（%）

		频率	百分比	有效百分比	累积百分比
有效	是	105	60.0	60.3	60.3
	否	69	39.4	39.7	100.0
	合计	174	99.4	100.0	
缺失	系统	1	0.6		
	合计	175	100.0		

83.9%的毕业生认为，大学生的思想品德素质评价指标应该包括审美情趣，而有 16.1%的毕业生认为"否"。详见表 77。

表 77 　　　　　　　　　　　　　　　　　　　　　　　　　　（%）

		频率	百分比	有效百分比	累积百分比
有效	是	146	83.4	83.9	83.9
	否	28	16.0	16.1	100.0
	合计	174	99.4	100.0	
缺失	系统	1	0.6		
	合计	175	100.0		

74.6%的毕业生认为，大学生的思想品德素质评价指标应该包括劳动观念，而有 25.4%的毕业生认为"否"。详见表 78。

表 78 　　　　　　　　　　　　　　　　　　　　　　　　　　（%）

		频率	白分比	有效百分比	累积百分比
有效	是	129	73.7	74.6	74.6
	否	44	25.1	25.4	100.0
	合计	173	98.9	100.0	
缺失	系统	2	1.1		
	合计	175	100.0		

2. 毕业生认为大学生评奖评优的第一重要依据排在前三位的分别是：

"学习成绩"（占32.9%）、"工作能力"（占20.0%）、"思想品德"（占18.2%）。详见表79。

表79 (%)

		频率	百分比	有效百分比	累积百分比
有效	学习成绩	56	32.0	32.9	32.9
	工作能力	34	19.4	20.0	52.9
	平时表现	18	10.3	10.6	63.5
	人缘	17	9.7	10.0	73.5
	思想品德	31	17.7	18.2	91.8
	身体素质	5	2.9	2.9	94.7
	心理素质	7	4.0	4.1	98.8
	个性特征	2	1.1	1.2	100.0
	合计	170	97.1	100.0	
缺失	系统	5	2.9		
	合计	175	100.0		

3. 58.0%的毕业生认为，大学生的能力状况评价指标应该包括社会工作，而有42.0%的毕业生认为"否"。详见表80。

表80 (%)

		频率	百分比	有效百分比	累积百分比
有效	是	101	57.7	58.0	58.0
	否	73	41.7	42.0	100.0
	合计	174	99.4	100.0	
缺失	系统	1	0.6		
	合计	175	100.0		

52.3%的毕业生认为，大学生的能力状况评价指标应该包括公益实践，而有47.7%的毕业生认为"否"。详见表81。

表 81　　　　　　　　　　　　　　　　　　　　　　　　　　　　　（%）

		频率	百分比	有效百分比	累积百分比
有效	是	91	52.0	52.3	52.3
	否	83	47.4	47.7	100.0
	合计	174	99.4	100.0	
缺失	系统	1	0.6		
	合计	175	100.0		

　　55.5%的毕业生认为，大学生的能力状况评价指标应该包括创新创业，而有44.5%的毕业生认为"否"。详见表82。

表 82　　　　　　　　　　　　　　　　　　　　　　　　　　　　　（%）

		频率	百分比	有效百分比	累积百分比
有效	否	77	44.0	44.5	44.5
	是	96	54.9	55.5	100.0
	合计	173	98.9	100.0	
缺失	系统	2	1.1		
	合计	175	100.0		

　　75.1%的毕业生认为，大学生的能力状况评价指标应该包括文体特长，而有24.9%的毕业生认为"否"。详见表83。

表 83　　　　　　　　　　　　　　　　　　　　　　　　　　　　　（%）

		频率	百分比	有效百分比	累积百分比
有效	是	130	74.3	75.1	75.1
	否	43	24.6	24.9	100.0
	合计	173	98.9	100.0	
缺失	系统	2	1.1		
	合计	175	100.0		

　　55.7%的毕业生认为，大学生的能力状况评价指标应该包括技能素质，而有44.3%的毕业生认为"否"。详见表84。

表 84   （%）

		频率	百分比	有效百分比	累积百分比
有效	是	97	55.4	55.7	55.7
	否	77	44.0	44.3	100.0
	合计	174	99.4	100.0	
缺失	系统	1	0.6		
	合计	175	100.0		

84.5% 的毕业生认为，大学生的能力状况评价指标应该包括特殊经历，而有 15.5% 的毕业生认为"否"。详见表 85。

表 85   （%）

		频率	百分比	有效百分比	累积百分比
有效	是	147	84.0	84.5	84.5
	否	27	15.4	15.5	100.0
	合计	174	99.4	100.0	
缺失	系统	1	0.6		
	合计	175	100.0		

4. 在回答"您认为理科学生学习一些文科类的知识，文科的学生学习一些理科类的知识，有必要吗"这个问题时，9.7% 的毕业生认为"非常有必要"，67.4% 的毕业生认为"有必要"，20.0% 的毕业生认为"学一些有好处，但不太重要"，2.9% 的毕业生认为"毫无用处"。详见表 86。

表 86   （%）

		频率	百分比	有效百分比	累积百分比
有效	非常有必要	17	9.7	9.7	9.7
	有必要	118	67.4	67.4	77.1
	学一些有好处，但不太重要	35	20.0	20.0	97.1
	毫无用处	5	2.9	2.9	100.0
	合计	175	100.0	100.0	

5. 从现在看来，毕业生认为大学教育最主要应该培养大学生掌握的三个方面的素质和能力分别是：品德素养（占 32.2%）、团队精神（占17.2%）、耐挫性（占 10.9%）。详见表 87。

表 87　　　　　　　　　　　　　　　　　　　　　　　　　　　　　（%）

		频率	百分比	有效百分比	累积百分比
有效	品德素养	56	32.0	32.2	32.2
	团队精神	30	17.1	17.2	49.4
	耐挫性	19	10.9	10.9	60.3
	应变能力	16	9.1	9.2	69.5
	职业规划	8	4.6	4.6	74.1
	实践动手能力	17	9.7	9.8	83.9
	创新创业能力	11	6.3	6.3	90.2
	人际交往能力	15	8.6	8.6	98.9
	个性特征	2	1.1	1.1	100.0
缺失	系统	1	0.6		
	合计	175	100.0	100.0	

三 用人单位对学生评价的认识

为了了解用人单位对高校培养人才的具体要求，我们拟定了"用人单位对人才素质要求的调查问卷"，先到部分用人单位征求意见，接受修改意见，反复修改，最后成型。该调查表共 9 道问题，包括"用人单位基本情况"（所属行业、性质、规模）、"用人单位人才招聘简况"（需求数量、招聘方式、是否招聘优秀毕业生）、"用人单位人才招聘时重视的要素"（如学习成绩、竞赛获奖、个人能力、性格特点等）、"用人单位对人才品质的重视程度"（如诚信、敬业奉献精神、责任意识、道德品质、团队精神等）、"用人单位对大学毕业生的看法"（表现最好和最差的方面）。调查表所列内容基本涵括了用人单位对人才质量要求及对优秀毕业生的观点与看法，可以用于实际调查。

自 2007 年以来，课题组以问卷调查和个别访谈的方式对"长三角"部分地区的用人单位进行了调研。调查共发问卷 500 份，回收有效问卷 452 份，其中政府机关 18 家（3.9%），事业单位 74 家（16.4%），国有用人单位 33 家（7.3%），民营用人单位 327 家（72.3%），具体分布如图 1 所示。

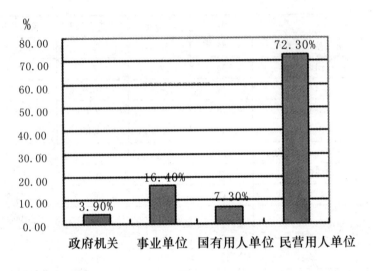

图 1

从用人单位的规模来看，以 100 人和 200～500 人的规模居多。具体如表 88 所示。

表 88　　　　　　　　　　　　　　　　　　　　　　　　　　　　　　（%）

	频率	百分比	累积百分比
100 以下	129	28.7	28.7
100～200	79	17.4	46.1
200～500	114	25.2	71.3
500～1000	43	9.6	80.9
1000～5000	55	12.2	93.0
5000 以上	32	7.0	100.0
合计	452	100.0	

除了问卷调查外，课题组还对部分用人单位人力资源主管进行了个别访谈，以了解更深入的信息。所得数据输入计算机，运用 SPSS 17.0 统计软件来处理。调查结果与分析如下：

（一）用人单位对大学毕业生基本素质的要求

为了对应用型本科人才所应具备的素质发展目标做出系统而具体的阐述，本研究将应用型本科人才的素质分为思想素质（政治意识、思想修养、社会责任和法制观念）、职业素质（岗位技能、专业知识、创新能力、问题解决、敬业精神、独立工作、组织管理、人际沟通、团队协作和奉献意识）和支撑素质（身心健康、人文素养、发展潜力、适应能力和吃苦耐劳）三大项。调查要求用人单位按照 0～10 分（从最不满意到最满意）的等级对三所地方高校的毕业生素质进行评定。调查发现思想素质总均分为 7.98±2.36，职业素质的总均分为 7.33±2.10，支撑素质的总均分为 7.57±2.54，三类素质的各具体维度得分见表 89。

表 89

项目	维度	M±SD	维度	M±SD
思想素质	政治意识	8.22±2.13	社会责任	8.14±2.38
	思想修养	7.68±3.26	法制观念	7.89±2.07
职业素质	岗位技能	6.88±2.36	独立工作	6.98±2.27
	专业知识	8.76±1.69	组织管理	7.12±1.68
	创新能力	8.12±2.34	人际沟通	7.33±2.79
	问题解决	6.34±1.87	团队协作	6.96±2.26
	敬业精神	8.11±2.17	奉献意识	6.67±1.96
支撑素质	身心健康	8.01±2.14	适应能力	7.39±2.67
	人文素养	8.36±2.21	吃苦耐劳	6.55±2.82
	发展潜力	7.52±3.10	—	—

1. 当前用人单位对优秀毕业生的观点

调查发现，用人单位对学生干部情有独钟，选择比例为 38.5%，然后是省优或校优毕业生，比例为 18.6%，以上两个方面的比例加上学生党员的数量，总的比例达到了 81.4%。总的来讲，优秀学生还是受到欢迎的。同时也看到用人单位在选拔人才时，持无所谓态度的也有 11.7%，占 1/4。

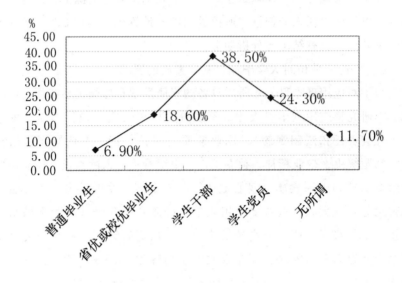

图 2

2. 对毕业生外在属性的重视程度

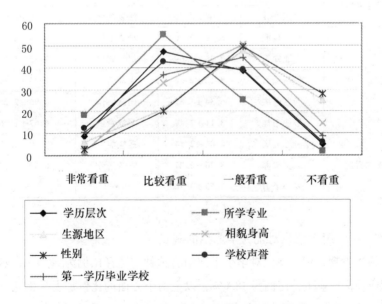

图 3

"用人单位对人才的要求调查表"中对用人单位选拔人才过程中，关于人才一些个人属性的关注度进行了调查，首先是关于人才外在属性方面，如"学历层次"、"所学专业"、"生源地"、"性别"、"相貌身高"、"学校声誉"、"第一学历毕业学校"等。调查发现，用人单位对以上各项的重视程度为中等程度。特别是对相貌身高、性别两项不看重的比例达到1/4。由此可以看出，用人单位选才更多表现了理性色彩。详细如图3所示。

3. 对毕业生内在属性的重视程度

本次调查对用人单位关于人才一些个人内在属性（如学习成绩、竞赛获奖、个人能力、性格特点、学生干部、面试表现、文体特长）的关注度进行了调查，调查发现，用人单位对个人能力、性格特点和面试表现非常看重，比例分别达到70.4%、49.6%和38.3%。对学习成绩、竞赛获奖、是否担任学生干部及文体方面的特长的关注度中等。由此可见，用人单位的人才选拔思路是重个人能力和性格特征，对学习成绩并不十分看重。详见图4。

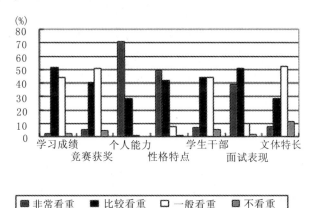

图4

4. 用人单位对人才内在素质的要求

对于"在人才招聘中，贵单位最看重的毕业生素质是什么"这一问题，无论是用人单位对人才的道德品质（如诚信、敬业奉献、责任意识）还是对员工的职业素养（如认同单位文化、职业操守、市场意识等），均表现出极为重视的特点。21.7%的用人单位选择了"职业素养"，19.8%的用人单位选择了"道德品质"，然后是"心理素质"（16.2%）、"发展潜力"（15.2%）、

"社会实践经验"（11.7%）、"人际关系"（10.1%），选择"学习成绩"的比例最低，仅为5.3%。具体分布见表90。

表90 （%）

各项素质	频率	百分比	累积百分比
学习成绩	24	5.3	5.3
道德品质	89	19.8	25.1
心理素质	73	16.2	41.3
社会实践经验	53	11.7	53.0
发展潜力	69	15.2	68.2
职业素养	98	21.7	89.9
人际关系	46	10.1	100.0
合计	452	100.0	

根据社会对人才的要求和应届大学毕业生从事职业所面临的问题分析来看，高等学校应培养什么样的人才，有哪些侧重点，值得进一步反思和探讨。本次调查从用人单位管理者的角度，得出了"多元化、综合性的学校人才培养关注要点"的结论。表91列出了从用人单位管理者的角度看学校人才培养的重要关注点。

表91

应重点培养的能力	响应个案	个案百分比（%）	应答百分比（%）
独立工作的能力	226	50.0	13.0
实践能力	113	25	6.5
创新能力	188	41.7	10.9
写作能力	38	25.0	2.2
分析能力	188	41.7	10.9
理解能力	75	16.7	4.3
自学能力	113	25.0	6.5
沟通能力	339	75.0	19.5
应变能力	188	41.7	10.9
执行能力	151	33.3	8.7

续表

应重点培养的能力	响应个案	个案百分比（%）	应答百分比（%）
组织协调能力	113	25.0	6.5
合计	1733	383.3	100.0

（二）用人单位对大学毕业生"意志品质"的总体评价

对大学生在各项素质上，用人单位有满意也有不满意的地方，本次调查发现，用人单位对大学生最满意的素质，排前三位的分别是：专业知识（50.4%）、创新能力（31.3%）和交往与沟通（26.1%）；最不满意的排前三位的是：实际操作能力（45.2%）、解决问题能力（37.4%）和独立工作能力（32.2%）（见表92）。

表92　　　　　　　　　　　　　　　　　　　　　　　　　　　　　　　　（%）

	表现最满意的			表现最不满意的		
	频率	百分比	个案百分比	频率	百分比	个案百分比
专业知识	364	17.0	50.4	63	2.9	8.7
创造效益的能力	69	3.2	9.6	63	2.9	8.7
创新能力	226	10.5	31.3	107	4.9	14.8
实际操作能力	63	2.9	8.7	327	15.1	45.2
忠诚度与敬业精神	144	6.7	20.0	207	9.6	28.7
团队合作	176	8.2	24.3	94	4.3	13.0
交往与沟通	188	8.8	26.1	63	2.9	8.7
组织协调	94	4.4	13.0	107	4.9	14.8
道德修养	151	7.0	20.9	44	2.0	6.1
人文素养	157	7.3	21.7	57	2.6	7.8
心理素质	75	3.5	10.4	220	10.1	30.4
发展潜力	151	7.0	20.9	63	2.9	8.7
解决问题能力	31	1.5	4.3	270	12.5	37.4
独立工作能力	44	2.0	6.1	232	10.7	32.2
适应能力	113	5.3	15.7	119	5.5	16.5
拼搏意识	88	4.1	12.2	126	5.8	17.4
其他	13	0.6	1.7	6	0.3	0.9
合计	2148	100	294	2167	100	300

（三）关于用人单位调查结果的几点结论

社会要求是高校人才培养的晴雨表和指南针，高校从来都不能脱离社会而关起门来独立培养人才，"适用才是硬道理"，从用人单位管理者的角度考察当前社会对高校人才培养在质与量方面的要求，可以提高学校教育的针对性和实效性，以更有效地服务地方经济。根据本次调查结果及分析，我们提出以下建议及对策。

1. 学校教育应引导学生走全面发展的道路

从调查结果来看，用人单位对综合素质较高的学生的选择比例还是比较高的，如学生干部，省优、校优毕业生以及学生党员等，近2/3的用人单位认同他们的能力和素质，在选拔人才时比较看重大学生在学校里的综合表现。因此，学校应积极鼓励学生全面发展，同时创设各种有利条件，积极支持大学生的全面发展。

2. 学校教育应引导学生关注自我内在属性

指导学生就业时对自身外在属性不需顾虑太多，应该更多关注内在属性。在大学生众多外在属性中，用人单位相对比较看重的是专业，当今用人单位还是有73.1%在选拔人才时比较看重所学专业，如专业是否对口、是否符合自身选拔的需要。用人单位对大学生其他的一些外在属性，如容貌身高、性别、生源地、学历层次等，并不是特别重视。相反，用人单位对能反映人才综合素质及职业适应方面的属性给予了更多的关注，如个人能力、性格特点、面试表现，几乎所有的用人单位都重视大学生的"能力素质"。对反映大学生学习的成绩和获奖情况，用人单位并没有给予充分的关注，分别有43.5%和50.4%的用人单位对学习成绩和获奖情况持"一般看重"的态度。

用人单位的这种人才选拔关注点差异，需要引起广大大学生和教育者的关注，应该充分重视大学生能力素养的培养，而非单纯关注课堂学习成绩。

3. 学校教育应该引导学生强化自我的道德素养

从调查结果来看，无论是对人才的道德素质（如诚信、敬业奉献、责任意识）还是对员工的职业素质（如认同单位文化、职业操守、市场意识等），用人单位均极为重视。尤其是诚信、责任和道德品行、敬业奉献思想的个人内在素质，用人单位选择"非常看重"的比例均在70%以上，而这些道德素养的修炼和培养，无论是大学生自身的努力还是学校的教育，离社会的要求都还有一定的距离，应加强这一方面的修炼和教育。

学校教育还应该在专业教学中渗透职业精神的教育，如训练团队协作能力、职业操守、市场意识、认同单位的文化等，在这些方面下大功夫，将会有助于大学生在获职之后，顺利适应职业并取得个人发展。

4. 学校教育应该引导学生注重实践动手能力

从调查结果分析，用人单位认为高校在培养学生实践动手能力方面还需要下大功夫。如当前的高等教育弊病之一便是关起门来，忽视社会的要求而一意孤行办教育，结果是社会需要的人才招不到，学校培养的学生没人要，对社会整体发展来讲都是巨大的浪费。从调查结果来看，用人单位对高校的知识教育表达了满意的态度，但用人单位对高校培养大学生的实际动手能力却相对比较失望。用人单位对大学生最不满意的排前三位的分别是实际操作能力（45.2%）、解决问题能力（37.4%）和独立工作能力（32.2%），已经充分说明了当前学校教育与社会需求之间的脱节。用人单位对大学生最多的评价是：大学生在学校所学与社会需求脱轨，但要求高，又缺乏实际能力。其实现在的用人单位都很现实，看重工作经历和技术，希望员工能尽快为公司创造价值。

"加强大学生社会实践能力培养！"这是大多数用人单位给大学生的忠告。同时也给高等教育机构的人才培养提供了人才教育与培养的参鉴。调查结果警示高等学校的专业与课程教学，只有密切保持与社会实践需要的一致，才能为社会培养实践能力强、社会视野宽广、社会所适用的高层次人才。从优秀人才的鉴定与评价角度来讲，社会告诉我们优秀的学生应该是课程学习优秀，同时社会实践能力、沟通能力与工作能力同样优秀的学生。社会对优秀人才的要求提示我们可以适当增加社会实践在学生评价中的比重。

5. 学校亟须改进优秀学生的评价与选拔机制

从社会的角度来看，用人单位更需要综合素质全面、能力优异的大学生，高校的优秀学生评价与选拔机制应该随着社会的要求而作出相应的调整。应该立即着手改进优秀学生评价与选拔机制。新的大学生评价机制与方法应该充分着眼社会的要求，对照综合性、立体式、实践化、应用型的要求，引领广大大学生的成长。

第六章　影响教学型本科高校学生评价改革的因素分析

推动学生评价制度变革，是高校落实科学发展观，坚持人才培养核心地位的重要体现，是推进教育教学改革，引导学生朝着既定目标发展进步的"指挥棒"。但学生评价制度改革绝不是单一的、孤立的、技术层面的工作，而是牵涉教育政策、教育环境、文化传统、教育理念、办学定位、培养目标、教师素养、学生特点等多维度多要素的系统工程。因此，要着力推动教学型本科高校学生评价之变革，就必须对影响改革的内外部因素进行客观分析、全面扫描和系统考量。本书试图运用 SWOT 分析法和教育的内外部规律理论分析教学型本科高校学生评价改革所面临的内外部环境和条件，以明确当前学生评价改革所存在的机遇与威胁、优势与劣势，从而为改革的有序推进理清思路、明确方向、增进动力、提供保障。

SWOT 分析法最早由美国旧金山大学海因茨·韦里克（Heinz Weihrich）教授于 20 世纪 80 年代初提出，并广泛应用于战略管理领域。SWOT 的四个英文字母分别代表 Strength，Weakness，Opportunity，Threat。其中：S 的意思是强项、优势；W 的意思是弱项、弱势；O 是机会、机遇；T 是威胁、挑战。SWOT 是优势、劣势、机遇、挑战的合称，是一个组织、部门、行业在对其内部的优劣势进行估量评价和对其外部的机遇挑战进行分析辨别的基础上制订有效战略计划的方法。[1]

随着科教兴国和人才强国战略的深入实施，我国高等教育事业正以如火如荼之势快速发展。大众化、国际化、多元化的趋势越来越迅猛，原有

---

① ［美］海因茨·韦里克：《管理学：全球化视角》，王丹译，经济科学出版社 2004 年版，第 89 页。

的办学格局逐步被打破，高等教育资源正面临被重新分配的局面，大学之间的竞争日趋激烈，由外延扩张型向内涵质量型转变的需求越来越强烈，找准定位坚持差异化发展的任务越来越迫切。高等教育面临良好的发展机遇，但同时也面临着严峻的挑战。站在这个"十字路口"，如何科学把握教育的两大规律："一条是教育的外部关系规律，指的是教育作为社会的一个子系统与整个社会及其他系统——主要是经济、政治、文化系统之间的相互关系规律，简称教育外部规律；一条是教育内部关系基本规律，指的是教育作为一个系统，它的内部各个因素或子系统之间的相互关系规律，简称教育内部规律。"① 抓住有利机遇，消解负面因素，着力推动包括学生评价在内的高等教育系统改革，是每一位高等教育管理者、参与者应当审视的重大问题。

根据 SWOT 分析法和教育的内外关系规律，我们认为当前影响教学型本科高校学生评价制度改革的因素主要有两个方面：一是外部因素，包括政治、经济、社会、文化环境，教育政策，教育投入，区域发展，教育阶段和国内外高等教育系统等；二是内部因素，包括教师因素、学生因素、管理机制因素、治校团队因素等。

一 影响教学型本科高校学生评价改革的外部因素分析

高等教育作为一种社会存在，自产生之日起，就与社会有着千丝万缕的联系。随着社会发展及其对高等教育需求的日益增强，高等教育与社会经济、政治、文化、科技的互动关系越来越紧密，影响越来越深刻。一方面，大学的发展价值取决于它为社会所做出的实际贡献的大小；另一方面，大学的发展必然要受到外部因素的影响和制约。因此，推动学生评价制度改革必须正视所面临的外部环境，从外部考量其实现的可能性、必要性和可行性。学生评价面对的外部环境包括政治环境因素、经济环境因素、社会环境因素、文化环境因素等。它们在很大程度上制约了学生评价改革的目标取向、实施空间，是学生评价改革的基础因素。

（一）政治环境因素

大学与政治的关系主要体现为大学受到政权性质、政治体制及政策方

---

① 黄宇智主编：《潘懋元高等教育学文集》，汕头大学出版社 1997 年版，第 103 页。

针的制约，同时又通过发挥高等教育的政治功能而服务于政治。高等教育的活动原则必须符合国家和广泛接受的社会标准。① 政治因素之于学生评价制度的影响，主要表现在国家教育方针的制定、高校办学自主权的赋予、人才培养规格的框定和教育教学内容的抉择等。从近现代意义上的西方大学制度引入中国之初，我国就开始走上了一条与西方大学自治不同的发展道路，政府作为一股不可忽视的力量一直左右着高校的发展。

1949 年新中国成立后，中央政府通过一系列法令将私立高校收归国有，并从外国教会手中收回了教育主权，形成了单一的国家兴办大学的体制。1952 年，按照苏联模式建构高等教育的管理体制，所有高校都由中央政府管理，高校的专业设置、招生规模、毕业生分配均根据国家计划确定，执行单一的教学计划和教学大纲，使用统一的教科书。并明确提出了培养社会主义社会的新人、建设者的目标和德（高度的社会主义觉悟）、智（掌握现代科学知识）、体（身体健康）几方面全面发展的标准，反映了整个教育事业的社会主义方向和全面发展的目标要求。这种高度统一的体制在当时对新中国成立初期高等教育的改造和初步建立起社会主义高等教育体系起了促进作用。但是，随着经济社会的发展，这种大一统的教育制度也制约了大学自主权的赋予并导致竞争机制的缺位，限制了学生多样化、个性化的发展，一定程度上形成了"千校一面"、"千人一面"的现象。

1985 年，中央发布《关于教育体制改革的决定》，提出了"三个面向"、"四有新人"的人才培养新要求。要求扩大高校的办学自主权，"在执行国家的政策、法令、计划的前提下，高等学校有权调整专业的服务方向，制订教学计划和教学大纲，编写和选用教材；有权力用自筹资金，开展国际的教育和学术交流"。与此同时，"教育管理部门要定期对高等学校的办学水平进行评估，对成绩卓著的学校给予荣誉和物质上的重点支持，办得不好的学校要整顿甚至停办"。"要针对现存的弊端，积极进行教学改革的各种试验，例如，改变专业过于狭窄的状况，精简和更新教学内容，增加实践环节，减少必修课，增加选修课，实行学分制和双学位制，增加自学时间和课外学习活动。""要改革大学招生的计划制度和毕业生分配制度，实行国家计划招生、用人单位委托招收国家计划外的少数

---

① 李家福：《大学差异化发展研究》，中国人民大学出版社 2011 年版，第 133 页。

自费生。"也就是在这样的背景下，北京大学、清华大学、华东师范大学等一批高校纷纷出台了形式各异的学生综合素质考评体系，在学生评价改革上迈出了可喜的一步。

1995 年，中央颁布《关于加速科学技术进步的决定》，首次提出科教兴国战略，极大地推动了高等教育的发展。1998 年，颁布的新《高等教育法》规定："高等学校应当面向社会，依法自主办学，实行民主管理。"有权"依法自主设置和调整学科、专业"。"根据教学需要，自主制订教学计划、选编教材、组织实施教学活动。"1999 年，我国政府提出高等教育要由适度发展转为扩大发展，并相继制定了一系列大力发展高等教育的政策。这对推动包括学生评价体系在内的高等学校内部改革，起了重要作用。

当前，我国高等教育已经进入大众化教育阶段，以多样化的思路满足社会多样化的需求和学生多样化发展的需要，以"有教无类、因材施教、终身学习、人人成才"① 的视野推动学生评价改革，是我们必须面对并加以解决的问题。2010 年，中央颁布《国家中长期教育改革和发展规划纲要（2010—2020 年）》，将"有利于科学选拔人才、促进学生健康发展、维护社会公平"的原则始终贯穿在教育过程中。明确指出，要"坚持以人为本、德育为先、能力为重、全面发展"。"把促进学生成长成才作为学校一切工作的出发点和落脚点；关心每个学生，促进每个学生主动地、生动活泼地发展；尊重教育规律和学生身心发展规律，为每个学生提供适合的教育，培养造就数以亿计的高素质劳动者、数以千万计的专门人才和一大批拔尖创新人才。"要"改革质量评价和考试招生制度，改革教学内容、方法、手段，建设现代学校制度，构建中国特色社会主义现代教育体系"。把"树立科学的教育质量观，促进人的全面发展、适应社会需要作为衡量教育质量的根本标准"。要"树立多样化人才观念，尊重个人选择，鼓励个性发展，不拘一格培养人才"。"改革教育质量评价和人才评价制度。建立科学、多样的评价标准。开展由政府、学校、社会各方面共同参与的教育质量评价活动。"要"完善学生成长记录，做好综合素质评价。探索促进学生发展的多种评价方式。建立以业绩为重点，由品德、知

① 袁贵仁：《谈中国教育梦：因材施教终身学习人人成才》，《人民日报》2013 年 3 月 8 日第 5 版。

识、能力等要素构成的各类人才评价指标体系"等。党的十八届三中全会通过的《中共中央关于全面深化改革若干重大问题的决定》再次全面提出启动从义务教育到高等教育阶段考试招生制度改革的总体方向和基本步骤。这为高校学生评价制度改革创造了良好的政策环境,势必会为应用型本科高校学生评价改革提供强有力的政治保障。

(二)经济环境因素

经济环境是人类社会环境所有因子中对教育起着根本作用的因子。教育的发展必须依靠经济的发展,经济发展状况制约着教育经费、教育投入、教育设施,决定着培养人才的类型、层次、数量和质量,经济体制的变革在很大程度上影响着大学与政府、与社会、与学生的关系以及大学内部的组织和管理行为。这里所指的"经济环境"不是指经济发展所需要的环境,也不是从教育的整体范畴层面谈影响,而是指学生评价改革中的经济因子,即学生评价变革中的经济方面环境。我们认为,经济环境因素对于教学型本科高校学生评价改革的影响主要体现在评价标准、评价主体和评价实施这三个方面。

1. 经济环境影响着学生评价标准的变迁

需要是学生评价标准反思的逻辑起点。它是人对其生存、享受和发展的客观条件的依赖和要求,也是人们积极行动的内在动力。在价值关系中,主体需要构成了主体评价所依据的标准。能否满足价值主体的需要成为评价标准是否科学的重要尺度。这是因为:①主体性是价值关系的根本特性。马克思说:"凡是具有某种关系存在的地方,这种关系都是为我而存在的。"① 作为"为我而存在"的价值关系,它的存在是以价值主体为转移,依据自身需要和能力主动创设的,并随着主体的不同而不同,随着主体的变化而变化。无论价值客体有无价值、价值大小,都是相对于价值主体而言的,任何孤立的价值客体自身无所谓有无价值。②价值主体需要在价值关系和价值生成中占主导地位并起决定作用。由于价值标准存在于价值主体的内在尺度中,主体内在最直接、最集中的表现是主体的需要,而价值主体又是价值关系中的需求者。这就告诉我们,依据价值主体来确定评价标准,也就是按照价值主体需要来把握价值标准。

在学生评价的价值关系中,至少包括了"国家"、"地方"、"用人单

---

① 《马克思恩格斯全集》第 3 卷,人民出版社 1960 年版,第 34 页。

位"、"学校"、"家庭"、"学生"等价值主体。这些价值主体基于经济社
会的发展变化和各自的利益诉求，赋予学生评价标准不同的观念预期与具
体内涵。考察人类不同的经济阶段和社会条件，学生评价标准具有不同的
具体含义和内容①，见表1。

表1

	生产特点	基本素质	核心素质	综合体现	人才观表述方式
农业时代	分散的小农经济，封建国家基于"大一统"需求的科举选拔考试	对以儒家为首的诸子百家思想的精通程度	安分守己地服从皇权意志	为"安邦治国"的使命效力	学而优则"仕"
工业时代	"标准化、通用化、集中化"的劳动和资本密集型大机器生产	掌握相关的专业知识和操作方法	服从大规模的工业生产	兢兢业业地在生产线上劳动	学而优则"业"
信息社会	以顾客为导向的信息密集型产业	观察力、想象力、思维力、专业背景、记忆力、合理的知识结构	责任感、主动性、创造力	在不同的岗位上具有创新能力	个人的全面发展

从表1的比较可以看出，强调从国家标准、地方标准、学校标准乃至
国际标准的视角出发构成具有层次性的多元化评价标准，培养符合社会经
济发展需要的人才，是学生评价标准制定的实践依据。但不同的经济体
制、经济结构对于标准的把握是存在差异的。在农业经济时代，为了适应
分散的小农经济需要以及对封建皇权的绝对遵从，学生必须掌握诸子百家
的思想；在工业经济时代，为了适应机器大生产的需要，学生必须掌握相
关领域的专业知识和操作方法；而在信息时代，是以信息密集型产业为特
征的，学生必须具有良好的观察力、想象力、专业能力和责任感、创
造力。

2. 经济环境影响着学生评价主体的重构

评价主体的确定是评价活动是否有效的必要条件。能否对评价主体做
出准确确认是学生评价走向合理化的关键。如前所述，学生评价主体内在

①　杨军诚等：《从客体本位到主体本位：21 世纪人才观》，《中国人才》2002 年第 1 期。

包含着"国家"、"地方"、"用人单位"、"学校"、"家庭"、"学生"等。不同的主体，对学生评价的标准、内容、目标、实施都有着自己的价值判断和现实需求，从而构成一个多标准、多结构、相互组合、立体的"主体束"或者"主体群"。他们的一致之处是反映了一定社会发展阶段对于学生发展的主导型要求，不同之处是反映了不同主体之间的利益及其认知差别。

由于在传统社会，高校强调的是按照国家和社会的通用标准，培养对社会和国家绝对服从的"标准件"，人的客体本位十分突出。由此造成在学生评价的主体上，教师是唯一的"评判者"，学生没有解释自己以及同伴的自由和机会，游离于评价之外，他们能做的只是被动地接受教师制定的评价标准，实施的评价方法、内容以及所做出的评价结果；家庭和用人单位更是鲜有参与学生评价标准编制、评价过程实施的机会与权力。在这种"官方化"、"他人化"的评价体系中，一方面，使得学生仅仅充当单一的被评价者的角色，主体地位严重缺失，自主性、主动性、创造性受到压抑；另一方面，使得学生和教师之间形成依附性的、缺乏人文关怀的评价关系，制约学生人格的完善和对"真善美"的追求。更为严重的是，造成学校人才培养的素质偏好与用人单位对大学毕业生人才素质要求之间的错位。教学型本科高校的毕业生素质"在理论水平上比不上国家重点高校的毕业生，在动手能力上比不上职业技术学院的毕业生"，使得毕业生就业率、就业匹配度均相对较低。

事实上，在当前复杂多变的经济社会环境下，社会对人才的需求以及人才的素质要求是多样化的、个性化的不断演进过程，具有主体意识和品格的人才才能满足经济发展和社会进步的要求。从学生层面来看，高等教育大众化带来学生的异质性，学生的组成和个性特点趋于多样化，个性差异性不断提高。另外，高等教育收费制度改革、就业体制改革以及教育教学改革的推进也大大增强了学生的主体地位，强化了学生、用人单位、家庭在学生评价和学生培养中的主体意识和参与意识。

因此，新形势下的学生评价应当倡导多元主体参与评价。教师和学校以国家教育行政权力代言人的身份成为学生评价的主体，家属作为学生的亲人和启蒙教师成为学生评价的主体，社会和用人单位以未来人才的使用者和培养者身份参与学生评价。但更为重要的是，要把作为评价对象的学生以及学生同伴纳入到评价的主体中来。只有让学生自觉参与评价，他们才可能真正了解评价，从而唤醒他们的主体意识，端正他们的评价态度，同时在评价别人的过程中对照自己、反思自己，进而实现学生评价的教育功能和激励功能。当然，由于教师、学生、家长、用人单位等的不同需要以及对需要的不同理解，也会造成评价主体之间的一些矛盾和冲突。因此，在学生评价中，增进沟通和交流，建立一种平等的交互主体关系十分重要。

3. 经济环境影响着学生评价的实施与运行

学生评价是学校在系统、科学、全面搜集和整理、处理和分析学生信息的基础上，对学生发展和变化的价值做出判断的过程，内在包含着评价理论的探索、评价标准的编制、评价主体的确认、评价过程的实施、评价结果的处理等多个方面，需要理念的转变和人力物力的精心投入。经济环境影响学生评价实施与运行的要素主要集中在以下两个方面。

（1）为学生评价的实施与运行提供可能性。当前，高等教育的经费筹措途径主要来源于三个方面：一是政府的财政拨款，二是学生的学费收入，三是社会服务报酬。教育经费的多寡，均与社会的经济环境紧密相关，影响着师生比的高低，进而制约着学生评价能否科学地实施与运行。自 1999 年扩招以来，我国高等教育发展突飞猛进，在短短几年间，从精英化发展阶段进入大众化发展阶段，现在正朝着普及化的阶段迈进，创造了世界高等教育发展史上的奇迹，实现了历史性的跨越。然而，高等教育大众化不仅体现为规模的扩张，更重要的是预示着大学教育的观念、功能、定位、质量标准、教育内容和教学活动、学生评价制度等的全面变革，它是一个建立在教育外部真实需要、能力具备与教育内部不断发展、成熟基础上的"自然"的过程。反观我国的高等教育大众化，无论是从外部支持系统的确立，抑或从内部系统的质变看，都不得不令我们有所反思。仅拿师生比而言，1998 年全国普通高校专任教师为 40.7 万，2012 年增至 144 万，增幅为 255%。而 15 年间，在校生的规模却从 341 万增加到了 2391 万（不包括在校的研究生和成人本专科生），增幅达到了600%。① 师生比远远高于西方高等教育发达国家的标准。师生比扩大的最终结果是授课班级的规模越来越大，课堂教学的组织越来越难，学生评价本身越来越形式化、"麦当劳化"。在这样的教学组织形式中，个性化

---

① 相关数据来自中华人民共和国教育部网站（http://www.moe.edu.cn/）。

关照、生成性关注、无障碍交流、深入细致的科学评价只能成为一种奢求。

（2）为学生评价的实施与运行提供迫切性。20世纪80年代，建立在新自由主义经济学理论基础上的教育市场化理论在西方教育改革中风起云涌。"教育市场化"指的是"一个过程，通过这一过程，教育成为由互相竞争的供应者提供的商品，教育服务按质论价，能否取得这种服务取决于消费者的精打细算和支付能力"[1]。该理论认为，在学校教育中，家长和学生是消费者，学校和教师是生产者。学校出售教育资源，学生购买它。同大多数自由市场一样，买卖双方是平等的服务者与被服务者的关系，学校的生存与发展依赖于生产出消费者所喜欢的产品。学校办得好不好，不是由生产者说了算，而应当由学生及其家长来评价。改革开放以来，我国逐步形成了中国特色社会主义市场经济体制，市场已逐步成为社会资源配置的主导机制。伴随着高等教育向大众化、普及化不断演进，高等教育经费竞争、生源竞争的压力会越来越大。而且随着市场化程度的不断提高，大学在办学中将越来越体现教育资源提供者的角色和责任。正如伯顿·克拉克所言"竞争状态能激励一些院校像企业那样去寻找特色、质量并从中获利"。如果高校没有使学生和家长、用人单位感到信服的质量和水平，那需求方就免不了"用脚投票"了。所以，巩固人才培养的核心地位，着力推动学生评价等教育教学制度改革，为人民办满意的教育、让每个学生都能成为有用之才，比过去任何时候都显得更为迫切。

（三）社会环境因素

根据高等教育与社会发展关系的理论，高等教育与社会发展是相互联系、相互影响、相互制约的。一方面，社会的发展需要高等教育提供支撑和服务；另一方面，高等教育的发展需要社会提供有力支持。随着时代的发展，大学日益由社会的边缘向社会的中心拓展，大学对社会的影响和社会对大学的作用日趋重要[2]。社会环境对学生评价的影响主要体现在社会需要、社会进程以及社会分工等因素。我们仅从现代社会的合理化层面对此加以分析。

---

[1]　Yin Q. & White, G, *The Marketization of Chinese Higher Education*, *A Critical Assessment*, Comparative Education, 1994, p. 217.

[2]　华荷锋：《差异化：大学核心竞争力培育的途径》，《煤炭高等教育》2005年第1期。

　　德国古典社会学家马克斯·韦伯把现代社会的出现及其进程归结为社会合理化，并将社会合理化的根源归结为人们世界观的理性化。按照他的观点，社会现代化实质上是理性主义化，即理性化的经济生活、理性化的技术、理性化的科学研究、理性化的军事训练、理性化的法律制度和行政机构、理性化的教育。可以说，现代性的演进过程是一个不断趋向合理化的过程。抽象还原、定量计算、准确预测和有效控制是它所遵循的基本逻辑。① 韦伯认为，所谓的合理化的社会制度其实是不合人性和非人化的。他担心，不断衍生着的合理化的社会制度最终将形成一张无所不包的大网，即"巨大铁笼"，而使人无法逃脱。

　　美国学者乔治·里茨尔（George Ritzer）以快餐业大王麦当劳的经营方式作为案例，对变化中的当代社会生活特征进行研究。他指出，麦当劳取得成功是因为它为消费者、工人以及经理人员提供了效率、可计算性、可预测性和控制，确实为社会生活、社会生产、社会管理带来无尽的便利，以至"横扫世界上那些看来无以渗透的各种机构和部分"②。"影响到社会（如教育、体育、政治和宗教）的每一个其他方面。"③ 与此同时，乔治·里茨尔揭示了这种合理化的社会特征可能带来的危害性。他指出，理性化的苛求，必将陷入"多种形式的低效率"、"想象力的消失"、"同质化"和"非人性化"④ 等非理性化的困境。

　　学生评价是一个充满多维、交错的系统，重要的是对诸多不确定性以及可能随时生成的教育资源的关切。过分地追求"效率"、"可计算性"、"可预测性"与"可控制性"，而不去关注评价的人性化、生成性，就必然导致学生评价的"价值无根性"、"主体性丧失"和"意义的消解"。然而，当前的学生评价是否也已陷入现代性危机？只要我们从"麦当劳化"的典型特征来加以分析，就可以非常清楚地看到其呈现的图景。

　　1. 效率至上的片面追求

　　麦当劳特别注重效率，它为消费者提供了从一点到达另一点的最佳途径。但这种最佳途径往往是通过简化过程、简化产品和服务、让顾客自己

---

　　① 曾水兵：《走向"整体人"的教育》，中国社会科学出版社 2012 年版，第 18—19 页。
　　② ［美］乔治·里茨尔：《社会的麦当劳化》，顾建光译，上海译文出版社 1999 年版，第 1—2 页。
　　③ 同上书，第 16 页。
　　④ 同上书，第 33 页。

去工作等方式而实现的。在高校学生评价中，效率至上理念的第一个表现是简化评价过程。现代评价理论强调评价应嵌入学校教育教学的全过程，使评价和学习成为"一枚硬币的正反两面"。但在当前学生评价中，学生的学习就如同一条流水生产线，即先是教师的教，而后是学生的学，再是教师的评，评价之后则是给学生下一个结论，然后快速进入另一门课的教学与评价。对学习而言本应具备的大量的课外阅读、写作以及"项目/任务"等探究性、合作性的多种作业评价成为奢望。这样的评价过程既简单又高效，但却很少关注对学生来说非常重要而又难以被测量的要素，很少关注评价结果背后隐藏的教育因子，很少关注如何运用评价结果来改进教师的教和学生的学，其后果便是把"教育"从评价中抽离出来，评价中"开启"、"建构"、"促进学生发展"之本真意义逐渐丧失。效率至上的第二个表征是强烈的工具性色彩。在"有用"的价值天平上，当前的学生评价俨然成为"工具性教育"的附属品。教育强调的是培养社会功用性人才，依据社会需求设置专业与课程，并将"有用"狭隘定义为工作中的某种具体技能，品德、文学、艺术以及学生的精神感受、情感体验，逐渐被边缘化了。评价则是依据这一目标设计指标体系，并以对规定目标的"达成度"作为衡量学生优劣的唯一标准。总之，一切都是按照标准进行。学生逐渐被"工具化"、"手段化"，成为学校教育的"知识袋"和被加工的"产品"。学生评价在"效率至上"原则下迈出了"麦当劳化"的第一步。

2. 量化方式的大行其道

"可计算性"是"麦当劳化"系统的第二个层面，是指任何东西都是可以测量与估价的，甚至连空间也可以详细地计算。它所追求的目标是客观、清晰的数字化形式。正如乔治·里茨尔所说"麦当劳包含了对于可计算、可点数和可量化的事物的强调"[1]。

在麦当劳的世界里，量成了质的对等物。受麦当劳原则的影响，"量化测评"已经成为高校学生评价的一道"亮丽"风景线，它不仅成了现代学生的一种时髦评价，而且被冠以"评价科学化"的光环。在学业成就评价中，纸笔测试几乎成了唯一的手段，"标准化测验"成了最盛行的教育测量方式。即使在对学生需要、情感、态度、品德等非认知因素的评

---

① 章诚：《理性化中的非理性化困境》，《前沿》2008 年第 8 期。

价上，量化技术也是大受吹捧。而且，对量的苛求已经到了越来越精确的地步，从考试分数、班级排名到奖学金评定，无处不在数字的控制之下。下面，我们以某高校的学生综合素质考评实施办法为例进行说明。

某高校学生综合素质考评实施办法

为全面贯彻党的教育方针，激励学生德、智、体全面发展，培养具有创新精神和实践能力的合格人才，为评定奖学金、优秀毕业生等荣誉称号提供客观依据，根据高等院校的培养目标，结合我校实际，特制定本办法。

一、考评指标与权重。学生综合素质考评满分为100分，其中德育占12%、智育占70%、能力占10%、体育占8%。

二、德育基本分为50分。受到国家、省、市、校、院、班级表彰的分别加15、12、9、6、2、1分。受到通报批评、警告、严重警告、记过、留校察看处分的分别减6、20、30、40、50分。学期全勤的每人加20分，缺课一节扣1分，旷课一节扣5分（三次迟到或早退作旷课一节），扣完为止（生病住院等情况除外）。无正当理由拖欠学费、借款不按期还贷款、申请或享受资助政策过程中有弄虚作假行为者，扣德育分10分。学生在公寓区的表现情况，考核分最高为20分。

三、智育计算公式：课程学分绩点和＝（∑必修课绩点×学分）/∑必修课学分×［1＋（选修、辅修学分总和）×K］（K为变量，目前暂定0.01）。英语、计算机等级考试通过者，相应加1~3分。

四、体育计算公式：体育达标分×70%＋早锻炼以及课外体育锻炼×30%＋体育竞赛加分。凡获得国家级、省级、市级、校级体育竞赛奖的，分别加60~1分。

五、能力基本分为50分。凡是获得国家级、省级、市级、校级文学艺术、学科竞赛奖和发表论文的，分别加60~1分。

六、学生综合素质考评每学期开展一次。

七、奖学金的获奖比例为：一等奖为8%，二等奖为12%，三等奖为20%。

这种将数量化与奖惩相结合的做法能否调动学生的主观能动性？1975年，戴西（Edward Dicey）等人的实验证明："如果一个人仅仅是因为内在动机投入某项活动，若一开始就受到钱或分数等类型的外在奖励，其投入活动的内在激发程度将会降低。"① 对量化的苛求与技术和计算的滥用，进一步推动了学生评价对确定性的追求和对不确定的排除，迈出了"麦当劳化"的第二步。

3. 非人性化的理性控制

"可控制性"是"麦当劳化"系统的又一特征，指的是通过标准化和均一化的措施，达到便于管理的非人性化控制目的。高校学生评价中同样充斥着"可控制性"。一是漠视学生个体差异。表现在不同区域、不同学校之间社会参照标准的同一性，同一学校不同年级、不同专业学生绝对标准的同一性，以及不同个性和特点学生之间标准的同一性。绝对评价、相对评价占据主导地位，个体内差异评价远未得到重视。诚如美国教育家奈勒所指出的："我们的儿童像羊群一样被赶进工厂，在那里无视他们独特的个性，而把他们按照同一个模样加工和塑造。这种教育制度既使学生异化，也使教师异化了。"②

首先过分强调共性约束的"静听式"评价，既损害了评价结果的科学性，又制约了学生多样化、个性化发展。其次是评价主体的严重缺失。评价是评价者和被评价者，即教师、学生、家长等多主体协商进行的共同心理建构过程。学生既是评价的对象又是评价的主体，教师在学生评价中充当的是帮助者、促进者的角色，这是主体性教育的题中之义。然而，在当前的学生评价中，教师成为唯一的"评判者"，学生没有解释自己以及同伴的自由和机会，游离于评价之外，他们能做的只能是被动地接受教师制定的标准、施以的方法以及所做出的评价结果。学生评价所蕴含的不计其数的"协商"、"反馈"、"互动"被线性的、机械的、程序化的控制代替。

（四）文化环境因素

文化是一个宏大的整体，包括知识、信仰、艺术、道德、法规、习俗及各种习惯，是既往的民族感情和民族意识的积淀，反映着该民族成员的思维方式、价值取向、理想人格、伦理观念、人际关系和价值体系。在5000 年的文明史上，中华民族在特定的自然环境、经济模式、政治结构、

---

① 转引自高德胜《生活德育论》，人民出版社 2005 年版，第 110 页。
② 转引自陈友松《当代西方教育哲学》，教育科学出版社 1998 年版，第 119 页。

意识形态等条件的作用下，形成了特定的传统教育文化，规范着人们的思维方式，支配着人们的行为习俗，控制着人们的情感抒发，左右着人们的审美趣味，规定着人们的价值取向。

教育评价源于中国，但其专业化与科学化则在西方获得实现。自 20 世纪初以来，世界教育评价已走过了四代：第一代（1900—1930），以"测量"理论的形成和大量运用为标志的"测量时代"；第二代（1930—1940），以泰勒的教育评价理论为标志的"描述时代"；第三代（1940—1970），以"价值判断"为评价特征的"判断时代"；第四代（20 世纪 70 年代）的"建构阶段"。① 近年来，西方各种教育评价理论逐步进入人们视野并在实践中被广泛借鉴应用，然而，"橘生淮南则为橘，橘生淮北则为枳"。学生评价改革是一项非常复杂、非常困难的活动，它的改革与实施离不开中国传统教育文化的影响。

1. 传统教育文化对学生评价的正面影响

一是重视教育的传统。中国自舜时就开设了专门教育机构。《尚书·舜典》曰："夔，命汝典乐，教胄子"，记载了贵族子弟的教育。《史记·五帝本纪》曰："契，百姓不亲，五品不驯，汝作司徒，而敬敷五教在宽"，描述了对百姓的教育。夏、商、周都把教育作为立国之本。《礼记·学记》曰："古之王者，建国君民，教学为先。"隋唐开始举办科举取士，实施儒家的"学而优则仕"，更是激发起人们读书的热情，形成了"五尺童子，耻不言文墨"的社会风气。诚如顾明远先生所言：中国人大都十分重视教育，即使是贫困家庭，只要有一点能力，节衣缩食也要让子女尽可能多地接受教育。重视教育的文化传统为学生评价改革奠定了良好的思想基础。二是倡导"有教无类"的教育思想。"有教无类"是孔子所倡导的教育思想。原句出自《论语·卫灵公》："子曰：'有教无类。'"强调不分贵族与平民，不分国界与华夷，只要有心向学，都可以入学受教。其理论基础是"众生一体都有善心"的理论。子曰：性相近，习相远。说明人人皆有成人成德的可能性，关键是要开展教育。在教育民主化快速发展的今天，这一思想在实践中日益彰显，对学生评价改革产生重要战略性影响。三是"学以致用、言行一致"的育人取向。孔子要求其弟子学以致用，博学之，笃行之。孔子曰"君子耻其言而过其行"、"听其

---

① 龚孝华：《变：学校教育评价观探索之旅》，教育科学出版社 2007 年版，第 91 页。

言而观其行"，衡量一个人的品德和才能如何，不仅听他怎样说，更重要的是看他怎样做，一个实际行动胜过一打宣言。荀子具体提出："不闻不若闻之，闻之不若见之，见之不若知之，知之不若行之。学至于行而至矣。"尽管这一教育思想在后来的教育发展中曾出现很大偏离，尤其是科举考试之后，学习者潜心研读四书五经等儒家经典著作，便与社会实践逐步脱离，但这一育人取向对当今学生评价的改革具有十分重要的传承意义。

2. 传统教育文化对学生评价的负面影响

一是"师道尊严"的思想。尊师是中国教育文化的重要思想，强调教师的威严与权威。孟子曰："天降于民，作之君，作之师。"荀子曰："礼有三本：天地者，生之本也；先祖者，类之本也；君师者，治之本也。""国将兴，必贵师而重傅；贵师而重傅，则法度存；国将衰，必贱师而轻傅，则人有快，人有快则法度坏。"意思是只有尊师才能达到传道的目的。现在看来，教师作为学生成长的引导者与帮助者，必须保持一定的权威性，这对建立起学生内心的价值秩序具有重要作用。但过于强调教师的绝对权威和服从，就不可避免地形成"教师中心"，而忽视学生的主体性，使教育和评价失去其真正的意义。二是"重文轻理"的思想。尽管中国是一个十分重视教育的国家，但在传统的教育文化中，教育几乎成为人文、社会教育的代名词，而对自然科学知识涉及很少，特别是缺乏从实践中形成科学理论的传统。由于"人文教育没有立竿见影的物质利益、经济利益，用急功近利的眼光难以理解人文教育的真正含义"①。所以，一段时间，人文教育深受责难，乃至被取消，结果造成的局面是"自20世纪50年代末之后整整20年，我国所受到的巨大破坏之中即包括削弱乃至取消伦理教育、艺术教育等典型的人文教育内容，在世界上绝无仅有的和平时期让大学停办，数年之后恢复之时也仅只恢复理工科大学，人文教育的悲惨地位导致了民族的悲惨结局；人文和科学同时遭到大破坏"②。自1978年以来，"文理并重"的思想才逐步确立起来。但进入21世纪以来，随着高等教育大众化的到来以及毕业生就业难的问题有所凸显，"重理轻文"、"重工轻文"的思想又有所抬头，似乎只有专业课，只有工程

---

① 张楚廷：《教育论》，湖南教育出版社2000年版，第131页。

② 同上书，第134页。

类的专业、课程才是有用的，而其他人文社科类的素养对解决学生就业并没有什么太大的帮助。事实上，"如果忽视或轻视文科教育，必然导致整个民族精神的下降，必然导致整个社会的庸俗化"①。所以，如何将理工知识与人文素养有机地整合在学生评价的指标体系之中，引导学生成为全面而非片面发展的人，是当前学生评价应该解决的另一个重要问题。三是"学而优则仕"的传统。千百年来，中国人接受教育的最大愿望是"连中三元"，考取功名，成为公务员、体制内的人。"家长们一般希望他们的子女得到比他们更高程度的教育。即使教育所开辟的广阔前景实际上是虚幻的，人们仍然把教育视为促进社会变动的基本手段。在发展中国家，大学学位和文凭往往取代了古代封建社会通常承认的头衔和特权，尽管朝代改变了，它们的许多社会结构还依然存在。这种对于声誉和形式的考虑，有时强烈地影响着教育体系的方向和分配各学科的资源。"② 因此，尽管"双向选择、自主择业"的国家毕业生就业政策已经实行多年，但从每年报考公务员的人数来看，成"仕"的冲动依然难以控制。正因为如此，学生评价在实践能力、动手能力的指引和考量上效果依然不够明显。

（五）高等教育发展阶段因素

高等教育在国民教育体系中居于龙头地位，对国家和社会发展起着非常重要的推动作用。在不同的历史时期，不同的国家和地区，高等教育呈现不同的发展态势、不同的发展速度、不同的质量标准、不同的人才培养模式。1999 年，《中共中央、国务院关于深化教育改革，全面推进素质教育的决定》指出："通过多种形式积极发展高等教育，到 2010 年，我国适龄人口的高等教育入学率要从现在的 9% 提高到 15% 左右。"截至 2002 年，我国高等教育毛入学率由 1998 年的 9.8% 提高到 15%，提前 8 年历史性地跨入国际公认的高等教育大众化发展阶段。到 2005 年，我国普通高等教育共招生 504.6 万人，各类高等教育总规模超过 2300 万人，毛入学率达到 21%；2006 年，全国各类高等教育规模超过 2500 万人，毛入学率达到 22%；2007 年高等教育毛入学率更是达到 23%。③ 这标志着从精

---

① 杨耕：《关于高教文科教育改革的思考》，《中国教育报》1998 年 1 月 9 日第 3 版。

② 联合国教科文组织教育发展委员会：《学会生存》，上海译文出版社 1979 年版，第 61 页。

③ 陈明庆：《大众化阶段我国高等教育结构存在的问题与对策》，《教育与考试》2008 年第 1 期。

英化教育走向大众化教育将成为我国今后一个时期高等教育发展的主旋律。厦门大学的潘懋元教授在研究马丁·特罗的大众化理论基础上，提出大众化进程包含量的增长和质的变化两个方面的观点。指出量的增长就是人们所熟知的适龄青年入学率达到 15% ~ 50%；质的变化具有广泛的内涵，包括教育观念的改变、教育功能的扩大、培养目标和教育模式的多样化、课程设置、教学方式与方法、入学条件、管理方式以及高等教育与社会的关系等一系列与高校人才培养有关的因素变化。① 大众化进程，应该是质和量的相互统一过程。然而，考察我国高等教育的大众化之路，我们不难发现，与西方发达国家的高等教育大众化过程相比，呈现出许多新的特点：一是明显超越于经济发展的水平，具有明显的行政痕迹和主观色彩；二是借助挖掘现有精英教育系统的潜力，提高内部效率，从而实现规模的扩张；三是先天条件不足，理念更新、资金保障、制度完善、办学模式、人才质量标准、教育教学组织形式等转变的准备相对不足。因而，在快速完成规模扩张，较好满足人民群众渴望上大学愿望的同时，也给我们的高等教育带来诸多的矛盾与问题。因此，找准自身定位，明确人才培养规格，推动包括学生评价制度在内的一系列教育教学改革，实现内涵式发展，是摆在高等学校尤其是教学型本科高校面前十分紧迫的任务。

1. 找准功能定位，坚持走差异化发展之路

准确定位是大众化阶段高等教育适应社会需求、厘清自身能力差异的客观需要。我们可以将定位理解为办学理念和发展规划，即要将学校办成什么样子、制订什么样的大学发展规划。事实上，它是回答在整个高等教育体系中某所高校应该充当何种角色、承担何种任务的战略性选择问题。现代大学的基本职能包括人才培养、科学研究、社会服务和文化传承四个方面，其中人才培养是核心，科学研究、社会服务、文化传承是人才培养过程中的衍生品，是为人才培养服务的"外围"。作为教学型高校，理应将此四个方面作为自身的基本责任。但事实上，教学型高校很大一部分的办学历史相对较短、领袖级人才的集聚相对较少、办学的经费相对困难、设立的区域相对偏远。它们在科学研究方面很难做到从国家整体利益出

---

① 刘小强、罗丹：《中国特色的高等教育大众化理论体系——潘懋元先生高等教育大众化思想研究》，《大学教育科学》2007 年第 1 期。

发，跟踪世界学术前沿，着力解决我国经济、科技发展中带有全局性的、前瞻性的重大课题；在人才培养方面很难实现培养大师级、领袖级的各种精英人才的目标。当前，教学型高校定位不准确的主要表现是脱离客观实际的办学类型与办学层次的竞相攀比。在办学类型上，争相从单科性向多科性、综合性，从教学型大学向教学研究型大学和研究型大学的方向迈进；在办学层次上，争相从专科向本科、硕士、博士授予点发展。事实上，办学层次、办学类型的提升都是在完成本职职能、办学条件基本成熟、学科专业发展有了厚实基础、学术研究水平有长足进步之后，水到渠成、自然而然的结果。因此，找准自身功能定位，坚持走差异化发展之路显得尤为迫切。一是坚持以应用型人才培养为目标，面向地方经济社会发展实际，不与研究型大学盲目攀比，不贪大求全，不盲目追求高层次、综合化。二是坚持走特色学科专业和特色人才培养模式之路，力求做到人无我有、人有我优、人优我新。

2. 坚持大众化教育之路，提高人才培养的适切性

短短的五六年时间，中国高等教育在没有大幅度增加投入的情况下，仅仅通过整合和挖掘现有高等教育资源，就实现了高等教育大众化。这样的大众化进程，必然导致质的变化滞后于量的变化，奔的是大众化教育的目标，走的却仍是精英化教育的老路。诚如马丁·特罗先生所指出的"几乎在所有情况下，学生数量的增长都先于其他方面的变化。只有量变在先，然后才有后面的质变"。但随着大众化阶段的深入推进，作为大众化教育主力军的教学型高校理应在教育观念的转变、教育模式的多样化、教学方式与方法等诸多因素上实现质的变化，真正与大众化要求相匹配，克服"穿新鞋、走老路"的惯性思维。清华大学教育研究所谢维和教授负责完成的《中国高等教育大众化过程中的结构分析——1998—2004 年的实证研究》，从高校科类结构、层次结构和布局结构三个方面研究了扩招和大众化过程中中国高等教育的结构变化。研究中发现的问题主要有：第一，大众化初期高等教育的科类结构，在不同学科之间的地位关系上并没有发生显著变化，基本上是对精英阶段科类结构的复制，反映了一种"存量决定增量"的发展模式；第二，不同地区的高等教育结构，无论是科类还是层次，在大众化过程中都出现了较高的趋同趋势，缺乏一定的地域特色，与区域发展的相关性逐渐降低，进而反映出不同地区高等教育的

发展与地方经济社会发展水平及产业结构不相适应的现象和问题。① 因此，我们应当认识到：高等教育大众化的前提是办学模式多样化，核心是教育质量的多样化。在衡量不同类型高校的教育质量时，不能仅仅看其所取得的科研成果或有无硕、博士授予权，而要看它培养的人才是否有特色，是否能获得社会的认可和好评，是否很好地满足了地方经济社会发展的需要。国际著名高校如加州理工学院、麻省理工学院、巴黎高等师范学院等均为单科（多科）性的学院。

3. 更新教育观念，改革师生评价制度。按照马丁·特罗的理论，高等教育大众化的实质内容并非高等教育规模本身，而在于规模扩张所带来的高等教育结构和特性的变化。1998 年在巴黎召开的首届世界高等教育会议所通过的《21 世纪高等教育展望和行动宣言》中提到："高等教育质量是一个多层面的概念"，要"考虑多样性和避免用一个统一的尺度衡量高等教育质量"。② 大众化教育与精英教育的教育模式是不同的。精英教育的学生数量少，人才需求的类型单一，素质能力以同质化为特点；而在大众化教育阶段，人才的需求是多样化、多层次的，社会既需要高层次的精英人才和从事尖端研究的学术型人才，更需要大量的专业性技术型人才。与此同时，随着社会分工的不断细化，职业类型的不断变化，岗位种类迅猛增多，社会对人才的需求更多是多样化、多规格的。因此，在学生评价制度变革中，我们要紧紧围绕教学型本科高校的人才培养定位，改变精英教育阶段单纯以学术水平作为衡量学生质量高低的唯一标准，建立以社会需求和培养规格为参照基准的学生评价标准，多样化、多维度地评价学生的素质和能力，更多地发现学生的优势智能和闪光素质，促进学生全面发展。同时，也要围绕人才培养改革与完善教师的评价制度，鼓励和支持教师站稳讲台、站好讲台，把主要精力投入到人才培养的各项工作中来。

（六）国内外高等教育系统因素

国内外高等教育系统因素主要包括国内外高校的数量规模、办学水平、学科实力、师资水平、办学特色等方面的状况。了解国内外同行的状

---

① 刘微：《怎样看待大众化的高等教育——清华大学副校长、教育研究所谢维和教授访谈》，《中国教育报》2007 年 1 月 22 日第 5 版。

② 刘逢吉：《大众化背景下我国高等教育质量的困惑与对策》，《怀化医专学报》2006 年第 2 期。

况有助于我们研判自身所处的位置、具有的优势和不足，从而找到推动自身科学发展的战略理念、工作举措。分析国内外高等教育系统的发展状况与发展趋势，我们可以得出四条结论：一是越来越多的国家认识到高等教育发展在科技进步、经济繁荣、社会发展中具有的先导性、基础性作用，越来越重视和加强对高等教育的投入与扶持；二是家庭对高等教育的需求在不断增长，与此同时对教育服务的要求也在不断提高；三是国内外现有高校之间以及与近来开始出现的"点击大学或通常听说的商业虚拟大学，如新出现的 Unext. com 和 Jones 国际大学"① 之间的竞争日趋激烈；四是高校之间的竞争不仅仅表现在优秀生源的争夺、科研经费的竞标，还表现为优质师资的竞争、无形资产的竞争，甚至是生存地位的竞争。

　　国内外高等教育竞争的积极作用在于：能进一步满足人民群众对高等教育的需求，扩大可选择权；促进我国高等教育对外开放，更好地学习外国高等教育经验；推动我国高等教育改革的深化，使我国高等教育适应社会主义市场经济的要求，顺应教育发展的世界潮流。但对于办学历史不长、学科与学校声望不高的大部分教学型本科高校而言，正面临着双重的竞争压力。从国内看，一方面它要接受众多研究型大学在师资、声望、学科等方面的地位竞争，另一方面又要受到以培养技能人才为特征的高等职业教育的压力。从国外看，随着全球化浪潮的推进，教育的国际化越来越明显，教育对象全球流动得越来越便捷，而我国的教学型本科高校整体而言在国际上声望还不高，在竞争中处于不利地位。根据教育部公布的数据，2008 年全国各类出国留学人数为 17.98 万人（其中自费留学 16.16 万人），比上年增长了 24.43%。② 与此同时，近年来，高中毕业生放弃高考的人数居高不下。教育部新闻发言人续梅曾介绍，近 5 年，全国高考弃考率基本稳定，约为 10%。按此比例计算，2014 年高考弃考人数约百万。在弃考的人群中，有的选择出国留学，不再走高考的"独木桥"，更多的弃考学生直接选择了就业。③

　　面对激烈的竞争态势，教学型本科高校要转变观念，牢固树立社会主义市场经济条件下的高等教育市场观、产品观、顾客观、质量观、服务

　　①　［美］E. 莱文：《未来大学的九大变化》，陈海东译，《中国高等教育》2001 年第19 期。
　　②　来源于教育部网站（http://www. moe. gov. cn/publicfiles/business/htmlfiles/moe）。
　　③　来源于新浪网（http://ah. sina. com. cn/news/m/2014 – 06 – 07/1035105453. html）。

观、管理观、教育观、评价观，改革课程、教材、教学模式、考试和评估体系，大力推进素质教育，将学生视为顾客，一切以顾客为关注焦点，培养学生的创新精神和实践能力，始终将教育服务质量视为高等教育组织的生命线。

二　影响教学型本科高校学生评价改革的内部因素分析

马克思主义唯物辩证法告诉我们，事物的发展是内因和外因共同起作用的结果。内因是事物变化发展的根据，外因是事物变化发展的条件，外因通过内因起作用。教学型本科高校学生评价改革需要有与之匹配的外部因素，但最根本的因素还在于内部因素。我们认为，影响教学型本科高校学生评价改革的内部因素包括教师因素、学生因素、管理机制因素、治校团队因素、校园文化等方面。

（一）教师因素

教师是高校办学的主体力量，是学校办学思想的实践者、已有学校文化的传承者，也是新特色形成的推动者，没有一流的师资就没有一流的大学，也就不可能培养出一流的学生。所以，教学型本科高校要办出特色，推动学生评价改革，教师是关键和基础。清华大学梅贻琦校长强调"所谓大学者，非谓有大楼之谓也，有大师之谓也"，"吾人所努力奔赴之第一事盖为师资之充实"。他形象地将教师比喻成大鱼，学生则为小鱼，认为"学校犹水也，师生犹鱼也，其行动犹游泳也。大鱼前导，小鱼尾随，是从游也。从游既久，其濡染观摩之效自不求而至，不为而成"①。著名教育家皮亚杰指出："有关教育和教学的问题中，没有一个问题不是与师资培养问题有联系。如果得不到足够数量的合格教师，任何最使人钦佩的改革也势必要在实践中失败。"②

学生评价过程是一个包括学生、教师、评价内容、评价方法、评价技术和所处的评价环境以及其他一些不确定的或隐含的因素组成的充满复杂性、不确定性和开放性的系统。因此，教师必须"理解"评价，认识到

---

① 梅贻琦：《大学一解》，《清华学报》1941年第1期。
② ［瑞士］皮亚杰：《教育科学与儿童心理学》，傅统先译，中国文化教育出版社1981年版，第126页。

评价本质上是一种学生研究和教学研究，目的在于发现学生学习上的问题和自己教学上的问题，获得改善教和学的依据，而不只是向学生提供分数或等级；认识到考试只是学生学业成就评价的一种方式，并能将考试与其他评价手段结合起来获得关于学生学业成就的完整图景；知道评价可能的误用以及误用可能带来的消极后果。教师必须明确"成就期望"。评价不是对学习的评价，也不是凌驾于教学之上的独立的系统；评价是促进学习的手段，是教学的一个有机组成部分，评价的目标与教学目标和学习目标是高度一致的；能准确地将课程标准规定的课程目标转化为清晰的教学目标，并将之转化为评价目标。必须学会"运用适当的评价方式"，即知道每一种评价形式以及具体的题型与评价目标的匹配性，能够根据评价目标选择适当的评价形式和题型，评价形式与评价目标之间存在切合性。必须能够正确地对评价结果做出解释以及运用。总之，教师是否拥有先进的教育理念、是否能够对学生充满着热爱、是否能够全身心地投入教学工作是关系学生评价改革能否有效的关键因素。

（二）学生因素

学生评价是多主体互动的多边活动，其有效性的实现既有赖于教师质量观、学生观、评价观的正确与否，有赖于教师能否细致入微地倾心投入，但更离不开学生主体作用的发挥。学生既是评价活动要改变或固化的对象，具有"客体"的身份，同时又是评价活动中的主体，具有内在的价值尺度和明确的自我意识，决定着对评价活动中的投入、参与程度和自觉接受评价的态度与情感。我们认为，影响学生评价改革的学生因素主要有以下几个方面：一是学生的成就期望。成就期望是指一个人追求获得最高成就的欲望，在竞争条件下创造出优异业绩的动机。美国心理学家默雷（N. A. Murray）认为，成就期望高的人希望能够迅速地、独立完成所承担的任务，能够克服困难，达到高标准，并具有坚忍不拔的意志与毅力。相反，如果学生是抱着"60分万岁"、"混个文凭"的心态来到学校、参与评价，就不可能产生学习成才的兴趣和对学生评价的关注与投入。二是学生的思维习惯。现代学术评价的一个突出特点是鼓励学生积极参与，在师生、生生互动中发表自己的观点和看法。但无论是从我国传统学生评价观念还是从当前中小学学生评价运行看，都存在着诸如重甄别轻发展、重结果轻过程、重他评轻自评、重共性轻个性、重量化轻质性等思维羁绊，不同程度地影响了学生新型评价思维的建构。三是学生的心理素质。在现代学生评价中，学生既要作为对象接受老师和同伴对其的评价，又要作为主体对自身和同伴做出评价。这就要求学生具有良好的心理素质。一方面，能够倾听他人的意见并分析自己的不足，在日后的学习中加以改进与提高；另一方面，能够克服与抛弃"从众心理"和"打击报复心态"，客观地对同伴进行分析，提出中肯意见建议，提高评价的客观性和公正性。

（三）管理机制因素

管理机制是指"保证管理的协调活动或过程得以实现的科学的组织构成及其运行原理"[①]。高校管理机制是与人才培养、教学科研活动相匹配的运行机制和管理方式，是承载学校人力、财力、物力资源的配置方式，是保证高校有效运行的基本环节。一般而言，高校管理机制可以分为决策机制、财务管理机制、师资管理机制以及激励机制和约束监督机制四个子机制。其中：决策机制在管理机制中起主导作用，影响着学校发展的大政方针，决定着学校的发展方向；财务管理机制和师资管理机制的作用对象分别是学校的财力和人力，它们的运行目标是力求整合高校的人力、物力、财力等教育资源，以实现办学效益最大化；激励机制和约束监督机制则是整个组织的动力之源，通过正向和反向的行为导向机制引导教职工的行为，使其与学校的办学方向一致，防止教职工的行为与学校办学目标出现偏差，最大限度地发挥教职工的合力。

因此，高校管理机制的有效与否直接关系到高校人才培养目标、教学科研等工作目标的实现程度，也直接关系到学生评价制度改革的有序推进。现代大学的管理机制建设的核心是依法制定章程，理顺党委领导下的校长负责制、学术委员会、教授会、教职工代表大会、学生代表大会等的关系，形成领导、教师、学生广泛参与的集体决策机制，有效地克服学校决策过程中以人代法、以权代法等现象的出现，提高决策的科学性、民主化、规范化。更为重要的是，在这样的组织体系中，领导、教师、学生之间能够广泛交流、有效沟通，将较好地解决高校内部成员之间的相互关系。与此同时，高校管理应强调"把'人'作为大学管理活动的核心和学校最主要的财富资源，转变了视人为完成工作任务的工具的观念"[②]。强调重视人的作用和人的价值，重视团队文化的建设，重视教职员工创造

---

① 孙焕庭：《教育辞典》，江苏教育出版社 1989 年版，第 416 页。
② 侯立华：《关于学校人本管理的探索》，《教育探索》2002 年第 8 期。

性智慧的发挥。尤为重要的是，要按照教学型本科高校的基本定位，明确学校愿景，在人财物等配置上向提高人才培养质量、推动人才培养模式改革聚焦。要围绕学校愿景，着力推动教师评价制度的改革，打破传统纯粹以学术水平为标准的评价体系，构建多元化、差异化的教师评价方式，从而为学生评价变革奠定坚实的思想保证和组织保证。

（四）治校团队因素

治校团队，尤其是校长的治校理念和办学思想对推动大学发展的全过程有着巨大的影响作用。陶行知先生说："校长是一个学校的灵魂，要评论一个学校先评论它的校长。"[1] 中外一流大学的成功，都与其杰出校长领导下的治校团队发挥的作用密不可分。如斯坦福大学的成功，就得益于斯德林和特曼等几任校长的办学理念，1951年创办的斯坦福研究园区而今发展成为世界的硅谷，成为世界大学产学研结合的典范，为师生学习与创业提供了重要基地；成立于1991年的香港科技大学，短短20多年间跻身世界一流大学，就离不开吴家玮、朱经武、陈繁昌三任校长所秉承的"弱化行政权力"、"坚持以人为本"、"最大限度地满足教师与学生的需求"、"让教师、同学参与制度建设"的治校理念。中国科技大学的卓越发展，就得益于成立50多年来历任校长始终坚持培养研究型人才的目标定位和"学校的一切工作和人员都应以学生为中心"的治校理念，即使在高等教育规模快速扩张的背景下，科大也始终坚守精英教育的理想不动摇。年轻的北京吉利学院，连续4年毕业生就业率超过98%，成为我国民办高校成功办学的典范，其背后的奥秘就在于坚持"企业办校、专家治校"，紧密对接市场。

因此，中外一流高校的发展都是与杰出的校长以及其带领下的卓越治校团队联系在一起的。相反，如果一所高校在办学定位上"摇摆不定"，在治校理念上"朝令夕改"，而没有确立正确的教育价值观、人才观、教学观、发展观、质量观，则必定无法形成自身办学特色和核心竞争力，更不可能形成着眼于人才培养实际、推动学生评价变革的动力和精力。

---

[1]　陶行知：《陶行知文集》，江苏人民出版社1981年版，第106页。

第七章　教学型本科高校学生评价制度重构

　　推动学生评价制度变革既是对高等教育外部环境变化的回应，也是内部发展环境变革的必然要求，更是教学型本科高校在内外环境博弈中实现内涵式发展、提高人才培养质量、增进核心竞争力的战略选择。学生评价制度变革有利于教学型本科高校人才培养目标的实现，有利于在激烈的竞争中变被动为主动，更好地把握发展的主动权。教学型本科高校学生评价制度的重构，关键要把握好评价理念之嬗变、评价主体之重组、评价标准之适切、评价内容之多维、评价方法之灵活、评价过程之循环、评价反馈之互动七大要素。

一　评价理念：注重在传承中创新

　　理念（Ideology），本是西方古代哲学中的一个范畴，主要是指存在的普遍属性，它是绝对的永恒的存在，是现象世界背后的深层的东西，是现象世界的本体、基础、来源和依据，并作为一种等级体系存在。《辞海》对"理念"一词解释的基本含义是人类以自己的语言形式来诠释现象——事与物时，所归纳或总结的思想、观念、概念与法则，是基于对事物本质认识的基本观念。在人的自觉意识高度发展的今天，人们正是在一定理念的基础上，形成相关的方法论，进而形成宏观的操作方略和微观的操作方法。学生评价作为人的一种自觉活动，也要以一定的理念为指导。学生评价的理念是重组学生评价主体、制定评价标准、选择合适评价方法等的重要前提。从人才培养的层面看，教学型本科高校学生评价的理念主要包括以下几个方面。

（一）从重视甄别到突出发展

高校学生评价是教育评价的一个重要领域。它是学校在系统、科学、全面搜集和整理、处理和分析学生信息的基础上，对学生发展和变化做出价值判断的过程。显然，高校学生评价不仅仅是一个事实判断，而且蕴含着十分丰富的价值内涵；是典型的内部评价，而非外部评价。从学生评价的功能来看，主要有两种："对于学习的考评"（Assessment of Learning）和"为了学习的考评"（Assessment for Learning）。[①] 前者是为了满足教育问责的需要，回答的是学生"是什么"的问题，体现为甄别学生的本质特征和明确学生对一定标准的实现程度，其手段是排名或选拔。后者是为了满足促进学习的需要，回答的是学生"怎么样"的问题，蕴含着"该如何"的意思，目的是让学生了解自己的优势以及与评价目标、评价标准之间的差距，不断强化自我意识，从而引导、激励学生不断改进，增强学习的积极性与主动性。同时为学校的教育教学改革和教师的教育教学行为提供借鉴。

在中华民族的历史长河中，"学而优则仕"、"学而优则业"的观念根深蒂固，科举考试似乎变成了学生评价的化身。直到今天，仍有相当一部分教师抱着浓厚的"科举"意识来诠释学生评价的价值，狭隘地认为学生评价就是考试，考试就是甄别学生优劣与好坏的"筛子"。于是，"期中考、期末考，考完之后再排出名次"，分数成了学生的"命根子"，成了考量教师教学质量高低的唯一要素。而且，从当前的现状来看，高校层面的学生评价一般都是常模参照评价。在评价之前，往往并不存在什么明确的标准，而只是在评价之后，以总体学生的成绩样本作为标准依据。这样一来，学生无法控制自己的学习成绩，更无法控制他人的学习表现，水涨船高，只有在平均成绩以上的学生才可能获得好评，平均成绩以下的学生则无论有无进步、进步多大都只能是失败者，被扣卜"落后生"的帽子。很明显，在我国的学生评价实践中，更多的是满足问责的需要，而不是作为推进教与学的工具，"为了学习的考评"相对欠缺。

事实上，"对于学习的考评"和"为了学习的考评"是学生评价的两种实践样式，两者并非非此即彼、相互对立，而是互相协同、彼此借力，

---

① Black P. & William D., *Inside the Black Box: Raising Standards Through Classroom Assessment*, Phi Delta Kappan, 1998.

共同承担着学生评价的基本功能。前者通过一定的价值标准对学生的好坏优劣做出价值判断与甄别，本身就为师生反思、调整、行动提供了重要信息和考量依据；后者则是学生评价的最终目的，也是最重要的目的。因此，尽管教育评价的功能是一定的，但是在不同的评价环境和评价主体条件下，其作用与功能是存在差异的。一般而言，内部评价更为关注的是"为了学习的评价"，外部评价更为强调的则是"对于学习的评价"。作为内部评价的高校学生评价，我们在重视甄别、选拔功能作用的同时，更应该突出发展性的功能作用。正如麦克米尔所言："应该认识到，考评从广泛意义上讲，是教学的必要部分，不仅是记录学习的工具，也是促进学习的工具。"① 美国国家研究协会（NRC）也指出："近年来，有关考评的观念发生了重要的变化。在新的观念中，考评和学习是同一枚硬币的两面。"② 华东师范大学崔允漷教授也认为："当前，对学习的关注已经成为教育评价改革的一个大观念（Big Idea）。"③

可见，从重视甄别到突出发展已成为学生评价领域的共识。评价重要的不是给学生下一个精确的结论，更不是给学生一个分数或等级并与他人进行排队、比较，而是要分析学生存在的优势与不足，提出具体的改进建议，促进学生在原有水平上的发展进步，并逐步达到人才培养目标的要求。这一理念所蕴含的评价思想是：①把评价看成是整个教育教学过程不可分割的一部分，作为激励学生不断改进学习行为的一个"动力源"。②要用发展、动态的眼光看待学生，评价不仅要考虑学生的过去、重视学生的现在，更要着眼于学生的未来。③评价不但要促进学生在原有基础上的提高，达到培养目标的要求，更要发展学生的潜能，发挥学生的特长，鼓励学生展示自己的努力和成绩，促进身心全面和谐发展。④评价要更多体现对学生的关注与关怀，发现学生的优秀品质和素养，加以鼓励和引导，使学生轻松愉快地学习。⑤评价要面向全体学生，即使对被传统学术评价认定为"落后分子"的学生，也要抱着宽容的态度，帮助他认识自我、建立信心，获得进步的源泉。

---

① McMillan J., *Assessment Essentials For Standard - based Education* (2nd edition), California: Corwin Press, 2008.

② National Research Council, *National Science Education Standards*, Washington D C: National Academy Press, 1996.

③ 崔允漷：《促进学习：学业考评的新范式》，《教育科学研究》2010 年第 3 期。

（二）从社会本位到全面发展

教育的落脚点是人的发展问题，学生评价改革是围绕如何促进学生更好的发展而展开的。对人的认识的不同分析范式，就会形成不同的人的观念，不同的人的观念又会影响到教育的价值取向，进而决定着学生评价的目的、内容、方法与标准。因此，探讨学生评价改革的前提和基础是对人的认识问题。正如里博尔所指出的："倘若要问某人'什么是教育？'也就等于问他'什么是人？'"① 也就是说，有什么样的人的观念，就会有什么样的教育和评价。

在我国传统教育中，人们更多的是从社会的角度来认识人，形成鲜明的"社会本位"分析范式，将人片面地定义为社会的存在物，而对作为个体的人的认识和关注相对欠缺。孔子说"仁者，人也"；孟子说"君子所性，仁义礼智根于心"；荀子提出"人有气有生有知，亦且有义，故最为天下贵"；董仲舒提出"三纲五常"；朱熹提出"存天理，灭人欲"；至隋唐科举制的出台，教育更是注重熟知四书五经的内容。这些观点和做法都认为人之为人的标准是具有仁、义、礼、孝这些伦理道德，其目的是要构建仁的社会轴心、礼的社会规范、义的社会导向和孝的社会基础。②"社会本位"在高等教育领域的表现是，强调教育要培养人的道德意识、法律意识和公民意识，要面向社会现实需要和要求，要符合社会的公共生活与整体利益，注重"治国以教化为先，教化以学校为本"的教育价值观；强调教师的权威和纪律、学生对教师的服从，强调灌输的教学方法。"社会本位"之于学生评价的表征是，强调共性约束而忽视个性关照，强调他人评价而轻视自我评价，强调终结性评价而鲜有过程性评价，强调高权威而疏于平等对话与交流。这种强化学生对传统、文化、民族与国家认同，关注学生对于群体和社会的义务与责任，重视学生群体意识培养的价值取向，对维系社会稳定、促进社会和谐起到了积极作用，是我国教育的优势所在。但过分强调人的"社会本位"，忽视人的个性培养，也给高校人才培养带来诸多负面影响，一个显著的表现是：导致学生的依赖心比较重，做事习惯按部就班、唯唯诺诺，个体意识不强，缺乏主见和判断力。

① 转引自［法］米亚拉雷等《教育科学导论》，思遂、马兰译，教育科学出版社 1991 年版，第 30—31 页。

② 肖庆华：《教育改革的人学探究》，中国社会科学出版社 2012 年版，第 32 页。

　　从 20 世纪 80 年代开始，随着我国改革开放以及社会主义市场经济的逐步确立，要求各级各类教育尊重学生的独立人格、尊重学生的价值和尊严，发挥学生特长，重视学生的独立自主性，发展学生的能动性与创造性的社会呼声越来越高。个体开始进入教育与人发展的研究视野，个性教育、主体性教育、生命教育、发展性评价、多样化评价成为教育理论界研究的热点问题，为我国包括学生评价改革在内的教育改革提供了丰富的理论资源，并开始被许多学校借鉴应用。在教学活动中尊重学生个性自由、关照学生不同智能特点，运用表扬、鼓励等赏识评价来调动学生学习积极性，让学生敢于提出问题、发表自己独特看法、表现自己特长，开展真实性评价、过程性评价、增值性评价，鼓励学生积极参与评价。在这种教学观和评价观指导下，学生的个体意识增强了，在学习与成才的活动中表现得更活跃、更自信、更有主见了，较好地纠正了过于注重人的社会性而忽视学生个体性的倾向。但是，却又不同程度地出现了强调个性培养而忽视社会性培养的问题，再加上社会大环境和家庭小环境的影响，我们常可以在大学生中看到以自我为中心，甚至自私自利的一面；较多地考虑自己的权利，却较少地考虑自己应该承担义务的一面；自我意识高涨，但群体意识淡薄，社会规范和公德意识弱的一面；文化知识不断提高，但对集体、民族、国家和传统文化认同感不高的一面。因此，在教育与评价实践中，如何协调好社会性和个体性的关系，避免出现顾此失彼的现象，是当前高校学生评价改革必须直面的问题。

　　事实上，人既是以个体的形态存在着，又是以群体和类的形态存在着的，个体、群体和类这三种存在形态统一于每一个人的身上。我们不能只局限于从"社会本位"或者"个体本位"的角度来认识人的问题，而是要把人摆在类的、群体的和个体的大背景及其相互关系、互为参照中来加以认识和把握，即"以人的全面发展的价值标准，观照人类全部历史活动和整个历史进程"①。将"社会我"和"个体我"有机地统一到人的全面发展的价值追求上来，并据此为价值导向来关照学生评价、审视学生评价，推动学生评价的改革与发展。具体而言，一是要从德、智、体、美等多方面来把握学生评价的内涵与标准，把学生个性发展的要求与社会发展

---

　　① 孙正聿：《人的解放旨趣、历史和尺度——关于马克思人的全面发展学说的思考》，《学术月刊》2002 年第 1 期。

以及人类发展的要求有机整合起来，引导学生在智力、知识技能、人格品质和身体素质等各方面得到更为全面、整体、和谐的发展。二是要在评价活动中正确把握好主体与客体的关系，把他评与自评结合起来，从对象化走向交互化，使主客体双方在理解、承认和对话的基础上发挥各自的主观能动性。三是要在共性要求的基础上，突出学生的差异性，发展学生的个性与特长，鼓励学生朝着个性化的方向发展。四是要采取灵活多样的评价方式，根据评价内容和要求的差异，灵活运用笔试、口试、实验、论文写作、实际问题解决等考查方式，量化评价、质性评价、纪实性评价等评价方式，凸显学生评价的生命性、主体性、能动性。

（三）从趋同化到合目的性

自从 1999 年开始连年扩招以来，我国在短短的几年之内便实现了高等教育大众化。在世人眼里，我国高等教育的质量大大降低了，因而如何提高教育质量成为人们探讨最多的话题之一。其实，讨论高等教育质量高低问题，必须弄清两个理论前提：一是教育质量问题应该从价值关系维度来认识还是仅仅作为一个实体范畴来讨论；二是教育质量标准是单一的还是多元的，是固定不变的还是发展变化的。

事实上，任何一种产品的质量都是针对产品的使用价值来说的。作为客观存在，产品的使用价值应该符合一定历史时期的技术标准和规范，具有客观性和稳定性。但是，当产品一旦进入到人们的生活中来，它的使用价值就成为人们按照自己的具体需求进行选择和判断的对象，衡量产品使用价值的标准就变成主观性和社会性了。一般来说，人们获取产品使用价值的过程是这样的：首先是根据自己的实际需要和经济承受能力来确定产品选择范围，然后在确定的产品范围内对它们的使用价值进行比较、衡量和取舍。这个过程说明，人们在选择产品的时候，首先从自己的需要出发，而不是从产品的使用价值或者质量标准出发。如果某个产品不是自己需要的，即使这个产品的技术含量再高，对于主体来说也是没有意义的，因而产品质量问题也就处于价值主体的关注之外。而且，人们的实际需要总是随着社会的发展而变化的。比如说，社会结构单一、产品技术要求不高的社会决定着社会主体的价值取向单一以及实际需求趋同。在这个社会历史阶段，人们没有太多的选择余地，在产品选择上似乎都以客观标准为主导，主观标准不起作用；相反，社会结构多元、技术要求复杂的社会决定着社会主体的价值取向和实际需求的多元。在社会主体需求多元的社会历史时代，主观标准就逐渐上升为第一位，客观标准变得次要了。①

联系到高等教育的质量问题，我们可以清晰地发现，在 20 世纪 80 年代之前，我国社会是一个封闭的计划经济社会，生产力水平低，社会职业结构单一，社会对人才的规格要求也相对单一；我国的高等教育尚处于精英化阶段、学历化时代、"卖方市场"，大学生的身份就是一种稀缺资源，用人单位不仅没有任何选择的权利和余地，而且很少有能够获得这种稀缺资源的机会，因此这一时期高等教育质量标准和人才规格是单一的。随着经济的快速发展和社会结构更趋多元，社会的职业结构更加复杂多变，决定着社会实际需求的多元化和对教育质量取向的多样化；与此同时，我国的高等教育迈入大众化阶段、后学历化时代、"买方市场"，大学生的身份不再是稀缺资源，用人单位对大学毕业生拥有绝对的选择权和主动权，因而决定了当下高等教育质量标准和人才规格的多样化。对于高等教育的人才培养而言，只要能够符合社会需求，能够在社会实践中创造出相应的社会价值，就是质量高的表现，否则就是质量低的表现。

我国高等教育体系是一个内部差异性很大的群体。教学型本科高校的办学定位与人才培养目标，既不同于研究型大学，也不同于高等职业学院，它是以培养适应用人单位实际需求、面向生产第一线的高素质应用型人才为己任的。近年来，一些教学型本科高校大学生面临的"教育性失业"问题日益凸显，专业基础、创新精神不如学术型人才，实践能力、动手能力又不如技能型人才，在就业市场中处于"上顶不了天，下立不了地"的尴尬境地。究其原因，我们认为与评价制度的不当有着重要关系。教学型本科高校的学生评价制度应具有自身的特殊性，既要摒弃"评价手段单一、评价内容窄化、评价结果功利、重共性轻个性"等高校学生评价的共性弊端，又要克服业已存在的"照搬研究型大学的评价制度"、"沿用精英教育阶段的评价制度"等现象，构建起与人才培养目标相契合、合乎高素质应用型人才成长规律的评价制度体系。

具体而言：一是在评价的标准上，实现由学术型定位转向社会化定位，由学科取向转向职业取向，由一元化原则转向多元化原则，注重研究社会发展的当下需求和潜在需求，突出学生评价的针对性、社会相关性。

---

① 刘子杰：《走出价值迷失的困境——关于我国大众化高等教育质量问题的思考》，《辽宁教育研究》2008 年第 2 期。

二是在评价目的上，实现由管理定位向服务定位的转向，改变原有教师是评价的唯一主体、知识能力垄断者的角色，尊重每一位学生作为"客户"的地位，将评价作为服务学生学习成才、满足学生学习发展需要的"助推器"。三是在评价的内容上，实现由"限制性"向"非限制性"的转向，承认人才成长具有无限可能性、多样性、差异性等特点，并以此为依据，针对不同学生的能力、潜力、志向、兴趣等设置多层次、开放化、具有选择性的评价模块和评价方案，以最大限度地满足每个学生的学习与发展需要。

（四）从整齐划一到关注差异

学生评价标准反映了学校的教育价值观和人才观，是衡量学生发展状况和发展水平的尺度，也是进行价值判断的逻辑起点和实施依据。它是以先在为条件的，没有先在的"标准"，评价在逻辑上就无法进行。但先在的"标准"不是天赋的产物，而是在一定历史条件中通过评价主体的建构、认可而逐步生成的。在不同的历史时代有着某些相对稳定的、统一的评价标准，表现为超时代性；不同的历史时代，有着不同的评价标准，体现为时代性。国家、社会、学校、学生等评价主体间的统一性决定了评价标准的统一性，国家、社会、学校、学生等主体间诉求的差异性决定了评价标准的多样性和多元性。现行的学生评价标准在目标上注重整齐划一，强调共性，而缺乏对不同区域、不同学校、不同专业、不同年级、不同个性学生的差异性关注，个性化关照不够。表现在不同区域、不同学校之间的社会参照标准的同一性，同一学校不同年级、不同专业学生绝对标准的相对同一性，不同个性和特点学生之间评价标准的同一性以及"标准化测验"的极大盛行等。保持反映大学生成长要求的共性标准，尤其是大学生基本素质方面的规定，有利于保证高等教育的健康发展和学生培养质量达到国家规定的标准，但在新的历史时期，主动回应变化着的主体需求，促进学生个性发展，当成为学生评价标准革新的必然要求。

从高等教育发展的态势看，多样化、多规格是大众化阶段到来的一个显著特征。1998年世界高等教育大会通过的《21世纪高等教育展望与行动宣言》中指出：考虑多样化和避免以一个统一的标准来衡量高等教育质量。学生培养上不可避免地要引入多种标准来衡量，而不能简单地以精英阶段的学术取向和质量标准来规范大众化教育，也不能简单地以大众化"满足需要"为导向的标准来代替高等教育体系中保留的精英教育。不同学校应根据各自人才培养的具体目标、类型、层次规格和服务面向采取多样化的评价标准。从社会对人才的需求看，随着社会转型日益加速，科学技术迅速发展，社会对人的素质和能力提出了更高的要求，同时人才的标准也是多样化、差异化的，以一种标准来评价所有的学生不能满足社会的需要。从学生主体的需要来看，霍华德·加德纳将人的智能分为言语语言智能、逻辑数学智能、视觉空间智能、身体运动智能、音乐旋律智能、人际关系智能、自我认知智能、自然观察智能、存在智能。认为学生与生俱来就各不相同，他们在心理和智能上各有各自的风格和强项，每个学生都能在有效的教育下得到充分的发展。学生评价的实质是激发学生内在发展动力的人本化社会活动，弘扬学生个性、增强自我意识、创造能力和主体性是学生评价的要义所在。使用单一的、绝对的评价标准，对共性特征和一般趋势的极端强调，势必造成价值主体与价值客体的分离、评价者和被评价者的分离、评价标准与评价情景的分离。其后果便是把"教育"从评价中抽离出来，使评价对本真的教育问题视而不见。从而评价本身由手段上升成为目的，评价过程中的指标超越人的价值分析成为评价中第一位的标准，评价行为不可避免地朝着异化的方向发展。

因此，在学生评价标准的编制上，要正确处理好共性与个性、统一性与多样性的关系。首先，从党的教育方针、教育目的和学校培养目标出发制定统一的评价目标和指标体系。其次，根据学校不同层次、不同专业、不同年级的学生教育发展目标、要求和特点，制定多样化的评价标准和要求。最后，要将绝对标准、相对标准、个体内差异标准和社会参照标准、个体参照标准紧密结合起来，突出学生个性评价、个体内差异评价，鼓励和支持学生发现自己的优势和进步、存在的问题与不足，促进学生个性发展。更为重要的是，要借鉴"目标游离评价"①，它是针对"基于目标的评价"提出的，并不是"没有目标的评价"，而是"不受目标限制的评价"。其基本含义是：教师要纠正围绕"目标"判断上的绝对化和主观性，不仅要根据评价的目标和意图行事，还要完全根据与实施计划相关的人的需要，来考查计划实施的效果，始终关注学生主体的需要，依据学生不同的背景、特点以及对评价的反应，采用灵活的评价方式，适时、善意

---

① ［日］田中耕治：《教育评价》，高峡、田辉、项纯译，北京大学出版社 2011 年版，第56 页。

地提出意见和建议，引导学生形成自我反思、自我教育的机制。

二　评价主体：强调学生自我评价

评价主体的确定，是评价活动是否有效的必要条件，是学生评价走向合理化的关键。这种确认，实际上是对价值主体定位的确认，它包括两方面的内容①：一方面是对主体身份的认定，也就是要认定主体在评价活动中是以"我"（价值主体）还是"他"（价值主体）身份出现，或者是两种身份兼而有之；另一方面是对主体需要的认定。在学生评价的价值关系中，至少包括了"国家"、"社会"、"用人单位"、"学校"、"家庭"、"学生"等价值主体。这些价值主体基于各自社会地位和利益诉求的差别，对评价的内容、目标、要求自然有着不同的观念预期，并有着各自的事实和理论依据，从而构成一个多层次、相互制约、共同作用的"主体束"，见图 1。

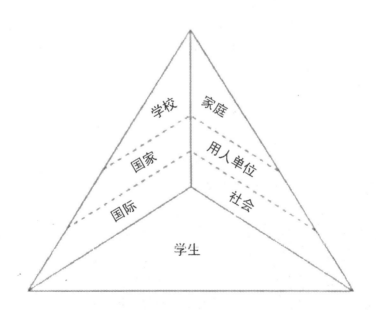

图 1　学生评价中各价值主体示意图

---

① 赵德兴：《价值哲学：公平与效率》，《人文杂志》2000 年第 1 期。

　　它们的一致之处是反映了一定社会发展阶段对学生发展的主导型要求，它们的不同之处是反映了不同评价主体之间的利益及其需要、认知的差别。国家和社会通过框定教育目的、教育方针的方式成为学生评价的主体，学校和教师以国家教育行政权力代言人的身份成为学生评价的主体，家长作为学生的亲人和启蒙教师成为学生评价的主体，用人单位作为未来人才的使用选拔对象成为学生评价的主体，学生则是作为学习成才的主人翁成为评价的主体。

　　然而，在传统的高校学生评价中，国家、社会、学校、教师的主体地位已经得到充分的重视和关照。在某些学校，教师甚至成为唯一的"评判者"，用人单位缺乏对自身用人偏好的发言权，学生没有解释自己以及同伴的自由和机会，两者游离于评价之外，他们能做的只能是被动地接受学校和教师确定的学生评价标准、实施的评价方法、内容以及所做出的评价结果。因此，如何在评价标准的编制、内容的倚重、方法的选择、结果的效用等方面听取和尊重他们的意见，乃当前高校学生评价主体构建中亟待解决的问题。这里，仅就如何强调学生自我评价作用发挥的问题展开论述。

　　自20世纪50年代以来，世界范围内兴起了一次又一次的教育教学改革浪潮，各种教育思想、观念、理论、政策层出不穷，汇集成一个庞大的现代教育思想库。如维果斯基（Vygotsky）的发展性教学理论、布鲁姆的目标分类理论、霍华德·加德纳的多元智能理论、以古巴和林肯为代表的教育评价理论以及素质教育论和主体性教育论，等等。尽管他们的理论基础、认识方法和侧重点有所不同，但在促进学生主体性发展，要求教育者放弃"管理主义"、"功利主义"、"工具主义"、"对象性思维"倾向，强调将学生评价看成是一种通过"协商"而形成的"心理建构"过程，把促进学生全面发展进步作为教育教学活动的出发点和落脚点等方面却有着惊人的相似之处。1998年世界高等教育大会《宣言》也指出："当今这个日新月异的世界上，高等教育显然需要有以学生为中心的新的视角和新的模式……"这些理论学说无一不对传统教育教学过程中学生主体性缺失、传统学生评价中"官方化"、"他人化"问题突出展开批判、提出质疑，并为建构凸显学生主体性的高校学生评价奠定了基础、提出了要求、指明了方向。

　　（一）在学生评价中凸显学生主体性的应然性、必然性与可能性

　　1. 凸显学生在评价中主体性的应然性

　　主体性是主体之所以成为主体的质的规定性，主要是指作为主体的人

在思想和行动中表现出来的"能动性、自主性和自为性"。主体性是人的基本存在形式和自我表达、更新途径。人的活动是有意识并且是合规律性与合目的性的统一。存在主义哲学家们指出，每个人真实地也就是自由地为他自己选择的人生意义才是他在生活中所发现的唯一的重大意义。① 我国国内也有不少学者对教育活动中的主体问题进行了深入研究，比如：有学者突破主客关系论而从整个教育或教育的本体层面来研究主体性，也有学者提出人的自然性、社会性、自主性有机统一的新主体性教育论②。以上研究在理论上形成的共识是：人本质上是具有主体性和主体能力的；教育过程中人与人之间是一种平等的交互主体的关系而非控制与被控制、权威与服从的关系。因此，学生的主体地位，无论是在教学还是评价中都应受到重视，教师在学生成长的过程中充当的是提供帮助的角色而不是控制者。评价是评价者和被评价者协商进行的共同心理建构过程，评价也是一种包括家长在内的多方人士的民主协商、主体参与的过程，学生作为被评价者同时也应该是评价的参与者和评价的主体。

教育是客观存在的一个事物、一种社会实践活动。在教育与政治、经济、文化、科学、技术等组成的整体社会结构中，它有其相对独立的主体地位。在学校或任何一种教育机构中，教育者是主体，受教育者也是主体，他们互动展开的教育活动，也是独立自主的教育活动，是自己运动的。让学生成为评价主体，体现出承认受教育者的主体地位，尊重其主体尊严，提升其主体意识，重视其主体能力的培养，符合教育的基本规律，真正体现了教育的基本职能。

2. 凸显学生在评价中主体性的必然性

评价是一种价值判断，是客体对主体的价值判断。在传统的学生评价中，学校是按照国家和社会通用的标准，培养出对社会和国家绝对服从的"标准件"，人的客体本位明显。事实上，在学生评价中，我们既要关注社会标准，更要关注学生主体需要的实现程度。学生评价所要揭示的是学校的教育教学在多大程度上满足学生需要，而不是学生在多大程度上满足了学校的需要。因此，作为价值主体的学生，必然应是评价主体或是评价主体的一员。

---

① 张华：《教育与人的主体性发展》，《教育理论与实践》2002 年第 7 期。
② 同上。

　　从高等学校发展的趋势来看，高等学校所处的内外复杂多变的环境和背景决定着社会的需要和人才标准的多样化。从外部来看，变革的时代对高等学校人才的培养和素质提出个性化的要求，只有具有主体意识和品格的人才才能满足经济发展和社会进步的要求。而随着科技日新月异和终身教育时代的到来，大学生必须成为学习的主人和决策者，才能在未来的生涯里不断更新自己，促进自我的完善和提高。从内部看，高等教育大众化带来学生异质性，大学生的组成和个性特点趋于多样化，个体差异性不断提高。这些都为学生成为评价主体创造了客观条件。另外，高等教育收费制度改革、就业体制改革以及教育教学改革的推进也大大增强了学生的主体地位，强化了学生在评价中的主体意识和参与意识。

　　3. 凸显学生在评价中主体性的可能性

　　在素质教育理念下，高校对学生进行评价，其实质是激发学生内在发展动力的人本化社会活动，它要以弘扬学生个性、增强自我意识和创造能力和主体性为根本目的。从世界高等教育改革的发展趋势来看，促进学生主体性的发展及教育教学过程的民主化、个性化是 20 世纪各国教育教学改革的基本方向。在 20 世纪 90 年代之前，"市场理论"一直是英国教育改革的主要指导思想，学生评价异化为一种促进学生、学校之间分等级、进行优胜劣汰的强制性工具。90 年代后期，"第三条道路"代替了"市场理论"，学生评价从关于学习的评价转向为了学习的评价，将支持理念"工具理性"变为"解放理性"，赋予学生真正的主体性，凸显学生在评价中的地位。[①] 在美国，学生评价改革正逐步走向学生本位评价，也就意味着学生在全面参与评价的过程中建构着自己的主体地位，进而在"自主和责任"下，进行个性化选择，在自由状态下实现主动发展。西方发达国家的这些成功做法无疑为我们实施以学生为主体的评价体系提供了可资借鉴的经验。

　　从大学生自我意识的发展水平来看，由于知识、经验的不断丰富以及思维水平的高度发展，他们正处于个体自我意识发展水平的高级阶段，为在评价中积极发挥主体性奠定了必要条件。同时，在学生自觉主动参与到评价的过程中，通过自评或评价同伴可以真正了解评价，可以唤醒学生的主体意识，在评价的过程中逐渐消除原来对评价的成见，改变对评价的态

---

　　① 王凯：《英国学生评价现状及发展趋势研究》，《全球教育展望》2002 年第 10 期。

度，同时在评价别人的过程中也可以对照自己、反思自己，进而起到学生评价改进的目的，实现学生评价的教育功能和激励功能。

（二）凸显学生主体性的路径

1. 在评价标准的制定中凸显学生主体性

评价标准作为"学生学习结果的纲要"，从学生学习的角度规定了他们在某一阶段的教育活动结束之后应当达到的境地；规定了学习结果的质量，即"要求、优良和完成的程度和水平"，并为判断学习结果的质量提供了依据和工具。① 评价标准在评价过程中有不同层次的表现形式。在宏观层面，它表现为国家的教育方针，对学生在大学期间的学习结果作了总的规定和概括性的说明，为学校教育教学提供了方向性指导。在中观层面，评价标准表现为学校和专业的培养目标，是某校、某专业根据国家的教育方针和自身特点对学生必须掌握的基本知识、基本技能及该具有的言行和态度的要求。在微观层面，评价标准表现为具体的教学（活动）目标，"是学生成功地实现学习过程时，即达到了目标中所表示的学习结果时，所表现出来的行为变革"②。课堂教学和评价实践要求学习标准必须和具体的教学情境结合起来形成明确、具体的教学（活动）目标，为学生评价提供特定的评价依据。在学生评价中，一种好的教学（活动）目标应能成功地向学生表达或交流他们在课堂教学（活动）结束后应当知道什么和能做什么。在实际的操作层面上，评价标准表现为评分规则，是评价标准的物化或学生评价的标准物，是对学生具体的学习过程或学业作品进行评分或分等的工具。

在学生评价中，教师可以参考已有的或其他资源所提供的评价标准。但在更多的情况下，教师需要与学生共同开发和设计评价标准，让学生在直接参与标准的建构中清楚自己经过学习之后应当能做什么和能知道什么，如何才能做得更好。这是他们获得自我判断、主动发展的首要条件。

2. 在学生评价与学生知识能力建构的有效整合中凸显学生主体性

传统的学生评价模式因其深深扎根于高校教育教学思想之中，成为人们习惯化的行为方式，并以教学管理制度的形式确定下来。我们倡导的新的学生评价观则是坚持了研究性教学、自主性学习的理念，以提高学生的

① 陈玉琨：《教育评价学》，人民教育出版社 1999 年版，第 43 页。
② ［日］梶田叡一：《教育评价》，李守福译，吉林教育出版社 1988 年版，第 79—80 页。

创新精神和实践能力为目标，强调教师和全体学生共同参与、共同进步的探索性、创新性过程，变教师被动地教为学生主动自主地学、变教师的单向评价为师生协商式评价、变终结性评价为过程性评价，其核心概念是以学生为中心。

在这个过程中，把学习与评价相统一，把他评与自评相结合，引导学生发现问题、思考问题和解决问题，调动学生内在的多元智能完成对未知对象的自我建构，使学生成为自我反思、自我动员、自我发展的主体。体现了建构主义关于"学习是学生自我习得、建构的过程，外在于学生的压力形成的'他构'很难与主体固有的身心结构形成一体，容易松弛、解构，甚至对原有的建构体造成消极影响和破坏"的思想。

3. 在评价结果的形成上凸显学生主体性

任何一次评价或测试，不管其技术成分如何，都会对被评价者产生潜移默化的教育和影响作用。美国教育学者布兰克认为学生评价是一种需要细心组织的活动，应该包括"学生评价的意图和目标是什么"、"学生自身正在展露或形成的发展与熟练是如何展示的"① 等八个必要的环节。美国学者格朗兰德从评价构成的角度也对评价作了简洁的说明：评价＝测量（量的描述）或非测量（质的描述）＋价值判断。② 可见，评价包含着事实判断和价值判断两个部分，评价的结果必须是全面、客观、多元、有效的。

我们倡导的新学生评价观，在结果形成方法上：改变测量范式为唯一手段，将学生评价理解为可以脱离其存在的具体教育背景，成为一把客观科学的尺子，以一种绝对的方式去测量学生已有的成绩及潜力的做法。在形成方式上：改变学生评价主要以考试（测验）或练习、作业为主，甚至以考试代替其他形式的做法，并加大探索性、综合性试题的应用范围。在评价内容上：不仅关注学生学业成就评价，也重视学生多方面潜能的发展，学生的探究与学习兴趣、创新能力、实践和应用能力、表达和沟通、合作与分享，以及良好的心理素质、健康的体魄等方面发展的评价。

① Black J. & puekett M. B., *Authentic Assessment of the Young Child: Celebrating Development and Learning*, New Jersey Merrill, 2000, 2006.

② Gronlund N. E., *Measurement and Evaluation in Teaching*, 1971.

4. 在评价结果的处理上凸显学生主体性

学生评价结果的处理包括结果的汇总、表述和激励作用发挥三个方面。在结果的汇总上，运用平均数与标准差对学生学业成绩原始分进行标准化，更客观地反映出学生的学习状况；打破传统的将德、智、体、能等几种不同性质的评价加权计算处理的方式，而将它们看成是相对独立的"素质模块"。在结果的表述上，把学生在各方面中得到的评价结论和班级同学总体评价结论以及学生本人上学期的各项评价结论原原本本地反馈给学生，让学生看到自身的变化以及自己与同学的比较，发现"闪光点"，找到自身存在的不足。激励机制方面，在每一个"素质模块"下设立多种类型的"素质奖学金"，并根据不同专业学生不同的培养目标设立"专业素质优秀奖"，重视对学生优势与特长的激励，在此基础上，对于满足若干个模块评价均为优秀的学生设立"综合奖学金"。同时，我们开放奖学金项目设置，鼓励学生针对上学期评价结果中的"弱项"，开展"奖学金"项目自主申报，让申报者写出自己的不足及要实现的目标，引导学生在弱项智能上多下功夫，激励学生自我完善。

在学生评价中建立包括教师、学生、家长、管理者在内，共同参与的多元评价主体，重视评价者与被评价者之间的互动，形成积极、友好、平等和民主的评价关系，并凸显学生的主体性，将评价变成学生主动参与、自我反思、自我教育、自我发展的过程，有助于激发学生的主体意识，增强其在教育活动中的自主性、主动性和创造性，实现主体性教育价值的回归和学生自我反馈、自我反思、自我调节、自我教育和自我能力的提高，有助于学生人格完善的形成和对"真"、"善"、"美"的追求。

三 评价标准：突出应用型人才特质

学生评价标准是根据一定的教育价值观或教育目的以及评价活动的现实需要而制定的，用以衡量学生思想道德、学业成就、能力素养、身心状况等发展变化程度及其价值的一套具体化、情景化的规则。它是高校学生评价的前提、基础和核心。近年来，随着世界各国教育教学改革浪潮的不断兴起，学生评价标准研究得到了很大的发展。但是，由于长期受狭隘的教育价值观、片面的教育质量观和陈旧的人才观影响，学生评价标准还不同程度存在着重工具性价值轻目的性价值——"目中无人"、重专业素质轻其他素质——"学业至上"、重同一性标准轻多样性标准——"千人一面"、重绝对标准轻相对标准——"唯分数论"等现象。学生评价标准出现的偏差成为影响和制约学生评价改革的先导性问题。

（一）学生评价标准的普遍性诉求

1. 将工具性价值与目的性价值结合起来，突出学生本位

学生评价是由不同的利益主体参与的价值选择过程，也是不同利益和价值要求争相进入学生评价价值系统的过程。考察人类不同的社会发展阶段和不同的社会条件，学生评价标准具有不同的具体含义和内容。一般而言，农业时代和工业时代的人才标准都注重个体对社会和国家的绝对服从，按照一种通用的标准将学生培养成符合社会要求的"标准件"，体现"客体本位"。而信息时代则要求人走出"客体本位"，走向"主体本位"。在学生评价标准的价值取向上强调从国家标准、地方标准、学校标准乃至国际标准的视角出发构成具有层级性的多元化评价标准，培养符合社会需要的人才，是学生评价标准制定的实践依据，但不能因此而走向过分关注社会发展而忽视人的发展的价值定位。

人为了发展而创造了教育，教育的发展要始终围绕人的发展。"人类发展的目的在于使人完善。"教育的目的是培养完善的人，教育要更好地发展，就必须尽一切可能向这一目标靠拢。① 任何一个新历史时期的到来都必然而且必须有一个更新的"人的发现"、更深入的"人"的自我觉醒。"承认人的生命是在具体个人中存在、生长、发展的；每个具体个人都是不可分割的有机整体，个体生命是以整体的方式存活在环境中并在与环境一日不可中断的相互作用和相互构成中生存与发展，具体个人的什么价值只有在各种生命经历中，通过主观努力、奋斗、反思、学习和不断超越自我，才能创建和实现，离开了对具体个人生命经历的关注和提升，就难以认识个人的成长和发展。"② 因此，将人的全面发展作为学生评价标准的价值取向，突出个人本位，变单纯的工具性教育取向为目的性教育取向以及实现两者的辩证统一，具有历史必然性和现实迫切性。

----

① 孔国庆：《对我国大学生评价存在问题的反思》，《河南师范大学学报》（哲学社会科学版）2009 年第 6 期。

② 叶澜：《中国教育创新呼唤"具体个人"》，《中国社会科学》2003 年第 1 期。

2. 将知识素质和其他素质结合起来，突出全面发展

新时期社会所青睐的人才不仅要求智能上扎实宽厚，而且要求身心素质上和谐发展。这与教育不仅要为社会培养合格的公民和人才，还要使每一个学生成为有能力追求幸福生活的个体的目标是一致的。而且在学生的工作学习生活过程中，知识与技能、情感与态度、价值观等各种素质是紧密联系的一个整体，它们之间没有主次之分，不能忽视任何一面。可是在当下的学生评价实践中，学业标准几乎被视为学生评价内容的唯一标准，学业标准主要关注的是学生的智育，注重知识和技能，尤其是基本知识与基本技能，而较少关注学生创新能力与实践能力，尤其疏于对学生学习态度、学习习惯、情感态度、价值观等方面的考量，忽略了对学生综合素质的全面评价和社会适应力的引导。在较少的学生行为评价中，多数学校也仅仅以"基本分＋加减分"的方式简单地处理，且过于强调社会性、主观性评价尺度，在综合素质评价结果形成中所占的分量也微乎其微。

评价标准内容的"学业至上"，导致教师仅仅根据学业标准来开展教学活动，学生只是为了在学业评价中取得优异表现或获得通过而学习。究其原因：一是观念问题。由于长期以来受一元智力观的影响，人们一直以为智力是以语言和逻辑数理为中心的，并认为每个人的智力都是可测的，而人的其他要素则是难以预测的。二是习惯使然。由于受传统评价文化的影响，以及出于学生压力或是自身利益，部分教师往往满足于教学上"照本宣科"，考试前"划定范围"，简单地把试卷测验成绩当成检验课程教学目标是否实现的唯一标准。三是学校利益驱动。由于学生的学业表现，尤其在外语、计算机等级等政府组织的权威考试中的学业表现关乎学校的声誉，因而学校必须围绕学业标准来强化学生的学业表现，"学以致考"逐渐实现了对"学以致用"的僭越，越来越成为教育实践的支配力量。

尽管"崇尚知识、敬畏知识"是历史进步的标志，但在"学会认知、学会做事、学会合作、学会生存"已成为21世纪教育"四大支柱"的今天，"教育应该较少地致力于传递和储存知识（尽管我们要留心，不要过于夸大这一点），而应该更努力寻找获得知识的方法"，"教师的职责现在已经越来越少地传递知识，而越来越多地激励思考"①。"学业至上"的

---

① 闫瑞祥：《高校课堂教学评价要素的反思和重建》，《教育理论与实践》2009年第1期。

标准导向，一方面因为缺乏批判性思维这一表现评价，而可能把学生的头脑变成"求同思维"的栖息地；因其忽视非智力因素，丢失了许多较为内隐而又具有独特价值的内容，容易导致学生智力的片面发展甚至畸形发展，而缺乏人之为人的应有生命力。另一方面将必然导致大批学业失败者的产生，彻底颠覆了教育价值的原初意义，势必削弱对学生和谐发展和综合素质提高的引领作用。

3. 将同一性要求和多样性需求结合起来，突出个性化发展

学生评价标准是以先在为条件的，没有先在的"标准"，评价在逻辑上就无法进行。但先在的"标准"不是天赋的产物，而是在历史中通过评价主体的建构、认可而逐步生成的。在不同的历史时代有着某些相对稳定、统一的评价标准，表现为超时代性；不同的历史时代，有着不同的评价标准，体现为时代性。评价主体间的统一性决定了评价标准的统一性，主体间的差异性决定了评价标准的多样性与多元性。当下学生评价标准在目标上注重的是整齐划一，强调共性。表现在不同区域、不同学校之间社会参照标准的同一性，同一学校不同年级、不同专业学生绝对标准相对的同一性，不同个性与特点学生之间评价标准的同一性以及"标准化测验"的极大盛行等。保持反映大学生成长要求的共性标准，尤其是大学生基本素质方面的规定，有利于保证高等教育的健康发展和学生培养质量达到国家规定的标准，但在新的历史时期，主动回应变化着的主体需求、促进学生个性发展当成为学生评价标准革新的必然选择。

从高等教育发展的态势看，多样化、多规格是大众化阶段已经到来的一个显著特征。具体到学生培养和学生评价上，不可避免地要引入多种标准来衡量，既不能简单地以精英阶段的学术取向和质量标准来规范大众化教育，也不能简单地以大众化"满足需要"为导向的标准来取代高等教育体系中保留的精英教育，而是应根据不同学校人才培养的具体目标、类型、层次规格和服务面向采用多样化的评价标准。从社会对人才的需求看，随着社会转型日益加速，科学技术迅速发展，社会对人的素质和能力提出了更高的要求，同时人才的标准也是多样化、差异化的，以一种标准来评价所有的学生不能满足社会的需要。从学生主体的需要看，学生与生俱来就各不相同，他们在心理和智能上各有各自的风格和强项，每个学生都能在有效的教育下得到充分的发展。使用单一的、绝对的评价标准，势必抹杀学生的主动性、创造性、差异性和可接受性，在这一控制系统中收

获"驯顺的肉体"。

正确处理评价标准的统一性和多样性的关系，就是要在肯定所有学生存在共同、普遍的规律性的基础上，充分考虑到个性发展需要，为学生多样性发展留下足够的空间。共性与个性不是相互脱离、彼此对立的，而是辩证统一的；共性寓于个性之中，没有个性就没有共性。

4. 将绝对标准和相对标准结合起来，突出激励性功能

学生评价标准大体可以分为绝对评价标准和相对评价标准。前者亦称定量评价标准、外显评价标准、结果评价标准或刚性评价标准。它产生于20世纪20年代，经历了测验和测量、描述和判断等三个发展阶段，"力图把复杂的教育现象和课程现象简化为数量，进而从数量的分析与比较，推断某一评价对象的成效"。后者亦称定性评价标准、内隐评价标准、素质评价标准、柔性评价标准或互比评价标准；它是针对绝对评价标准而产生的逆向思维运作的评价范式，一改量化评价因果决定论、预定目标和统一标准的方式，主张自然调查，全面充分地揭示和描述评价对象的性质。前者是科学实证主义的认识论，后者是人文主义的认识论。总的来看，绝对性评价标准的长处在于：①学生在认知方面的低层次目标的评价；②国家、地方、学校大规模的绩效测量。不足在于：①它使学业评价尤其是考试成为学生学习的桎梏，造成教师片面为考试而教，学生为考试而学；②重共性，轻个性，缺乏因材施教的个性化评价，不利于学生的自主发展。而相对性评价标准的长处在于：①学生在认知方面的高层次目标及其操作能力、情感等指标；②以校本管理为目的的学生评价及课堂评价。人们对其的忧虑是评价的公正性如何反映，操作性如何实现。①

绝对评价标准因其准确、高效、易操作等优点而被广泛应用于学生评价实践之中。有学者甚至认为：学生评价的科学性就是客观性，客观性就是精确性，要做到精确性就必须使用量化的方法进行。当下，尽管各高校学生评价技术的应用多种多样，但总体上是将德、智、体等培养目标分解为评价指标，制定评分细则，最终给学生下一个"精确"的评价数值进行排名，并将之作为学生奖惩的依据。但人的发展是极具个性化的、多样化的，人的素质的某些要素和侧面也是很难进行量化处理的，不可能也不应该采取单一的评价技术来对待千变万化、丰富多彩的评价对象和评价要

① 苏启敏：《价值反思与学生评价》，北京师范大学出版集团2010年版。

素。因而，正确的做法是：对于基础性的知识点，利用纸笔测验的方式进行量化评价，以保证评价的覆盖面和深入程度；对于学生的探究、实践、创新能力，利用开卷、口试、答辩、论文、社会调查等方式进行评价；对于学生思想品德、情感、价值观等难以量化的领域，采取描述性评价、档案评价、激励评价等方式；对于文体特长、社会实践能力等评价领域则采取写实性评价。并将日常评价与终结性评价、"非正式评价"与"正式评价"、测验成绩与描述性评语结合在一起，使各种评价方法灵活地运用在不同的评价要素之中，取长补短，相得益彰，从而实现由"教育测量"向"教育评价"的转向。

事实上，绝对评价标准和相对评价标准各有优缺点，两者也并非二元对立的关系。多种评价方法的灵活运用已成为近 30 年来世界各国课程改革所倡导的方向。如美国《国家科学课程标准》所提供的评价方法除了纸笔测试外，就包括平时的课堂行为记录、项目调查、书面报告、作业等开放性的方法。将评价放到教室、寝室、社会、家庭等广泛的背景中，在学生言语语言、逻辑数学、视觉空间、身体运动、人际关系、自我认知等多种智能活动中收集信息，全面、客观、公正地反映学生状态，描述学生的优势与不足，肯定学生的发展进步，并为学生提出富有针对性的建议、意见，才是学生评价的本真追求。

在学生评价日益成为高等教育发展和学生成长"指挥棒"的今天，学习借鉴当今学生评价的理论与实践研究成果，及时调整完善现行学生评价标准，使之与社会的要求相一致，与大学生的成长特点和需求相一致，乃是推进当下高校学生评价改革的关键所在。

（二）教学型本科高校学生评价标准的应用型诉求

教学型本科高校是我国高等教育的重要类型。它以应用型本科人才培养为己任，其人才培养质量标准既不同于学术研究型人才，也有别于实用技能型人才。他们既要能够比较系统地掌握本学科、专业必需的基础理论、基本知识、基本技能和基本方法，又要具备主动将理论与实际相结合，将专业知识和技能、经验转化应用于所从事的专业实践的能力。①

随着我国高等教育由"精英教育"向"大众教育"的转变，以转化、实践为主的应用型人才成为社会人才需求的重要方向。《国家中长期教育

---

① 潘懋元：《构建多样化的本科教育》，《中国教育报》2005 年 4 月 1 日第 7 版。

改革和发展规划纲要（2010—2020 年）》提出"重点扩大应用型、复合型、技能型人才培养规模"①，培养应用型本科人才逐步成为国家高等教育发展的重要战略。但是长期以来，"精英教育"主导着民众对高等教育人才培养的诉求，主导着高等学校的教育理念和行动选择，社会多元化、多层次和多类型的人才需求难以得到有效满足。

高校通过为社会培养和输送人才而实现与社会的紧密联结，社会通过接收高校培养的人才而获得发展动力。在社会变革过程中，高校的人才培养在特质与规格等方面需不断改进和调整，以适应社会对人才在质与量方面的要求。应用型本科高校的学生评价制度理应着眼于应用型人才的素质要求，提升评价制度与应用型人才成长之间的符合度，以促成人才素质与社会需求的接轨。课题组对 W 大学等三所教学型本科高校毕业生就业相对集中的众多用人单位开展调研，发现用人单位对毕业生素质的要求与大学培养人才的偏好之间存在不少差距。

1. 用人单位对教学型高校人才培养与评价制度的诉求

（1）用人单位对人才的素质偏好与高校人才培养偏向存在一些错位

应用型本科人才应是综合素质高、应用能力强，能直接面向生产、建设、管理和服务一线的高素质的高级应用型专门人才。在应用型本科人才的素质体系中，最核心的是职业素质。职业素质的内涵十分丰富：专业方面的素养，如产品设计与研发、工艺设计与开发能力，运用科学方法、独立思考、分析和解决问题的能力，在从业过程中独当一面完成工作任务的组织管理能力，准确、清晰、简练表达的能力；创新能力方面包括科学创新、技术创新、管理创新和工作创新等；面对职业问题善于学习、反思、批判、总结、改进的能力；等等。从职业素质的内涵来看，几乎所有的职业素质维度都指向了"应用"，无论是岗位技能还是问题解决，无论是组织管理还是独立工作，都指向了应用专业文化知识，解决职业问题。

但调查发现，用人单位对应用型本科人才思想素质的评定得分为最高，然后是支撑素质，位列最后的是职业素质。在职业素质的各相关维度中，又以专业知识得分为最高，问题解决维度为最低，这样的结果显然说明当前高校在开展应用型本科人才培养的过程中仍然偏向以专业理论知识

---

① 《国家中长期教育改革和发展规划纲要（2010—2020 年）》，2010 年 3 月 1 日（http：//www.china.com.cn/policy/txt/2010 - 03/01/content_ 19492625_ 3.htm）。

教授为主，忽视了理论教学与实践训练的结合，忽视了学生职业技能、独立解决问题等能力和奉献、协作意识的培养。也就是说，职业素质培养还没有成为应用型本科院校人才培养的主要方向，说明用人单位对人才的素质偏好与高校人才培养偏向存在一些错位。

（2）用人单位对人才职业素质的期望与高校人才培养实际存在较大落差

突出"应用"是应用型本科教育的核心，也是应用型本科教育的科学定位和立足点。在人才培养过程中要突出实践，强化应用。但调查发现，应用型本科人才在岗位技能、问题解决、人际沟通、团队协作等维度上得分较低，且用人单位的实际值与期望值之间存在较大落差。用人单位认为应用型本科教育最应该加强学生的沟通表达能力、解决问题能力、团队协作能力和应变能力等的培养。同时，用人单位对毕业生的实践经历、性格特点、职业证书和面试表现等求职条件均持高比例的重视态度，对学习成绩、是否获奖等的重视程度相对较低。这种特点的存在说明应用型本科人才培养的"应用性"还需要继续加强。从这些调查结果的指向，我们可以看到当前应用型本科教育和应用型本科人才发展的方向，即应用型本科人才的培养需要在理论和实践上逐步实现融合，实现理论教学与实践应用的相互渗透。

（3）用人单位对优秀人才的认定标准与高校人才评价标准存在一定偏差

调查发现，用人单位对综合素质较高的优秀学生，如学生干部、学生党员和特长生的青睐比例还是较高的。2/3强的单位认同优秀学生的能力和素质，在选拔人才时比较看重毕业生在学校里的综合表现。因此，学校应创设各种有利条件，积极鼓励学生全面发展。企业需要什么样的人才？这不仅是高校的人才培养应该考虑的问题，更是每个学生应该明确知晓答案的问题。实际上企业需要的是能够对企业的生产、管理及未来发展有所贡献的人。我国是一个人力资源大国，对众多企业来说，获得一定数量的职员并不难，然而我国还不是一个人力资源强国，普遍较低的人力资源素质是无法满足社会发展要求的。广大用人单位对人才的素质有着最基本的要求，现代企业越来越青睐的八类人才有：对企业忠诚、有归属感的人；综合素质好的人；有敬业精神和职业道德的人；有专业技术的人；沟通能力强有亲和力的人；有团队精神和协作能力的人；认同企业文化的人；带着激情去工作的人①。这提示地方高校在人才培养过程中需要时刻比照以上要求，开展有效的教育教学工作。

2. 对接社会需求的应用型本科人才培养及评价

应用型本科人才培养过程及质量评价，是提升应用型本科人才质量，使他们更好地适应市场需求的重要手段。对应用型本科人才培养过程及质量的评价，不仅需要符合国家关于本科人才培养评价的一般要求，同时还要体现出"应用型"的独特性。

（1）树立知识与能力并重的应用型本科人才评价观

当前我国高校人才培养的积弊之一便是偏重知识的教育，而忽视能力的培养，特别是应用型本科院校仍然依循着学术研究型高校传统的人才培养模式办学，脱离了社会的要求闭门办教育，结果导致社会招不到需要的人才，学生找不到合适的工作，无论对学生还是社会来讲都是巨大的浪费。

应用型本科人才培养就是以培养学生实践应用能力为主要特色，这种人才培养特色是以"能力为中心"，以适应社会需求为目标，以培养技术应用能力为主线，整体优化人才培养的知识结构、能力结构和素质结构，优化和整合专业教学计划，培养综合素质较高、适用面较宽、技术应用能力较强的应用型人才。因此，应用型本科教育要特别加强对学生实践能力的培养，这是应用型本科教育区别于学术研究人才培养的重大差别。

（2）建构并不断完善实践教学评价和监督体系

虽然实践教学在应用型本科人才培养中起着重要作用，但是由于大多数学校在实践教学方面处于起步阶段，许多高校的实践教学评价和监督体系并没有形成或者不完善。不少高校仍未及时转变教学评价观，没有把实践教学看成是与理论教学同等重要的环节，没有专门针对专业课程的实践教学计划。在实践教学安排方面，不重视实践教学计划的制订，缺乏独立于理论教学的实践教学体系。没有明确地将理论教学和实践教学进行划分，也没有专门的实践教学管理机构。在实践教学计划和实践教学质量方面不像理论教学那样，有明确的档案资料和评价指标，这就必然限制了实践教学的科学发展。

因此，既要立足于学科专业知识的传授，又要加强实践教学的投入，构建和完善实践教学体系，建设实践教学基地，培训实践教学师资，开展

---

① 韩艳芳、潘京：《现代企业对人才素质的要求》，《管理科学文摘》2006 年第 2 期。

实践教学评价工作等，这是当前开展实践评价的首要任务。要重视学生实践应用能力的培养，尤其要重视学生技术开发能力与技术创新能力的教育，这些能力的培养都直接对接了市场需求，满足了社会对人才的期望。表现在教育评价上，就是要立足学科知识评价基础，融入实践教学评价的内容，增加实践教学评价的分量。将学生在大学学习历程中的理论教学评价和实践教学评价作为一个统一整体来考虑，根据不同的实践形式，如社会实践、见习、实习、实验、调研、课程设计、毕业设计等，构建起一个目的明确、层次清晰，具有连续性、系统性的实践教学评价体系。根据实践能力评价结果，指引学生朝良性方向发展。

（3）推行适合应用型本科人才成长的评价机制

首先，应用型本科人才培养评价既要重视结果性评价，更要重视目标诊断性评价和形成性评价（过程评价），重视评价的动态性、过程性、系统性和发展性，注重把影响应用型本科人才培养质量的一切因素、整个过程都纳入到评价的过程中来；同时，要采用多种考核方式，如实习报告、调研报告、企业评定、证书置换、口试答辩等配合书面考试，使考试能切实促进教学质量的提高和应用型人才的培养。

其次，应用型本科人才培养在评价方面应突出评价各种能力。主要包括综合运用理论和技术的能力和解决问题的实践能力。在教学中，坚持课程实践教学，建立实践、实训基地，通过加强实践性教学和进行实践性教学评价，提高学生的实践能力。

再次，要改变传统的以考试成绩来评定能力、素质的做法。传统的以考卷为主的考核方法不能有效地反映实践教学成果，很难有效地测量学生的实践能力。在当前，独立的实践教学考核体系尚未建立或健全，配套的激励机制也未经过实践检验，难以对千差万别、独特的教学成果和学生素质、能力做出公正而科学的评价，这样既不利于学生创新意识和各种能力的发展，又严重抑制了学生开展实践活动和教师从事实践教学研究的积极性。

最后，应用型本科人才的培养在评价方面强调多种资格证书，根据专业特点，适当推出各种职业证书政策，如"律师证、教师证、外贸单证、会计师资格证、心理咨询师证"等，鼓励学生立足专业学习的同时，投注精力培养实践能力，鼓励学生多将专业学习过程与证书的实践训练相结合。

（4）积极改进优秀学生评价与选拔机制

学校里的优秀学生，走出校园进入社会后，很多会成为未来的优秀人才。可是，当前的实际情况却是高校培养出来的"优秀学生"，在用人单位看来，未必就是将来的"优秀人才"。究其原因，这与用人单位和高校对毕业生是否优秀的认定存在一定差异不无相关。用人单位在选拔、评聘人才时，更多看重的是学生的"职业素养"和"沟通能力"，而较少囿限于"学习成绩"。而当前学生评价功能片面化、评价内容狭窄化、评价方法刻板化、评价主体单一化、评价运行终结性等问题和缺陷在高校普遍存在。① 很显然，过去那种选拔精英人才的学生评价方式已经无法满足社会对人才的各种要求，② 既无益于促进学生的全面发展，又无法选拔真正优秀的人才。近年来，一些"高增值企业"机构要求员工具备原创性、合作性、小组工作、训练同侪、评估、理性分析、解决问题、决策、获取及使用信息、规划、学习和尊重多元文化等能力。③ 很显然，比照以上这些对优秀人才综合性的、多元化的能力的要求，高校若不改进优秀学生的评价与选拔机制，仍然以传统的方法来认定，优秀的应用型本科人才培养的目标是很难达成的。

四　评价内容：理应全面而多维

学生评价内容是教育目标的具体体现，反映了具有时代特征的教育观、质量观、人才观，是引导学生发展进步的内在标尺。马克思说："人以一种全面的方式，也就是说，作为一个完整的人，占有自己的全面的本质。"④ 即作为目的的本身的人的本质力量以及人性在历史发展过程中的全面生成和丰富。人的全面发展的内涵，应包括人的需要的满足、能力的提高、素质的提升、社会关系的丰富、自由个性和主体性的充分发展等丰富内容，也就是人的全面、自由、和谐的发展。

---

① 潘玉驹、陈文远：《高校学生评价制度存在的问题与对策》，《教育发展研究》2010 年第 17 期。

② Lo L. N. K., *Quality and Equality in the Educational Development of Hong Kong and the Chinese Mainland*, Educational Research Journal, 1999, 14 (1), pp. 56 - 60.

③ Levin H. M., *Education and the Ability to Deal with Change*: Occasional Paper No. 15, Education Policy Studies Series: Hong Kong Institute of Educational Research, The Chinese University of Hong Kong, 1998.

④ 马克思、恩格斯：《马克思恩格斯全集》第 42 卷，人民出版社 1979 年版，第 123 页。

教育作为一个特殊的社会生活场域，在促进人的全面发展中有其独特的价值。促进人全面发展的教育内在要求学生评价目标的全面性、评价内容的丰富性。知识、技能、理性能力是人的素质构成要素的重要内容，其成为学生评价的重要目标内容也是学生评价的应有之义。但知识、技能、理性能力毕竟只是学生发展之一维，学生自身的希望、意愿、兴趣、爱好、情感、态度以及责任意识、交往能力和价值观念等非理性能力同样是其发展的重要内容，它们在价值上是平等的。因此，学生评价应超越评价的选拔甄别功能、超越功利性的单一狭隘的目标内容，将其纳入评价目标和评价内容，通过评价目标的引领，培养知识全面、体魄健全、心理健康、个性丰满、人格完善、情感丰富、境界高远，具有学习能力、适应能力和创新品性的全面发展的人。[①] 不仅如此，人本主义心理学家还认为，创造力与人格发展有着直接的联系，创造境界的提升是人格完善的体现。创新人格是人的非智力因素的有机结合和高度发展，是创新型人才应有的精神风貌。[②]

按照不同的分类标准，可以将人才划分为不同类型。一般而言，理论界通常把从事揭示事物发展客观规律的科学研究人员称为学术型人才，而把将科学原理应用到社会实践并转化为产品的工作人员称为应用型人才。具体而言，我们又可以将应用型人才细分为工程型、技术型、技能型或者创造应用型、知识应用型、技术应用型，等等。本书认为，对于多数教学型普通本科高校来说，将自身的人才培养目标定位于技术应用型相对贴切。[③] 即教学型本科高校培养的高素质应用型人才是指将专业知识和技能应用于所从事的社会实践的一种专门人才，是熟练掌握社会生产或社会活动一线的基础知识和技能，主要从事一线工作的技术或专业人才，他们主要是掌握和应用知识，而非发明和创造新知。[④] 以往教学型本科高校学生评价的内容大多集中在基本理论、基本知识，而对学生基本技能、动手能力的考量相对欠缺，强调学科体系的完整和学术水平的坚守相对较多，而对过程与方法、情感与价值观的关注度明显不够。

---

① 杨涛：《发展性评价：学生评价的理性选择》，《南阳师范学院学报》（社会科学版）2009 年第 8 期。

② 林崇德：《创造性人才特征与教育模式再构》，《新华文摘》2010 年第 17 期。

③ 祁海霞、王鸿喜、孙立威：《地方应用型人才评价体系构建研究》，《现代教育管理》2009 年第 6 期。

④ 刘耕：《务实致用：对地方大学应用型人才培养模式的探索》，《中国高教研究》2006 年第 5 期。

为此，在新的评价指标内容设计上应依据这类学生特点和地方经济发展对人才规格的需求，将教学型本科高校高素质应用型人才评价内容分为"学业因素"和"非学业因素"两个一级指标，"学业绩效"、"基本素质"、"核心素质"、"个性化能力"四个二级指标，并以这些指标为中心，层层分解，形成能基本反映学生在相关方面本质特征的具体化、行为化、可操作的 10 个三级指标；在此基础上，根据不同专业、不同年级学生人才培养的不同目标和要求设置个性化的评价内容和标准，建立起既有共性指标，又能体现出差异性的指标体系，见图 2。根据这一模型，在学生学业因素的评价中更突出学生运用专业知识解决实际问题的能力，而在非学业因素评价中更突出个人的社会责任感、创新能力、意志品质、团队合作能力与个性化能力的评价。

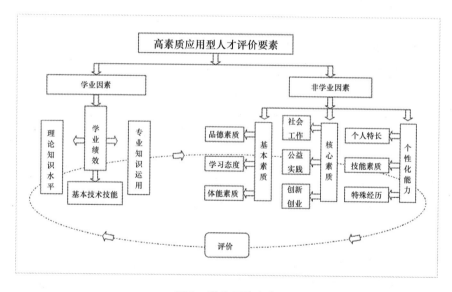

图 2 学生评价内容

（一）学业因素：从单维模式到综合模式

学业因素主要包括"学业绩效"（包括课程成绩、等级考试、科研业绩、学业能力应用等）的基本理论知识、基本技术技能和专业知识运用能力等。按照教育目标分类理论、多元评价理论，改变课程过于注重知识传授的单维模式倾向，强调形成积极主动的学习态度，使获得基础知识与基本技能的过程同时成为学会学习和形成正确价值观的综合模式评价过程。新评价体系在课程评价的形式上增加学术论文、书面报告、实验、作品展示等测量方式的运用，在内容上则强化了课堂表现、作业、学习态度等反映学生情感、态度、价值观内在倾向性的要素评价，并将学生课外学习的成果纳入学业评价体系，打破了传统的"课程学习成绩等于期末考试成绩和平时成绩加权平均的单维模式"。与此同时，在评价中既重视以总成绩排名的做法，又凸显单科成绩的评价地位，使学生在评价中认清优势、发展潜能，促进个性化发展。

(二) 非学业因素：从传统内容到创新内容

非学业因素主要包括"学习态度"（如学习热情、成才积极性、学习方法与策略等）、"基本素养"（如政治表现、道德品行、身心素质等）、"核心素质"（如社会责任感、创新能力、协作意识等）和"个性化能力"（如社会实践、文体特长、特殊经历等）等内容。非学业因素的指标设计突破传统思路，结合地方本科高校面向地方经济发展需要、高素质应用型人才的规模与层次，将"学习态度"、"体育锻炼"、"创新创业"和"个性化能力"等评价内容创造性地纳入指标体系，培养学生终身学习的能力，掌握基本的知识、能力和方法，具有正确的情感、态度和价值观，让教育惠及学生的一生；在体育锻炼中增强学生的自信心、情绪和意志表现，对他人的理解与尊重、交往和合作精神，形成良好的身体素质和心理素质；让学生的个性化能力得到发展，潜能得到激发，创新意识、创新精神和实践能力显著增强，让学生评价真正体现"为了每一个学生的终身发展"的教育核心价值。

指标体系内容的设计思路充分体现了评价的核心理念，重视学生个体在评价中的客体地位和主体地位的统一，强调评价过程与评价结果的统一，全面发挥了评价体系中综合测评结果与各分项素质模块测评结果的评价功能；在评价结构设计中相应设立综合奖、单项奖，形成一个既重视综合评价，又鼓励个性发展的评价奖励体系，使不同层面的学生和学生的不同方面的成长都得到肯定。另外，在评价方法上也尽可能采取多种方法进行立体的、综合的、多层次的评价，充分发挥评价方法的优势和特长，相互取长补短，从而使评价结果更加客观、公正、科学。

五　评价方法：灵活运用多种方式

人是具有复杂性、不确定性和矛盾性的生命体，教育也是具有复杂性、模糊性、偶然性的社会系统。这就决定了教育不能将人像机器一样地纳入固定的程序、采取一维的办法以求其发展进步，学生评价也不能寄希望于单一的方法和固定的模式，而应该依据评价目标、内容、主体、情景等的差异，综合运用多样化的评价方法。

然而，在现行的学生评价中，"范式思维"仍居主导地位，评价的方法主要是量化评价。在学业评价中，纸笔测试几乎成了唯一的评价形式。虽然它能迅速、清晰、直观地反映学生的学习状况，但却不能对学生应用知识的综合能力、学科整合能力、交流合作能力以及实践创新能力等进行有效的评价。同时，考试的内容与形式又会影响学生学习方法和学习内容的选择，致使学生采取不同的方式来应付不同的考试。教师在课堂教学中往往满足于对教材内容的讲解，照本宣科，考试内容大多局限于教材，考前又忙于给学生划范围、定重点，导致出现"上课记笔记、下课看笔记、考试背笔记，考完全忘记"的现象。这种评价所检验的仅仅是学生对记忆性知识内容的熟悉程度和简单的再现能力，而不是学生创造性分析问题和解决问题的能力，必然限制学生独立性、创造性、想象力和探索精神的发展。

如果说在学业因素评价中实行量化的方式还具有一定科学性的话，那么对学生需要、情感、态度、思想品德等非认知因素方面进行量化评价则是难以想象的。由于学生本身发展的复杂性和智能发展的多元性，因此他们的表现是多维度的，其素质、能力、发展方向、发展水平都各不相同，所以很难用一种形式和方法对所有学生的各个方面进行客观评价。量化方法、纸笔测试只是众多评价形式中考查学生某一方面发展的手段。如果不能灵活地运用量化评价、质性评价，纸笔测试、口试、答辩、操作实践、情景模拟等形式，评价将不能真实地反映学生的状况，更不利于学生创新精神与实践能力的培养。

（一）多元化评价方法的运用

1. 动态评价与静态评价的结合

静态评价在方法上重总结性评价、结果性评价，看重的是评价结果，对学生的评价体现为宏观性、总结性、全面性、相对固定性的把握。动态评价注重的是过程，表现为阶段性、过程性、开放性、形成性、流动性的特征，在评价方法上多用定位性评价、诊断性评价、形成性评价，具体实践中多采用行为观察、情景测验、成长记录等方法，强调评价伴随教育教学的每一个环节，贯穿于学生学习发展过程的始终。两种方法各有自身的价值：静态评价可以较全面地了解学生的个性特征、学习能力、行为倾向，有利于教师指导学生确立相对总体性的发展目标；动态评价有助于及时把握学生在发展不同阶段的进步与问题，适时确定改进方案。只有将二者在实践中结合运用才能够把握当下、着眼未来，促进学生的发展与完善。但从总体上看，评价的重心在过程，应是通过关注过程而促进结果的提高。

2. 质性评价与量化评价的结合

量化评价是科学主义思潮的产物。量化评价在评价中常常使用标准化测验、常模测验、纸笔测验等方式，并追求评价结果的数字化、量化、客观化、精确化，但往往又呈现为"丁是丁，卯是卯"的冰冷面孔。质性评价因其多关注情感、能力、性情等精神性内容，又多在具体情境中以行为观察、交流沟通等方式进行，所以体现出一些温情和人文性，但也存在评价结论的相对性、不一致性的不足。过于注重量化评价容易把学生丰富的个性榨干为分数和成绩，而偏重质性评价又会使评价走向相对性。只有把握好两种评价方法的界限和适用范围，才能使二者在各自的领域发挥作用。例如，对学生基础性知识掌握程度的评价，量化的纸笔测评是可行的，而对于学生兴趣爱好、行为习惯、实践能力、创新精神等心性品质的评价，质性评价又有着不可替代的优越性。

3. 规范性评价与即时性评价的结合

无论是诊断性、定位性、形成性还是总结性学生评价，都是通过系统的方法步骤，形成体现为分数成绩、教师评语、书面报告等形式的学生评价，都有系统性、规范性的特点，在学生评价中发挥着重要作用。规范性评价虽有规范系统的优势，但总是体现为一定的阶段性评价，在实践中需要即时性评价的补充。教育是教师与学生共同构建的活动。教育生活具有开放性、流动性、偶然性，学生的行为表现、成绩问题具体体现在这种当下即逝的、流动的教育生活之中，教育生活的流动性、即时性要求教师运用教育智慧，及时捕捉学生行为的信息，实施即时性评价。即时性评价主要以口语评价和非语言性评价的形式进行。非语言性评价是指教师在教育情境中运用态势语言如面部表情、手势动作、语调变化等对学生表示肯定性、鼓励性、欣赏性及批评性评价。机动性、灵活性、及时性、同步性、生活性的特点，使即时性评价能充分发挥学生评价的导向性、驱动性、矫正性功能。在教育实践中，即时性评价是不容忽视的。

（二）多元评价方法在高校学生评价中的具体运用

在评价体系实施过程中，我们将学业因素和非学业因素两大评价内容分为三大模块：第一模块为学业绩效，采用量化的方式评价；第二模块为基本素质，采用模糊综合评价；第三模块为核心素质和个性化能力，采用写实审核的方式评价。

1. 学业绩效的量化评价

学业绩效评价是对学生学习进展和变化及结果进行的评价，是学业因素评价的重要内容。在此模块评价中，首先，通过公式"必修课的平均标准分 × （1 + a × 选修课的总学分）"将同年级、同专业学生的必修课、选修课、课外教育成果的原始分进行标准化。其次，根据学生自己填写的专业技能状况，通过公式"b × 专业技能分"自动生成相应的分值，最后通过以下方法计算出每个学生的最终成绩。

$$x^n = \bar{z}_{必}(1 + a \cdot \sum_{选} 学分) + \bar{b} \cdot \sum (学生专业技能分)$$

$a = 0.04; b = 0.06;$

$\bar{z}$ 为该学生的平均标准分；

x^n 为该学生学业成绩的最终总评分。

2. 基本素质的模糊综合评价

此评价采用写实（含社会评价）和评议（学生自评、同学评价、教师评价）相结合以及贯穿平时、期中和期末全过程的方式进行；评价结论以"优秀"、"合格"、"需努力"三个等级描述。"平时评价"和"期中评价"中的"同学评议"由班级评价小组进行评议，在"期末评价"中则由全班同学推选不少于1/3的学生代表进行评议。原则上，在参评主体中，凡是有 2/3 以上对某生某指标评价为"优秀"，则可认定该生为"优秀"；凡是有 2/3 以上对某生评价为"需努力"，则可认定该生为"需努力"；其余学生为"合格"。

（1）确定评价体系的评价因素集

根据 FCF 理论，设置评价因素集

$$F = \{F_1, F_2, \cdots, F_i\}, \tag{1}$$

其中 $i = 1, 2, \cdots, n$

对 F 的子因素集 F_i 的二级指标因素集为

$$F_i = \{F_{i1}, F_{i2}, \cdots, F_{ij}\}, \tag{2}$$

其中 $j = 1, 2, \cdots, n$

对 F_i 的子因素集 F_{ij} 的三级指标因素集为

$$F_{ij} = \{F_{ij1}, F_{ij2}, \cdots, F_{ijk}\}, \tag{3}$$

其中 $k = 1, 2, \cdots, n$

（2）确定评价体系的指标评语集

经过评价主体和评价对象的共同协商，将指标评语集 S 定性地分为若干个等级

$$S = \{S1, S2, \cdots, Sm\}, \tag{4}$$

其中 $m = 1, 2, \cdots, n$（下同）

同时设指标评语集的评语向量为

$$S = \{P_{S1}, P_{S2}, \cdots, P_{Sm}\} \tag{5}$$

式中，$P_{Sm} \in [0, 1]$ 代表第 m 个评语等级对指标评语集 S 的隶属度。

（3）确定评价体系指标的权重

指标确定下来以后，就要考虑某一指标在整个指标体系中的相对比例值。每个指标的权重表示该指标在整体中的相对重要程度。

第一，设一级的评价因素集的权重向量为 Q

$$Q = \{q_1, q_2, \cdots, q_w\}, \tag{6}$$

其中 $w = 1, 2, \cdots, n$

需要满足 $q_w \geq 0$，且 $\sum_{i=1}^{w} q_i = 1$，其中 $(i = 1, 2, \cdots, w)$

第二，设一级指标中任意二级的评价因素集的权重向量为 Q_i

$$Q_i = \{q_{i1}, q_{i2}, \cdots, q_{iw}\}, \tag{7}$$

其中 $w = 1, 2, \cdots, n$

需要满足 $q_{iw} \geq 0$ 且 $\sum_{j=1}^{w} q_{ij} = 1$，其中 $(i, j = 1, 2, \cdots, w)$

第三，设二级指标中任意三级的评价因素集的权重向量为 Q_{ij}

$$Q_{ij} = \{q_{ij1}, q_{ij2}, \cdots, q_{ijw}\}, \tag{8}$$
其中 $w = 1, 2, \cdots, n$

需要满足 $q_{ijw} \geq 0$，且 $\sum_{k=1}^{w} q_{ijk} = 1$，其中 $(i, j, k = 1, 2, \cdots, w)$

（4）单因素模糊评价

在 F_{ij} 中第 k 个次子因素评价的向量值为

$$r_{ij} = \{r_{ijk1}, r_{ijk2}, \cdots, r_{ijkm}\} \tag{9}$$

且需满足 $\sum_{s=1}^{m} r_{ijks} = 1$，$r_{ijks}$ 表示在第 k 个子因素的评价对第 s 个评价等级的隶属度。

则含有 k 个次子因素的子因素集 F_{ij} 的单因素评价矩阵 R_{ij} 为

$$R_{ij} = \begin{bmatrix} r_{ij11} & r_{ij12} & \cdots & r_{ij1m} \\ r_{ij21} & r_{ij22} & \cdots & r_{ij2m} \\ \cdots & \cdots & \cdots & \cdots \\ r_{ijk1} & r_{ijk2} & \cdots & r_{ijkm} \end{bmatrix} \tag{10}$$

（5）一级指标模糊综合评价

本书按照 F_{ij} 的每个指标进行评价，得到一级综合评价的模糊向量为

$$T_{ijk} = (t_{ij1}, t_{ij2}, \cdots, t_{ijm}) = Q_{ij} \cdot R_{ij} \tag{11}$$
式中 $t_{ijk} = \max\{\min\{q_{ij1}, r_{ij1k}\}, \min\{q_{ij2}, r_{ij2k}\}, \min\{q_{ijn}, r_{ijnk}\}\}$

（6）二级指标模糊综合评价

将 F_i 中的 n 个指标看作 n 个单因素进行二级综合的评价，得到由 F_{ij} 一级综合评价结果组成的模糊评价矩阵 R_i

$$R_i = \begin{bmatrix} T_{i1} \\ T_{i2} \\ \cdots \\ T_{in} \end{bmatrix} = \begin{bmatrix} t_{i11} & t_{i12} & \cdots & t_{i1m} \\ t_{i21} & t_{i22} & \cdots & t_{i2m} \\ \cdots & \cdots & \cdots & \cdots \\ t_{ik1} & t_{ik2} & \cdots & t_{ikm} \end{bmatrix} \tag{12}$$

于是得到二级综合评价的模糊向量为

$$T_{ik} = (t_{i1}, t_{i2}, \cdots, t_{im}) = Q_i \cdot R_i \tag{13}$$
同理，取

$$t_{ik} = \max\{\min\{q_{i1}, r_{i1k}\}, \min\{q_{i2}, r_{i2k}\}, \min\{q_{in}, r_{ink}\}\} \tag{14}$$

（7）三级指标模糊综合评价

最后，将 F 中的 n 个指标看作 n 个单因素进行三级综合的评价，得到

由 F_i 二级综合评价结果组成的模糊评价矩阵 R

$$R = \begin{bmatrix} T_1 \\ T_2 \\ \cdots \\ T_n \end{bmatrix} = \begin{bmatrix} t_{11} & t_{12} & \cdots & t_{1m} \\ t_{21} & t_{22} & \cdots & t_{2m} \\ \cdots & \cdots & \cdots & \cdots \\ t_{k1} & t_{k2} & \cdots & t_{km} \end{bmatrix} \qquad (15)$$

于是得到三级综合评价的模糊向量为

$$T = (t_1, t_2, \cdots, t_m) = Q \cdot R_i \qquad (16)$$

然后，依最大原则①选出三级综合评价模糊向量最大分量，确定对应的互评或者师评的等级。

最后，将学生自评、同学评价、教师评价的结果进行统计，如果三者中有两者为"优秀"且师评结果至少为"合格"，则该生的评价结果为"优秀"；如果三者中有两者为"需努力"，则该生的评价结果为"需努力"；其余为"合格"。

3. 核心素质和个性化能力的写实审核评价

在此评价中，社会工作、公益实践和创新创业等核心素质的评价主要根据学生写实情况相应产生"优秀"、"合格"、"需努力"三个等级；个性特长、技能素质和特殊经历等特殊能力以写实的方式进行，只要所在三级指标中有一项评价结果为"有"，则此模块的评价结果为"有"，否则视为"无"。这个模块学生写实产生的相应结果需经班级评价小组审核后才能生成最终的评定结论。

总之，在核心理论指导下构建的地方本科高校高素质应用型人才评价体系强调"创造适合学生发展的教育"②；强调评价的改进和激励功能，促进学生发展；注重综合素质评价，关注个体差异；强调质性评价，实现评价方法的多元化；强调参与和互动，实行多主体评价。

六　评价过程：重在嵌入与循环

评价一般具有导向、诊断、激励、改进、选拔、管理等多种功能。从

---

① Liu Yachen, Chang Chunguang, Liu Ning, Zhao Liang, *AHP Based Fuzzy Comprehensive Evaluation for Townifying Level*，Journal of Shenyang Jianzhu University (Natural Science)，2008，24（1）.

② 鲁林岳：《服务区域经济建设：地方高校发展与转型的价值导向与追求》，《中国高教研究》2009 年第 1 期。

主体是否参与日常教育教学活动以及追求的价值目标来看，评价可分为外部评价和内部评价。外部评价是指由教育主管部门或用人单位等不参与日常学校教育活动的相关评价者对学生开展的评价；而内部评价则是指直接从事日常教育活动的教师或学生同伴及自身所进行的学生评价。一般而言，外部评价追求的是高效便捷、快速地得出评价结论，评价主要是以"选择适合教育的学生"或"选择适合工作的人才"为根本目的的。而内部评价则是高度关注评价的情境性、即时性、主体性、差异性，并不忙于下一个准确的结论，评价主要是以"改进教师的教和学生的学"为根本目的的。

　　在学生评价开启的数千年前，评价是与教育教学紧密契合的"一体两翼"。我国古代孔子的"不愤不启，不悱不发"、"见贤思齐焉，见不贤而内省也"等蕴含着丰富的评价思想，揭示了教学中评价的时机、评价的榜样以及通过评价进行反思的重要性。苏格拉底的产婆术教学方法同样如此，产婆术大体可分为引导、纠错、助产三个环节，意即顺着说话者的思路引导其不断深入，发现其错误，通过反诘帮助说话者弄清真相。这是一个将评价与教学融合在一起的范例，评价植根于教学情境中，无处不在，指引着学生不断接近教学目标。秉持"泛智"教育思想的夸美纽斯倡导建立全面智慧学校，在这种学校里要实现"把一切知识教给一切人"的宏伟目标，并相应设置了各类考试。夸美纽斯将考试的目的定位于掌握教学进度，理解教学效果，敦促教师进取，促使教学目标实现。他认为考试应贯穿教学的全过程，由不同教学阶段的考查和考试组成，构成一个考试体系，其中包括学时考查、学习考查、学周考查、学月考查、学季考查、学年考查，并详细制定了各阶段考试的检测内容和管理规程。"教评合一"是评价发轫期间的最主要特征，相应地，促进教学是评价的主要目标。①

　　然而，随着社会对人才需求的不断增多和学校教育规模的日趋扩大，我国隋朝开始的科举制度将学生评价越来越演化为以选拔为价值追求的社会性考试，以至于深刻影响并反作用于学校内部的学生评价。学校内的教育内容、教学方式、评价方式都直接与科举挂钩，学习的唯一目的就是为了在科举考试中出人头地，步入仕途。在西方，随着19世纪末20世纪初

---

① 王凯：《发展性校本学生评价研究》，华东师范大学出版社2009年版，第52—53页。

行为主义理论的产生与发展，人们一度认为人的智力是与生俱来的，智力水平是可以用适合的工具测量出来的，智力水平的高低决定着学生今后在学习和生活中可能取得的成就多寡。自 20 世纪初以来，随着当代资本主义大规模生产方式的出现，垂直管理的科层制组织形式泛行，社会生活各个领域的所谓"合理化"进程不断加快，强调通过最重要、最直接又最迅速的方法与途径，实现"效率"的最大化，以有系统的、逻辑的以及"合理"的成分破除神秘性，从迷思中解放、觉醒和逃脱。于是，将学生编在一个个人数众多的班级、接受相同的教学内容、施以共同的评价方式，成为发挥教育资源"最大功效"，促进学生快速成长的"最便捷途径"。学生评价越来越成为选拔和控制学生的"桎梏"，越来越偏离了教学的"本真"。

进入 20 世纪中叶以来，众多的教育家、评价专家、心理学家对此进行了艰苦的研究和猛烈的抨击，不一而足。杜威（John Dewey）以"教育即生活、教育即生长、教育即经验持续不断的改造"三个命题吹响"回归生活"的号角，他认为教育不能单纯成为儿童谋生的手段，不能仅仅为了未来虚幻的生活做准备，与此相对应的学生评价应该注重科目的内在价值与工具价值的统一。人本主义心理学家罗杰斯（Rogers，Carl Ransom）认为，教学的本质即促进学生成为完善的人，教学绝不仅仅是为学习者提供事实，而是要强调一个完整的个体在教学过程中的存在，要通过各种方式关注学生的情感表现，促进师生之间、生生之间建立起亲密无间的关系，这种氛围中的教和学才能体现出学生的完整性。格朗兰德认为，评价最初及根本性目的就是为了促进学生的学习，是必然根植于教学之中的，有效的教学必然包含有效的学生评价，有效的学生评价会扫清学生学习之路上的障碍。[①]

1963 年，美国心理学家、教育家克龙巴赫发表了《通过评价改进教程》一文，明确提出评价应放在教学过程或课程改革过程中，而不是在教学过程或课程改革结束后，并强调评价的"改进功能"。1966 年，斯塔弗尔比姆提出了 CIPP 模式，强调评价应该为教育决策提供全面的信息，突出评价的决策功能，并首次提出了将评价分成形成性评价和总结性评价的思想。

---

① 王凯：《发展性校本学生评价研究》，华东师范大学出版社 2009 年版，第 54 页。

20 世纪 80 年代后，教育评价的发展再次出现了新的动向，评价从以决策为中心转向以人为中心。如林肯等的"第四代教育评价"理论，主张打破以往评价中的"管理主义倾向"，通过对各类与评价利害关系人的需要、关注点和问题的应答、对话、协商，提出了"共同建构"、"全面参与"的思想。随着评价研究的深入，学生评价开始实现向教育本真的回归。

但令人遗憾的是，迄今为止现行的高校学生评价依然过于关注结果评价而忽视过程和形成性评价，评价往往成了一个学期教育教学活动完成前的一个独立环节，目的在于对学生的学习结果进行判断，而非促进教师教学的改进和学生学习的发展进步。殊不知，虽然结果是过程发展的合乎逻辑的必然产物，但却不可能体现过程的全部特征，在某种条件下，对结果的描述可能会得出与过程描述相悖的结论。片面的评价目的，不注重过程的评价，其结果是，学生身心发展规律被忽视，学生全面发展的教育目标被置于一边，教育越来越不能适应现代社会发展的需要，严重者甚至可能成为制约学生发展的破坏力量而非促进因素。

因此，学生评价应该始终确立起如下思想与理念：①评价是通过教学为学生发展服务的；②学生的发展过程是一个连续不断的变化过程；③评价与教学不仅紧密联结在一起，而且是一个动态的和不断发展的过程；④评价的出现是自然而然的，是一个进行之中的、嵌入的过程，是整个学习不可分割的一部分。

七　评价结果：关注反馈与交流

结果处理是高校学生评价的重要组成部分，是将评价作用于学生成长的基本环节。所谓高校学生评价结果的处理，是指在通过各种途径获取学生评价信息的基础上，运用一定技术对评价结果进行分析、解释和表述，并与学生、教师以及家长等利益相关者进行反馈与交流，以及采取适当措施对教师的教与学生的学进行改进和干预的过程。具体来说，它包含以下三个环节。

一是解释与表述。即当获得每一个被评大学生在每一条评价指标、评价要素上孤立的、描述性原始数据后，采用科学的标准与方法，对这些数据进行分析、解释、归纳、汇总，并做出有意义的价值判断。这是评价结果处理的第一步。

二是反馈与交流。即在价值判断的基础上，将学生的素质状况，全面准确、及时而多样地反馈给利益相关者，帮助学生了解自己的优点与进步，清楚自己的弱点与不足，让有关教师掌握特定学生群体的共性特征与学生个体的个性差异，提高师生对评价结果的认可、接纳与内化程度，并为学生学习的改进以及教师下一步的教育教学改革提供决策建议。

三是改进与干预。即根据学生评价的结果，通过采取适度奖惩措施，进行正向与负向激励。师生共同制订发展与改进计划，挖掘学生潜力，促进发展进步。同时，加强启示性、探究性研究与改进性计划实施过程监督，推动学校教育教学改革与管理工作的完善，从而促进学生评价功能的真正实现。

（一）学生评价结果处理机制反思

1. 结果处理的管理主义倾向及表现

管理主义（Managerialism）的本意在于强调管理人员在公共服务机构的角色，务求以最少的投入来完成更多的成果，重视优化管理结构来推行变革的成效。[1] 在教育评价领域，管理主义表现为强调对权威的服从，对学生个别差异的漠视，以及过分注重效率和结果、以方便管理为首要考虑因素的泛行政化倾向。

当前，我国高校学生评价处理机制的行政管理色彩较严重，主要表现在以下几个方面。

第一，结果处理的目的以管理为主。评价结果的处理主要考虑便于管理，主要目的定位在选拔与甄别上，关注的是学生的表现和最终"作品"。即通过对学生发展水平的测试与诊断，给学生下一个结论，不做任何解释并与他人进行比较，进而使之成为评奖评优的依据，而很少关注对学生发展来说非常重要但又难以被测量的要素，很少关注如何运用评价结果来改进教师的教和学生的学。这种结果处理方式的权威性高、规范性强、效率高，但却忽视了评价要向师生提出有用建议，促进学生发展这一评价的本真意义。

第二，结果处理的主体相对单一。教师往往成了评价结果处理的唯一主体，而学生以及家长游离于结果处理的主体之外。这种评价关系，一方

---

① 戴晓霞、莫家豪、谢安邦：《高等教育市场化》，北京大学出版社 2004 年版。

面，使教师和学生把对方看成是相互对立的客体，产生一定程度的"对象性思维"；另一方面，教师成了评定学生优劣的"主宰者"，对学生进行控制、观察与评价，学生和家长则成为评价结果的被动接受者。学生主体地位的缺失以及家长参与的不足，大大降低了他们参与结果处理的积极性，对评价结果的认可、内化程度，以及成就理想与前进动力的培养。这种评价结果处理关系难以真正起到改进学习的作用。

第三，结果处理的技术"唯分数论"。"范式思维"仍居主导地位，结果处理的技术主要是量化。在学业成就评价中，纸笔测试几乎成了唯一的手段，"标准化测验"成了最盛行的教育测量方式。更为遗憾的是，即使在对学生需要、情感、态度、品德等非认知因素的评价结果处理上，量化技术也是大受吹捧。"为考而学"、"为评而学"逐渐实现了对"为学而考"、"为学而评"的僭越，越来越成为教育实践的支配力量，而对分数背后隐藏的教育意义却很少予以关注。

第四，结果处理的标准趋向共性约束。结果处理的标准整齐划一程度性高，自定性强，是当下高校学生评价存在的又一突出问题。表现为不同区域、不同学校之间社会参照标准的同一性，同一学校不同年级、不同专业学生绝对标准的同一性，以及不同个性与特点学生之间标准的同一性等。绝对评价、相对评价占据主导地位，而个体内差异评价远未被重视。结果是评价行为带来过强的共性约束，既损害了结果处理的科学性，又不利于学生多样化、个性化发展。

第五，结果的分析与反馈相对缺乏。为学生发展服务的评价目的，决定着教师要抱着宽容的态度，全面、细致地分析学生在整体中所处的位置以及学生现在与过去的变化情况，分析学生在各个评价指标以及要素上的表现情况，从而找出学生的长处与不足，并及时地予以反馈，为学生后续发展提供尽可能多的有益信息。而当前高校学生评价结果的处理既缺乏严谨、深入的分析，也少有及时、客观的反馈。

第六，改进与干预流于形式。评价结果的获得不仅是教与学的终点，而且是新一轮教与学的开始，缺少有针对性的改进建议与干预手段，必将导致评价功能的异化与弱化。当前，许多教师往往把评价过程看作简单的线性过程、封闭模式，把评价结果的公布理解为评价活动的终结，而较少给学生提出建议，给自己的教育教学带来反思，也疏于与学生共同研究制订合适的改进计划，更难以采取一定的措施对学生的学与自己的教进行有效干预。

2. 结果处理的问题透视和反思

评价结果处理的管理主义倾向制约了评价功能的实现，给高等教育质量的提升与学生的发展带来了不利影响。

首先，评价不能成为提高教师教育教学水平的有效手段。

由于严重的管理主义倾向，高校学生评价成为学校管理学生的一种手段，这种手段更多体现的是对学生的选拔、甄别以及奖惩，忽视了其作为教育教学活动组成部分而应有的教育性价值。从实施效果上看，这种评价结果的处理机制只是教师作为"评判者"针对学生学习做出的单向行为，鲜有对教师教学行为不当而采取的"教育问责"，不能对教师自身的"反思教学"、"改进教学"起到激励和鞭策作用。

其次，评价不能成为促进学生发展进步的动力源泉。

"学习不是一个将知识从教师传递给学生的过程，而是个体主动与新知识进行互动的认知建构过程。"科学的评价结果处理能有效地促成评价与学习的联结。① 传统以分等级或排名为主要特征的评价结果处理机制，往往使优秀学生产生优越感、后进学生产生自卑感、普通学生产生缺乏被关注感，而难以激发学生形成来自内部的学习动机与学习信心，以促进自身学习。研究还表明，评价结果处理的分析与反馈会对学生学习内容、学习行为的选择以及日常表现产生非常直接的影响。如果教师强调知识的再现和再认识，学生就会采取被动接受的形式学习，依赖机械记忆；如果教师强调平时作业与表现的重要性，学生就会更加关注学习的过程；如果教师强调答案的唯一性，学生就会忽视更加广泛的课外知识学习，而将书本作为学习的全部内容。与此同时，在评价结果的处理时，依据培养目标或教学目标对学生保持有持续的"成就期望"也能对学生进步起到十分重要的作用。遗憾的是，因为传统评价结果处理机制的不完善，这些功能尚未得到切实的发挥。

3. 学生评价结果处理机制的策略

(1) 确立"促进学习"的评价结果处理观

当前，高校学生评价结果处理过程中存在的问题，究其原因，不难发

---

① *Western and Northern Canadian Protocol for Collaboration in Education. Rethinking Classroom Assessment With Purpose in Mind*（http：//www.wncp.ca/media/40539/rethink.pdf.）.

现它深受"关于学习的评价"范式的支配，即用"关于学习的评价"的理念来处理评价结果。"关于学习的评价"主要讨论的是对教学效果的评价，一般为了总结学生在一定阶段所学到的知识和掌握的技能，以便汇报学生的学业成就和进步，通常是在教师教学和学生学习之后，对教师的业绩和学生的学业做出评价，它通常被用于大规模的统一考试，其评价结果用来评判教学的质量和学校的成绩，是一种典型的控制与甄别取向评价。① 这种评价范式，关注的是学生学业水平的相互比较，表现形式是冷冰冰的分数，尽管它便捷高效，却难以较客观地分析学生在特定领域面临的学习困难，难以关注学生的精神、心理和道德成长，难以关注学生之间的差异，以及有针对性地向学生提供改进学习的建议，促进学生的学习。

确立"促进学习"的评价结果处理观念，首先，要把评价以及评价结果处理看成是日常教育教学活动的必要组成部分，贯穿于教育教学的全过程，而不是紧跟教学后面的一个独立的环节。其次，要确立评价结果处理的"首要目标就是帮助学生追求更优秀的成绩"的思想，② 对学生学习表现等评价结果进行及时、有效的反馈与交流。再次，评价结果处理不仅要关注学生在认知方面的发展，同时也要注重对学习动机、兴趣、价值观等非认知要素的关注，激发其内在的学习动力。最后，教师要乐做学生学习的促进者，主动地分析、捕捉学生的评价信息，积极与学生沟通切磋和合作共建，同时运用信息来改善教育教学，提高教育效果。

（2）建立多样化的评价结果解释与表述方式

一是量化方式与质性方式相结合。量化处理方式因其准确、高效、易操作等优点而被广泛应用于学生评价结果处理实践。当下，尽管各高校学生评价结果处理的方式多种多样，但总体上是将德、智、体等培养目标分解为评价指标，制定评分细则及权重，最终给学生下一个"精确"的评价分数。但分数无法涵盖人的复杂性和整体性，无法与学生的努力和过去的状态等匹配起来，也难以起到促进学生学习的作用，而且可能导致学生在数字符号的追求中失去"自我"的观念。因而，正确的做法是：对于基础性的知识点，利用纸笔测验的方式进行量化处理，以保证评价的覆盖面和深入程度；对于学生的探究、实践、创新能力，采用"分数＋评语"的方式进行分析处理；对于学生思想品德、情感、价值观等难以量化的领域，采取描述性的评价处理方式；对于文体特长、社会实践能力等要素则采取写实性方式处理。

二是单项评价与综合评价相结合。霍华德·加德纳的多元智能理论告诉我们：人是极具个性化的、多样化的，他们各有自己的风格与强项，每个学生都能在有效的教育下得到充分的发展。因而，企图运用一个综合的结论来对待千变万化、丰富多彩的评价对象和评价要素是不人道、不科学的。借鉴"档案袋"评价理论，注意收集学生的真实表现，打破将不同性质的评价要素加权计算处理结果的方式，突出单项评价，把各个要素的评价结果原原本本地加以反映，让学生发现自己的"闪光点"，找到自身存在的不足。在此基础上，根据培养目标进行综合评价。

三是绝对评价结果、相对评价结果与个体内差异评价结果相结合。评价标准是价值判断的逻辑起点和实施依据，一般可分为绝对标准、相对标准、个体内差异标准，相应地形成三种学生评价结果的解释方式。绝对评价以被评对象外部的某种目标为标准解释被评对象的水平高低，相对评价以被评对象全体的一般水平为参照点解释被评对象的水平高低，而个体内差异评价则是对照该个体的以往水平来判断其进步与否及其变化的幅度。三种评价结果的解释与表述方式各有优缺点，要注意灵活运用，从而实现由"教育测量"向"教育评价"的转向。

四是形成全方位的评价结果反馈与交流机制。学生评价结果的反馈是指把经过价值判断的学生表现信息，及时、有效地再传递给学生及其他利益相关者，力求对学生今后的表现信息再输出产生影响的过程。

要使评价结果的反馈促进学生的学习。一是要及时反馈。每一个学生在接受评价后都希望看到自己的进步，得到他人尤其是老师的认可，并针对出现的错误或存在的不足进行一定程度的自我反思，为下一次评价做好准备。相反，如果不能得到及时反馈，学生就不能从评价中得到有效的刺激，评价的发展性功能就得不到有效发挥。二是要全面反馈。评价所蕴含的信息往往是十分丰富的，教师要深入挖掘，同时尽可能地从评价之外收集更多其他的有效信息，弥补评价信息的不足，矫正评价信息的误差，并将之全面地反馈给学生。三是要注意反馈的方式与场合，坚持一定范围的保密，保护学生的隐私，尊重学生的自尊，相信每个学生都具有改进与提高学习水平的愿望。四是要以慎重的态度，向评价结果的利益相关者反馈评价信息，以形成促进学生发展的教育合力。

五是实施评价结果改进与干预手段。以发展为导向来处理学生综合素质评价结果的重要特点之一，就是不以评价结果的得出而告终，而是借助评价结果，一方面肯定在评价活动中表现出优秀特征的学生，另一方面有针对性地采取措施，帮助表现不佳的学生挖掘潜力，促进共同发展。

实施评价结果改进与干预手段。首先，要扩大正向激励的作用面，让尽可能多的学生在评价中感受成功的体验，发现自己的优势与进步。把学生看成是"在过程中发展、主动开放、每时每刻都在生活中的一个缺点与优点、优势与弱势组成的复杂的混合体"①。其次，要减少负向激励的作用面，即使对于被传统评价制度认定为相对后进的学生，也要本着宽容之心去肯定他的成绩与进步，同时善意地提出希望与要求。最后，制定并落实改进措施。教师要帮助学生制订改进计划，并监督改进方案的落实；要根据评价结果反映出的学生共性与个性问题，制定教育教学的改进措施，以促进教与学的共同提高。

---

① 李树培：《描述性学生评价：一种新的评价视角》，《教育发展研究》2009 年第 4 期。

第八章　结论与展望

　　学生评价既是一个理论问题，更是一个重要的实践问题，对它的研究既要从理论层面进行探讨，也要从实践层面进行求证。在充分梳理掌握国内外学生评价相关成果的基础上，本书提出了教学型本科高校学生评价的命题。高校学生评价改革，既有其现实必要性，也有其实际可行性。本书运用比较研究法、文献研究法和实证研究法对高校学生评价的理论基础、影响因素、存在问题以及改革举措等进行了研究，得出了一些基本结论。

　　第一，我们为什么要进行学生评价？——让学生评价回归教育的本质。为什么要进行学生评价？这是一个看起来无须追问的问题，但实际上这是我们开展学生评价的思维起点。学生评价是对学生个体学习的进展和变化的评价。现代学生评价的主要目的是为了激励学生的学习，根据学习的实际改进教学过程，促进学生更好地发展。深一步讲，开展科学的学生评价是对教育目的的回应。教育是解放人的过程，使人从狭隘走向广阔的过程。个性、独特性和多样性既是教育的重要资源，也是教育追求的目标。教育要开发人的智力、各种能力，要开掘人的大脑潜能等，但教育更重要的是要发展人之发展的动力，并不断提高他们的能量与功能范围。对学生的评价，如果离开了促进学生发展这个终极目的，都将是本末倒置，毫无意义甚至是有害的。因此，我们在设计和实施学生评价的时候，必须牢牢抓住这个根本，以此来确定评价的价值取向和功能定位，决定评价的内容和标准，选择评价的形式和方法。

　　第二，我们的学生评价为了谁？——关注学生发展和教育的内在价值。标准、主体、客体和事实材料是学生评价的基本要素。为谁而评反映了我们对评价的实施主体和价值主体的认知。从实施主体看，传统的学生评价只是教师的事情，学生只是被动的被评价者。随着学生主体意识的觉醒，学生在接受教育的过程中日益要求成为参与评价主体的一员。吸收高校毕业生的就业单位，通过工作实践的考察，对毕业生的社会适应性、工作适应性等进行考核和评价，这体现出社会作为学生评价主体的角色日益突出。另外，作为国家代表的教育行政部门对教育质量的关注也对学生评价提出了更多要求而成为学生评价多元主体中的重要一员。因此，在学生评价的主体中，至少包括了国家、社会、用人单位、学校和学生个体等不同的实施主体。从价值主体看，以上这些评价主体基于各自社会地位和利益诉求的差别，往往对评价标准有着不同的观念预期和评价诉求。他们彼此之间既有反映一定社会发展阶段对学生发展主导性要求的共同性，更有不同评价主体之间利益及认知的差异性。从根本上讲，上述差异体现了学生评价的价值取向是强调教育为国家、社会服务的外在价值，还是对教育内在价值和学生自身发展的关注，或者是两者的和谐统一。教育的意义在于不仅要使人的社会功用价值得到发展，更要使人自身的内在价值得到丰富。随着知识经济时代的到来，我们对"人"的认识越来越走向深入，人的个性也得到越来越多的彰显，以促进学生发展为表现形式的教育的内在价值在这个过程中应该而且必须得到重视和体现。

第三，我们能够为完善学生评价做些什么？——逐步构建起适切的学生评价体系。科学的学生评价观是把学生当作独一无二的个体，重视每个个体的存在，把促进每一位学生的发展作为根本的出发点。具体而言，就是善于根据不同专业、不同年级学生不同的培养目标和培养要求，协调教育的内在价值与外在价值，为学生确立起未来发展的方向与指引，并将评价与教育教学有机地镶嵌起来，一步一步、过程性地促进学生不断发展进步。与此同时，坚持尊重学生发展的个性差异，肯定每一位学生的长处与闪光点，注重发掘每一个学生的个性和潜能，帮助实现每一位学生的成功。因而，在促进学生外在价值与内在价值协调发展理念指导下，需要重新构建　套科学完善、与各类高校人才培养目标定位相契合的学生评价体系。首先，在评价的目标上，要发挥评价的激励、诊断和发展功能，发现学生的潜能，发挥学生的特长，了解学生的需求，通过评价促进学生在原有水平上的提高，逐步达成培养目标之要求。在评价的内容上，要强调对评价对象各方面活动和发展状况的全面关注，把学生的智力因素发展和非智力因素发展有机结合起来。在评价方式上，要注重发挥多种评价方式的融合，实现量化评价和质性评价、写实性评价等的灵活运用。在评价标准上，既要强调统一要求、统一标准，更要关注学生个体发展的需要，尊重和认可学生个性化的价值取向，依据学生的不同背景和特点，运用不同的评价方法，正确判断并发掘学生的不同发展潜能。

第四，我们的学生评价将走向何方？——实现人的全面而自由的发展。教育要实现人的全面发展，这是教育的应然状态，但教育的应然和实然之间总是存在差距。教育的善恶矛盾的存在是永恒和必然的，学生评价领域亦是如此。我们呼唤注重伦理价值的学生评价，是希望学生评价在这种对"真"、"善"、"美"、"公平"、"正义"等伦理价值的崇尚和追求中，不断实现自我完善，逐步走近教育理想。但是，除开针对评价自身作为价值判断过程复杂性的顾虑之外，不得不承认教育的社会制约性。在学生评价标准日益成为教育发展和学生成长"指挥棒"的今天，只要有利益关系的存在和资源配置的不均衡，所有想通过纯粹技术性改革而实现理想价值的努力都将受到体制性障碍的束缚。

《国家中长期教育改革和发展规划纲要（2010—2020年）》在第十一章"人才培养体制改革"中指出要"更新人才培养观念。深化教育体制改革，关键是更新教育观念，核心是改革人才培养体制，目的是提高人才培养水平。树立全面发展观念，努力造就德智体美全面发展的高素质人才。树立人人成才观念，面向全体学生，促进学生成长成才。树立多样化人才观念，尊重个体选择，鼓励个性发展，不拘一格培养人才"。要"改革教育质量评价和人才评价制度。改进教育教学评价。根据培养目标和人才理念，建立科学、多样的评价标准"。这是关于人才培养理念革新的重要信号。遵循这个理念的学生评价体系改革将真正高扬尊重人的价值与尊严的大旗，不断朝着实现个性解放和人的全面发展的道路前行。我们期待学生评价在促进学生成长中的作用越来越凸显，期待人的全面发展的那一天早日到来！

建构高校学生评价制度改革的理论体系是一项复杂的工程，由于笔者的研究能力和学术水平有限，本书对高校学生评价制度的研究只能说是"窥其一角"，还处在比较凌乱的初始阶段，但愿能起到抛砖引玉的作用。针对高校学生评价的现实，本书虽然提出了教学型本科高校的新视角，在一定程度上拓展了学生评价研究的学术领域，对丰富学生评价研究是一种大胆的尝试，对我国教学型本科高校学生评价制度的重构提供了一种新的理论参考和实践借鉴，但由于对教学型本科高校学生评价的最新信息掌握不尽全面，对新旧学生评价制度运行下学生成长变化的数据分析十分困难，因而本书的研究难免不周全、欠严谨，还亟待更多的学者从实践和理论两方面对它进行阐释和丰富，特别是在确立学生评价的度量标准、在教育的内外价值契合和发展模型的构建上需要深入研究并不断完善。除此之外，任何制度的创新都需要有良好的生态环境与土壤。学生评价制度的创新亦是如此。因此，要使该制度有效实施，还必须建立与之相适应的教学与管理、人才使用与选拔环境，实行与之相配套的教学思想、教学内容、教学方法、考试制度、班级规模等改革。同时，人是复杂多面的生命体，决定着无论是科学合理地推进评价制度改革还是学生评价制度的运行，都将是一项非常复杂的工作，也是一项长期性的工作，不可能一成不变、一蹴而就，而应该在实践和理论的探索中博采众长、不断修正、发展完善。

　　总之，面对教学型本科高校学生评价这个常谈常新的课题，为了有力地促进教学型本科高校的科学发展和人才培养质量的不断提高，我们将不断关注学生评价的理论前沿和最新动态，不断吸收与借鉴新的研究成果，不断深化完善关于教学型本科高校学生评价的理论思考。

参考文献

著作：

1. ［美］B．S．布鲁姆等：《教育评价》，邱渊等译，华东师范大学出版社 1987 年版。

2. 陈玉琨：《教育评价学》，人民教育出版社 1995 年版。

3. 程斯辉：《教育之道》，安徽教育出版社 2007 年版。

4. 崔允漷、王少非、夏雪梅：《基于标准的学生学业成就评价》，华东师范大学出版社 2008 年版。

5. 陈桂生：《人的全面发展理论与现时代》，华东师范大学出版社 2011 年版。

6. 黄富峰：《池田大作教育伦理思想研究》，中国社会科学出版社 2010 年版。

7. 金娣、王钢：《教育评价与测量》，教育科学出版社 2007 年版。

8. ［法］卢梭：《爱弥儿——论教育》，李平沤译，商务印书馆 1978 年版。

9. 李轶芳：《本体论视界中的交往教学》，上海交通大学出版社 2007 年版。

10. 刘五驹：《实用教育评价理论与技术》，苏州大学出版社 2008 年版。

11. 刘宇文：《社本主义教育反思》，湖南师范大学出版社 2010 年版。

12. 李志厚：《变革课堂教学方式——建构主义学习理念及其在教学中的应用》，广东教育出版社 2010 年版。

13. 李家福：《大学差异化发展研究》，中国人民大学出版社 2011 年版。

14. 刘焕亮、赵文：《应用型人才培养模式的研究与实践》，高等教育出版社 2012 年版。

15. 李树培：《描述性学生评价论》，山东教育出版社 2013 年版。

16. ［美］马斯洛等著：《人的潜能与价值》，林方主译，华夏出版社1987年版。

17. 瞿葆奎主编，陈玉琨、赵永年选编：《教育学文集·教育评价》，人民教育出版社1989年版。

18. ［瑞典］T. 胡森、［德］T. N. 波斯尔斯韦特著：《教育大百科全书（I）》，张斌贤等译，西南师范大学出版社、海南出版社2006年版。

19. 涂艳国主编：《教育评价》，高等教育出版社2007年版。

20. ［美］泰勒著：《课程与教学的基本原理》，罗康、张阅译，中国轻工业出版社2008年版。

21. ［日］田中耕治著：《教育评价》，高峡、田辉、项纯译，北京师范大学出版社2011年版。

22. 田友谊：《当代学生评价的理论与实践》，华中师范大学出版社2012年版。

23. 王汉澜：《教育评价学》，河南大学出版社1995年版。

24. ［美］W. 詹姆斯·范：《促进教学的课堂评价》，国家基础教育课程改革"促进教师发展与学生成长的评价研究"项目组译，中国轻工业出版社2003年版。

25. 吴钢：《现代教育评价教程》，北京大学出版社2008年版。

26. 王凯：《发展性校本学生评价研究》，华东师范大学出版社2009年版。

27. 王啸等：《静水流深见气象——鲁洁先生的教育思想与教育情怀》，教育科学出版社2010年版。

28. 肖庆华：《教育改革的人学探究》，中国社会科学出版社2012年版。

29. 杨向东、崔允漷：《课堂评价——促进学生的学习和发展》，华东师范大学出版社2012年版。

30. 钟祖荣、伍芳辉：《多元智能理论解读》，开明出版社2003年版。

31. 郑金洲、吕洪波：《教师不可不知的教育流派》，华东师范大学出版社2012年版。

32. 曾水兵：《走向"整体人"的教育——人学视野下现代教育路向之探索》，中国社会科学出版社2012年版。

论文：

1. 陈新汉：《主体需要、评价标准及其选择——对评价活动机制中一个环节的思考》,《求索》1995 年第 1 期。

2. 蔡敏:《美国〈学生评价标准〉》评析》,《外国中小学教育》2003 年第 11 期。

3. 俎媛媛:　《真实性评价研究》,硕士学位论文,华中师范大学,2007 年。

4. 陈庆:《国际学生评价项目 PISA——科学素养的测评的研究》,硕士学位论文,浙江师范大学,2013 年。

5. 邓义桂:《高校考试中存在的问题与对策研究》,《高等农业教育》2008 年第 5 期。

6. 祁海霞、王鸿喜、孙立威:《地方应用型人才评价体系构建研究》,《现代教育管理》2009 年第 6 期。

7. 覃红燕、李良民:《大学生综合素质评价体系的构建》,《湖南科技学院学报》2009 年第 6 期。

8. 丁朝蓬、梁国立、吴慧云:《基于评价的教学改革:美国"跟进计划"的启示》,《教育科学研究》2009 年第 8 期。

9. 樊亚峤等:《学生综合素质评价的制度化》,《中国教育学刊》2010 年第 6 期。

10. 黄丽华:《建构主义学习观对学校道德教育发展的启示》,《教育理论与实践》2007 年第 2 期。

11. 甘泉:《高校学生综合素质评价的功能与原则》,《思想政治教育研究》2008 年第 4 期。

12. 高翔、杨远萍:《当前教师评价行为目标缺失及改进策略——分层次管理、差异性评价行为模式探索》,《教育理论与实践》2009 年第 3 期。

13. 海迪·罗斯、罗燕、岑逾豪:《清华大学和美国大学在学习过程指标上的比较:一种高等教育质量观》,《清华大学教育研究》2008 年第 4 期。

14. 何云峰:《学生评价的转向:基于发展性评价的视角》,《教育理论与实践》2009 年第 3 期。

15. 黄向敏、李佳孝:《高等学校教育评价存在的问题与对策初探》,《内蒙古师范大学学报》(教育科学版)2009 年第 7 期。

16. 黎婉勤、曾熙:《建构主义理论对我国高校教学改革的启示》,《东莞理工学院学报》2007 年第 2 期。

17. 刘子杰：《走出价值迷失的困境——关于我国大众化高等教育质量问题的思考》，《辽宁教育研究》2008 年第 2 期。

18. 刘兆青：《基于卓越工程师培养的工科学生评价改革研究》，《华中科技大学》2013 年第 1 期。

19. 马燕：《主成分分析法在学生成绩评价中的应用》，《乐山师范学院学报》2009 年第 1 期。

20. 曲庆、杨万利、刘理晖：《以发展为导向的学生素质评估系统——以清华大学为例》，《清华大学教育研究》2006 年第 1 期（增）。

21. 曲丽丽、吴玲：《大众化教育视域下高校教育质量问题的思考》，《江苏经贸职业技术学院学报》2012 年第 2 期。

22. 沈晓丽：《我国普通高校学生评价实践研究》，硕士学位论文，华东师范大学，2008 年。

23. 申继亮、孙炳海：《教师评价内容体系之重建》，《华东师范大学学报》（教育科学版）2008 年第 2 期。

24. 孙崇正、肖念、金保华：《改革开放以来我国高等教育人才培养质量观的演进与启示》，《清华大学教育研究》2009 年第 2 期。

25. 苏强：《当前学生评价存在的问题及改革方向》，《淮北煤炭师范学院学报》（哲学社会科学版）2009 年第 10 期。

26. 史静寰等：《区域认证中的学生评价："奉子成婚"抑或"天作之合"？——美国高等教育质量保障机制研究》，《外国教育研究》2012 年第 10 期。

27. 史静寰等：《美国大众化高等教育中的学生评价研究：缘起、内涵与实践》，《教育科学》2014 年第 3 期。

28. 孙德芳：《考试拷问：学生主体发展评价的再思考》，《天津师范大学学报》（基础教育版）2009 年第 3 期。

29. 孙慧娟：《地方高师院校学生综合素质评价研究》，硕士学位论文，河北师范大学，2014 年 3 月。

30. 田友谊：《妨碍学生创造力培养的课堂教学因素分析》，《天津师范大学学报》（基础教育版）2006 年第 1 期。

31. 田友谊：《我们该如何评价学生？——由"三好学生"评选制度存废引发的思考》，《思想理论教育》2009 年第 1 期。

32. 田友谊、涂艳国：《教育中的宽容与创造——兼论创造性人才成长环境的培育》，《教育发展研究》2009 年第 20 期。

33. 唐晋：《生本取向：学生评价的伦理回归》，《现代教育科学》2009 年第 3 期。

34. 陶学文：《我国高等教育大众化政策实施十年之回顾与反思》，《湖南师范大学教育科学学报》2011 年第 2 期。

35. 田红芹等：《学生综合素质评价的实践与认识》，《教育实践与研究（B）》2013 年第 10 期。

36. 王灿明：《美国高等教育扩张时期的学生评价研究》，《高等教育研究》2001 年第 7 期。

37. 邬大光：《高等教育大众化理论的内涵与价值——与马丁·特罗教授的对话》，《高等教育研究》2003 年第 6 期。

38. 王凯：《美国课程标准之评价标准的比较、评价与借鉴》，《比较教育研究》2004 年第 1 期。

39. 吴仁英、王毓珣：《课堂评价：改善学生学习的重要途径》，《当代教育科学》2005 年第 1 期。

40. 汪贤泽：《基于标准的评价研究》，《当代教育科学》2008 年第 10 期。

41. 王斌华：《学生评价的发展轨迹》，《华东师范大学学报》（教育科学版）2012 年第 1 期。

42. 薛国凤、王亚晖：《当代西方建构主义教学理论评析》，《高等教育研究》2003 年第 1 期。

43. 徐明春：《高校学生综合素质评价系统分析与设计》，硕士学位论文，山东师范大学，2004 年 5 月。

44. 修朋月、杨春：《影响高校课程评价四因素分析》，《中国高等教育》2006 年第 20 期。

45. 辛涛、张文静、李雪燕：《增值性评价的回顾与前瞻》，《中国教育学刊》2009 年第 4 期。

46. 辛涛、李雪燕：《教育评价理论与实践的新进展》，《清华大学教育研究》2009 年第 6 期。

47. 游永恒：《重新思考我们的教育目的》，《清华大学教育研究》2004 年第 2 期。

48. 游景如：《建构主义学习理论对建立高校新型师生关系的启示》，《江苏大学学报》（高教研究版）2004 年第 3 期。

49．叶祝颐：《取消三好生评选赋予学生评价新内涵》，《青岛日报》2013 年 11 月 28 日第 6 版。

50．张士杰、张国荣、冯喜英：《高校学生学业成就评价现状及改革的研究》，《河南师范大学学报》（哲学社会科学版）2000 年第 5 期。

51．张晓东：《学生教育质量评价标准的多样性与统一性》，《高等农业教育》2002 年第 10 期。

52．张应强、刘在洲：《高等教育大众化背景下的教学质量保障问题》，《高等教育研究》2003 年第 6 期。

53．周天梅、杨小玲：《论罗杰斯的创造观与创造教育》，《外国教育研究》2003 年第 11 期。

54．张宇明：《构建发展性评价体系　促进思想政治教育发展》，《思想教育研究》2003 年第 11 期。

55．张立荣、马先辉：《大学生评价必须遵循的基本原则》，《教育与现代化》2005 年第 1 期。

56．赵颖、郝德永：《可雇佣性：大众化时代高等教育的人才培养逻辑》，《现代教育科学》2005 年第 1 期。

57．钟媚：《过程性评价：概念、范围与实施》，《当代教育科学》2005 年第 14 期。

58．周光礼：《高等教育大众化与研究型大学质量困境——加拿大经验》，《现代大学教育》2007 年第 6 期。

59．赵丹、李新宇：《国外高校考试制度的特点及启示》，《北京教育·高教》2007 年第 10 期。

60．张素敏等：《高校学生综合素质评价存在的问题及改进措施》，《考试周刊》2008 年第 46 期。

61．张学敏、李进：《论基于边际分析的学生评价》，《中国教育学刊》2009 年第 3 期。

62．张磊：《基于层次分析法的工科学生创新能力综合评价》，《创新与创业教育》2010 年第 5 期。

63．张力：《高等教育内涵式发展及其制度创新的多维视角》，《山东高等教育》2014 年第 1 期。

附　录

附录一　W大学本科学生评价办法

一　指导思想

为全面贯彻党的教育方针，深入推进素质教育，激励学生个性化、多样化发展，培养具有创新精神、创业能力、社会责任感强的高素质应用型人才，根据《普通高等学校学生管理规定》等文件精神，结合我校实际，制定本办法。

二　评价目的

（一）通过评价，引导学生实现自我认识、自我教育、自我提高，促进每个学生在原有基础上全面、和谐和可持续发展。

（二）通过评价，引导教师树立正确的教育质量观、发展观、学生观和评价观，改进教育教学方式，优化教育教学行为。

（三）通过评价，引导家长和社会逐步形成科学的人才观、就业观，营造有利于学生成长发展的家庭和社会环境。

三　评价基本原则

（一）发展性原则。学生评价办法要以科学发展观为指导，以促进学生全面、和谐和可持续发展为出发点和归宿。把评价看成是教育过程的一个环节，作为改进教育教学、明确学生努力方向，进而促进学生健康发展的一个手段。

（二）过程性原则。学生评价办法要贯穿于学生知识技能学习、良好思想品德和身心素质形成、创新精神和实践能力提高、个性发展和潜能开发的全过程，贯穿于学校教育的全过程。通过实施学生综合素质评价，使学生的每个发展变化都能得到及时的激励与鞭策。

（三）自主性原则。通过鼓励学生参与评价标准制定、评价过程进行、评价结果形成、评价结果处理等环节，形成评价者和评价对象之间良好的沟通、协商机制，让学生在评价中增强自我意识，实现知识能力的积极建构。

（四）灵活性原则。学生评价办法采取定性与定量相结合、评议与纪实相结合、教师评议、同学评议、自我评议、社会评价相结合的办法。

（五）差异性原则。学生评价办法坚持绝对评价、相对评价和个体内差异评价相结合的方式进行。在绝对评价中明确学生与客观标准的差距，在相对评价中明确学生在集体中的相对位置，在个体内差异评价中让学生明白自己的过去与现在。与此同时，学院应根据不同层次、专业、年级学生的特点，制定各具特色的多样化评价办法。

四　评价指标

1. 学业成绩

2. 品德素质

3. 学习态度

4. 体能素质

5. 社会工作

6. 公益实践

7. 创新创业

8. 个性特长

9. 技能素质

10. 特殊经历

五　评价实施

（一）评价主体。包括教师、同学、社会和学生本人四部分。

（二）评价方法。既重视纸笔测验等一些定量评价方法的使用，又突出观察、访谈、论文式测验等定性评价方法的使用；既重视社会实践、实际操作等评价方法的使用，又强调模拟实践、情景测验等评价方法的使用；既重视量化考核，又强调以等级的方式表现评价结果；既重视书面评价、口头评价方式的使用，也不能忽视情感的、行为动作评价方式的使用。

（三）评价方式。包括平时评价、学期中评价、学期末评价、毕业综合评价四个方面。

1. 平时评价。即在日常教育教学活动中对反映学生综合素质的行为进行即时评价。它以"学生发展电子档案"为手段记录和储存评价信息，以《温州大学本科学生评价办法》的评价内容为依据进行分类，把能反映学生综合素质发展过程的、有代表性的信息及时记入"学生发展电子档案"。具体方法包括：

（1）学生自我评价。在日常教育教学活动中，学生自己认为有值得记录的事迹时，可在学生综合素质评价表"平时评价"栏的"自评"项中予以纪实。

（2）教师评价。在教育教学活动中，教师根据学生的表现，将那些有代表性的、能客观反映学生学习状况的内容在学生综合素质评价表"平时评价"栏的"任课教师"和"班主任"项中予以纪实，并及时向学生反馈。

（3）同学互评。班级评价小组根据"学生发展电子档案"的信息资料及同学的平时表现，每月评议一次，并将评价结果在学生综合素质评价表"平时评价"栏的"同学"项中予以纪实，并及时向学生反馈。

（4）社会评价。社会有关部门和有关人士对学生做出评价的材料，经由学校相关部门认定后，由辅导员在学生综合素质评价表"平时评价"栏的"社会"项中予以纪实，并及时向学生反馈。

2. 学期中评价。即在学期中（第一学期5月份、第二学期12月份），由班级评价小组牵头，组织任课教师和学生本人以"平时（写实）评价"为基本依据，对本班学生进行一次评价，在学生综合素质评价表"期中评价"栏的相应项目中记录评价结论，并将结论及时反馈给学生，使每个学生明确取得的成绩和今后的努力方向。

3. 学期末评价。即在学期结束前（第一学期6月份、第二学期1月份），由班级评价小组牵头，组织任课教师、班级同学代表和学生本人，根据每个学生本学期综合素质发展状况，对学生的综合素质进行评价，在学生综合素质评价表"期末评价"栏的相应项目中记录评价结论，并将之与上学期评价结论进行对照分析，形成学生发展报告。

4. 毕业综合评价。一般在最后一学年的第一学期进行，由前六学期评价结论和第七学期评价结论整合而成。

六　评价具体方法

（一）各评价指标的等级确定原则

1. 品德素质、学习态度、体能素质等指标的评价中，采用写实（含社会评价）和评议（学生自评、同学评价、教师评价）相结合的方式进行。评价结论以"优秀"、"合格"、"需努力"三个等级予以描述。社会工作、公益实践和创新创业等核心素质的评价主要根据学生写实，经班级评价小组审核，以"优秀"、"合格"、"需努力"三个等级予以描述。学业成绩的评价，在综合考虑学生必修课、选修课、课外教育成果和专业技能状况的基础上，采用量化方式进行，以分值方式予以描述。体能素质评价采用测试和评议相结合的办法进行，以"优秀"、"合格"、"需努力"三个等级予以描述。个性特长、技能素质和特殊经历以写实的方式进行，以"有"、"无"予以描述。

2. 同学评议、教师评议和学生自评的方式。"平时评价"和"期中评价"中的"同学评议"由班级评价小组进行评议；"期末评价"中的"同学评议"由全班同学推选不少于1/3的学生代表进行评议。原则上，在参评主体中，凡是有2/3以上对某生某指标评价为"优秀"，则可认定该生为"优秀"；凡是有2/3以上对某生评价为"需努力"，则可认定该生为"需努力"；其余学生为"合格"。学生自评要求学生根据自己的情况如实进行评价。

3. 期中、期末三级指标评价结论的确定。以上评价指标所涵盖的三级指标的评价结论，一般在学生自评、同学评价、教师评价所取得评价结论的基础上，再综合考虑平时（写实）评价的结论，最终形成。原则上，若2/3及以上评价主体认定某生评价结论为"优秀"，且教师评价结论有"优秀"，同时在平时（写实）评价中也没有明显的负评价结论，则可确定该生该指标评价结论为"优秀"。若2/3评价主体认定某生评价结论为"合格"，且教师评价结论至少为"合格"，同时在写实评价和社会评价中也没有明显的负评价结论，则可确定该生该指标评价结论为"合格"；若

2/3 评价主体认定某生评价结论为"合格"，且在平时（写实）评价中有明显的负评价结论，则一般应确定该生该指标评价结论为"需努力"。若2/3 评价主体认定某生评价结论为"需努力"，且教师评价结论有"合格"，同时平时（写实）评价中没有明显的负评价结论，则该生该指标评价结论最高只能确定为"合格"。

4. 三级指标总评结论的确定。原则上，若期中、期末评价结论一致，则总评结论为该评价结论；若期中、期末评价结论不一致，则总评结论以期末评价结论为准。

5. 二级指标评价结论的确定。以上评价指标所指向的二级指标的评价结论，一般在该指标所涵盖的三级指标评价结论的基础上，再综合考虑，最终形成。

（1）品德素质。在三级指标评价结论中，若有 2/3 以上结论为"优秀"，且无"需努力"评价结论，则可认定该生该二级指标评价结论为"优秀"；若有 2/3 以上结论为"需努力"，则认定该生该二级指标评价结论为"需努力"。其余情况认定该生该二级指标评价结论为"合格"。

（2）学习态度。若期中、期末评价结论一致，则总评结论为该评价结论；若期中、期末评价结论不一致，则总评结论以期末评价结论为准。

（3）体能素质。在三级指标评价结论中，若两个评价指标中有一个以上评价结论为"优秀"，且无"需努力"，则可认定该生该二级指标评价结论为"优秀"；若两个评价指标中有一个以上评价结论为"需努力"，则可认定该生该二级指标评价结论为"需努力"；其余情况则可认定该生该二级指标评价结论为"合格"。

（4）社会工作、公益实践和创新创业。在以上各项活动有参与的基础上，某三级指标中有一次被评为院级或院级以上优秀的，则该项二级指标可以确定为"优秀"。没有任何参与的可以确定为"需努力"，其他情况为"合格"。

（5）个性特长、技能素质和特殊经历。在广泛搜集评价信息的基础上，以"有"、"无"或"书面语言"进行描述。在学期考核各三级指标中有一次以上纪实考核为"有"的，则该项目评价结论为"有"。

（二）各二级指标的等级评定方式

1. 学业成绩的评价。将学生必修课的原始分进行标准化，然后利用"必修课的平均标准分 × （1 + a × 选修课的总学分）+ b × 专业技能分"

计算出每个学生的最终成绩。其计算方法如下：

（1）学业成绩计算公式

$$x'' = \overline{z}_{必}\left(1 + a \cdot \sum_{选} 学分\right) + b \cdot \sum(学生专业技能分)$$

$a = 0.04; b = 0.06;$

$\overline{z}$ 为该学生的平均标准分；

x'' 为该学生学业成绩的最终总评分。

（2）各项专业技能赋分方式

①英语、计算机获得等级证书赋分标准

类别 赋分 内容	英语				计算机		
	三级	四级	六级	八级	二级	三级 （除网络技术外）	高级 程序员
专业学生	/	1	/	2	/	/	1
	报名参加并备考专八未过加 1				报名参加并备考高级程序员未过加 0.5		
非专业（除音、体、美专业外）学生	/	1	2	/	1	2	2
	报名参加并备考六级未过加 1				报名参加并备考三级未过加 0.5		
音、体、美本科生	1	2	3	/	2	2	3
	报名参加并备考四、六级未过加 1				报名参加并备考二、三级未过加 1		

注：其他情况参考上表相应类别、相应内容酌情赋分。

②专业技能竞赛获奖赋分标准

级 别	国家级			省 级		
	一等	二等	三等	一等	二等	三等
分 数	15	8	5	6	3	2
	报名参加国家级竞赛未获奖加 2			报名参加省级竞赛未获奖加 1		

③学术论文和个人创作赋分标准

权威级	一级	二级A	二级B	市级 （公开报刊发表，转载、采编、新闻和通讯除外）	校级 （正式报刊发表，转载、采编、新闻和通讯除外）
分别赋15分、8分和6分	5	4	2	1	0.5

④课题立项并结题赋分标准

级别 赋分 内容	国家	省	市	校	院
课题立项 并结题	15	7	4	2	1
	报名参加国家级 竞赛未获奖加 2	报名参加省级竞 赛未获奖加 1	报名参加市级竞 赛未获奖加 0.5		

⑤科技发明赋分标准

级　别	专　利		
	发明	实用新型	外观设计
分　数	15	8	5
	报名参加国家级竞赛 未获奖加 2	报名参加国家级竞赛 未获奖加 1	报名参加国家级竞赛 未获奖加 0.5

注：1. 专业技能、期刊认定、学术论文、课题立项和科技发明等集体成果的赋分标准参考 W 大学文件。

2. 同一项目不重复加分取最高分。

3. "积极报名参加各种比赛，经过努力未获奖"情况由学院认定。

学业成绩的综合评价以学习成绩为基础。在学习成绩的分数符合一定评选比例的基础上，综合考虑学习态度的评价等级。

2. 品德素质的评价。

（1）政治表现的评价。中共党员（含预备党员）该项指标评价结论为"优秀"，但本学期内有以下情况之一的，该项指标的评价结论为"需努力"：受党内、学校处分者；延长预备期或取消预备期党员资格者；党内考核不合格者。大学一年级，被列为入党积极分子、发展对象的同学该项评价可为"优秀"；大学二年级，被列为重点发展对象的同学该项评价结论可为"优秀"；但以上对象若在所评学年受学校处分或受学校、学院和有关部门通报批评的，该指标的评价结论为"需努力"。有以下情况之一者，该项指标评价结论为"需努力"：有违反四项基本原则之言行的；参加"法轮功"等邪教组织的；从事非法的政治、宗教活动的。其余情况则可认定该指标评价结论为"合格"。

本项目指标以党组织、学生处、学院考核和认定的结果为依据。

（2）文明守纪的评价。有下列情况之一者，评价为"需努力"：有违法犯罪行为的；受到学校警告以上处分的；一学期内累计各类违纪、违规、违约 2 次以上的；所在寝室卫生成绩一学期总评为不合格的；擅自在校外住宿的；所在寝室卫生成绩在一学期内有月评定记录不合格的；受到学校、学院和有关部门通报批评的；缴费、还贷等有失信或违约记录的；生活作风不良、生活习惯差的。无以上情况，且学生所在寝室卫生成绩学期总评为优良的，该指标评价结论为"优秀"。其余情况则可认定该指标评价结论为"合格"。

本项目评价以学生处、后勤宿管中心和学院认定的结果和发布的文件为依据。

（3）团队协作的评价。关心集体、积极主动参加各类集体活动、热心集体事务、人际关系良好的，经本人自评后通过班级评议小组认定的，可以评价为"优秀"。集体观念淡薄、不关心集体事务、不参加集体活动的，经班组评议认定，该指标评价结论可为"需努力"。其余情况则可认定该指标评价结论为"合格"。

3. 学习态度的评价。学习自觉性高、主动性强，学习态度端正、刻苦努力，能积极参加各级各类学术报告，经班级评价小组确认的，该指标评价结论为"优秀"。违反《W 大学学生手册》中有关课堂纪律、考风考纪、计算机使用等方面规定，受到学校处分或学校、学院和有关部门通报批评的；长期沉迷于电脑游戏等活动荒废学业、导致学业成绩明显退步的，该指标评价结论为"需努力"。其余情况则可认定该指标评价结论为"合格"。

学生所在班级的教师对学生的学习态度有一票否决权。

4. 体能素质的评价。

（1）体质测试。《学生体质健康标准》测试的结果是优秀或良好的，该指标评价结论为"优秀"；《学生体质健康标准》测试是合格的，该指标评价结论为"合格"；《学生体质健康标准》测试是不合格的，该指标评价结论为"需努力"。该评价结论为该学年体质测试的评价结论。

（2）体育锻炼。学生平时积极进行个人体育锻炼或参加院、校组织的团体体育活动，通过评价小组认定的，该指标评价结论为"优秀"；学生平时不注重个人体育锻炼，不参加院、校组织的团体体育活动的，该指标评价结论为"需努力"；其余情况则可认定该指标评价结论为"合格"。

5. 社会工作的评价。在广泛搜集评价信息的基础上，由班级评价小组参考平时（写实）评价进行确定，并以"优秀"、"合格"、"需努力"三个等级予以描述。有下列情况之一的，该指标的评价结论为"优秀"：本期年内担任学生党支部、党小组负责人及班团支部委员、寝室长、信息员等以上学生干部、社团或协会负责人、学校相关单位学生助理等职务并被选用单位或聘用单位考核为优秀的；获得院级以上优秀学生干部、优秀团干部、优秀社团干部、优秀学生助理、优秀寝室长、各类工作积极分子等荣誉的。学生干部被选用单位或聘用单位考核不合格的，该指标评价结论为"需努力"。其余情况则可认定该指标评价结论为"合格"。

6. 公益实践的评价。有下列情况之一者，该指标评价结论为"优秀"：积极参加社会实践活动，被评为院级以上先进个人或具有相应评价成果的；积极参加志愿者活动，被评为院级以上优秀志愿者的；参加市级以上重大志愿服务项目的；积极参加各级各类社会实践活动（含勤工助学）等，做出重大贡献，经班级评议小组确认的。学生积极参加以上各项活动但未获奖的，经班级评价小组审核，该指标评价结论为"合格"，其余情况则可认定该指标评价结论为"需努力"。

7. 创新创业的评价。有下列情况之一的，该指标的评价结论为"优秀"：参加院级以上学生科技比赛、专业技能比赛、创新创业比赛获奖的（院级鼓励奖不在此列）；有一定规模的创业实体（法人或主要合伙人）；发明创造获得相应组织认可的；正式出版专著的；科研论文正式发表或获奖的；科研项目在院级以上科研基金立项并解题的。学生积极参加以上各项活动但未获奖的，该指标评价结论为"合格"，其余情况则可认定该指标评价结论为"需努力"。

8. 文体特长的评价。有下列情况之一的，该指标的评价结论为"有"：获得体现学生美育和体育特长的相关资格等级证书的；在院级以上各类文体活动中获奖（含文学、演讲、辩论、摄影等活动，但不含趣味性文体活动）；积极参加各级各类文体活动，经有关组织证明表现突出的。其余情况评价结论为"无"。

9. 技能素质的评价。获得各级各类能证明技能素质的资格证书、职业资格证书的，该指标的评价结论为"有"。如律师资格证书、会计资格证书、计算机程序员证书、非英语专业的英语等级六级证书、体育类的裁判资格证书、汽车驾驶执照等各类职业资格证书或技能证书（文体特长方面的证书、本科毕业和学士学位获得资格的各类证书不在此列）。其余情况则可认定该指标评价结论为"无"。

相应证书的有效性由学院、学生处和教务处确认。

10. 特殊经历的评价。有下列情况之一的，该指标的评价结论为"有"：学生自强不息，在逆境中奋发崛起且事迹突出的；学生公派出境外学习、交流或考察的；学生应征入伍的；参加市级以上重大会议并做典型发言的；参加重要学术会议并提交论文交流的。其余情况则可认定该指标评价结论为"无"。

相应证明的有效性由校学生处、校团委和学院确认。

（三）毕业综合评价的方式

在学习态度、品德素质、体能素质等指标的评价上，凡前七个学期评价中有四个学期以上评价结论为"优秀"，且没有"需努力"的，总评为"优秀"；前四个学期评价为"合格"，后三个学期中有两个学期评价结论为"优秀"的，总评可为"优秀"。有三个学期以上评价结论为"需努力"的，总评为"需努力"。其余为"合格"。在社会工作和公益实践项目中，凡是在学期评价中，有三个学期以上的社会工作和公益实践评价结论为"优秀"的，则这两项评价指标的总评可分别评为"优秀"；有一个学期以上的创新创业、个性特长、技能素质和特殊经历的评价结论为"有"或"优秀"的，则这四项评价指标的总评可分别评为"有"或"优秀"。

（四）评价后"评语"的撰写

在每次评价结束后，由班主任根据学生在学业状况、思想品德、身心素质、能力与特长等方面的评价结果，写出"评语"并进行一次深入谈话，充分肯定学生的优势和发展潜能，客观地指出其存在的主要问题和努力的方向。

（五）对评价结论有异议的，学生可向学院提出复核要求，也可向学校申诉委员会提出复议申请，但必须提供详尽事实材料。

（六）学生综合素质评价结论为学生评奖评优、推荐就业的重要依据。

（七）学生在自评过程中敷衍了事、弄虚作假的，学院应及时提出批评，班组评议与班主任总评可否定其相应等级，直至给予纪律处分。

（八）各班级要建立班级评价小组，组长由班主任或辅导员担任。成员由 10 人左右组成，小组的其他事宜由学院确定。

（九）各学院可根据本意见制定相应的实施办法，并向学生处备案。

W 大学本科学生综合素质评价表

姓名		性别		民　族			籍　贯	
政治面貌		学校		年级和专业			学年和学期	

一级指标	二级指标	三级指标	评价要素	平时评价				期中评价				期末评价				总评
				自评	同学评	班主任任课教师	社会主任	自评	同学评	班主任任课教师	辅导员结论	自评	同学评	班主任任课教师	辅导员结论	
学业因素	学业状况 学业成绩	1. 学习成绩	学生在课程学习过程中对基础知识、基本技能掌握程度以及运用基础知识解决实际问题的能力和学生在课程学习过程中的表现							空白						分值
		2. 英语、计算机等级考试	学生英语、计算机等级考试参与及通过情况							学生写实						分值
		3. 专业技能竞赛	学生在校级以上专业学科竞赛中参与及获奖情况							学生写实						分值
		4. 课题立项	学生在校级以上课题立项及结题情况							学生写实						分值
		5. 学术论文	学生在国家正式期刊上积极投稿及公开发表论文情况							学生写实						分值
		6. 科技发明	学生积极参与科技发明、获得专利成果情况							学生写实						分值
		7. 个人创作	学生积极参与创作及被校级以上媒体机构采用的文学、艺术等作品							学生写实						分值

续表

姓名				性别		民族		籍贯		政治面貌	

一级指标	二级指标	三级指标	评价要素	平时评价					期中评价						期末评价						总评
				自评	同学	任课教师	班主任	社会	自评	同学	任课教师	班主任	辅导员	结论	自评	同学	任课教师	班主任	辅导员	结论	
二　基本素质（非学业因素）	品德素质	8. 政治表现	学生政治立场是否坚定、是否坚持党的路线、方针、政策，有无参加邪教组织，有无从事非法政治宗教活动情况								学生写实										
		9. 文明守纪	学生遵守校园文明行为规范、宿舍管理、寝室卫生、缴费、生活作风和习惯等情况	写实	写实	空白	写实	空白			空白	写实									
		10. 团队协作	学生是否关心和爱护集体，主动参加各类集体活动、人际关系情况	写实	写实	空白	写实					写实									

学年和学期　　年级和专业　　期末评价　期中评价　平时评价　学校

续表

姓名		性别		民族		籍贯	
政治面貌		学校		年级和专业		学年和学期	

一级指标	二级指标	三级指标	评价要素	平时评价					期中评价						期末评价						总评
				自评	同学	任课教师	班主任	社会	自评	同学	任课教师	班主任	辅导员	结论	自评	同学	任课教师	班主任	辅导员	结论	
二 基本素质（非学业因素）	学习态度	11. 学习态度	（1）课堂纪律：学生在课堂上遵守学校规章制度情况；（2）考风考纪：学生遵守考校考试管理制度情况；（3）作业完成情况：学生课堂内外作业是否独立完成、质量如何；（4）学习主动性：学生课外阅读、网络使用以及参加自院系组织的早晚自修活动情况	写实	写实	写实	写实	空白						空白							
	体能素质	12. 体质测试	学生体质测试成绩	写实	写实	空白	空白	空白													
		13. 体育锻炼	学生平时个人的体育锻炼、参加体育活动情况（学生参与院、校运动会等团体体育活动情况）	写实	写实	空白	写实	空白													

续表

| 姓名 | | 性别 | | 政治面貌 | | 民族 | | 学校 | | 年级和专业 | | 籍贯 | | 学年和学期 | |

一级指标	二级指标	三级指标	评价要素	平时评价				期中评价						期末评价						总评
				自评	同学	任课教师	班主任	自评	同学	任课教师	班主任	辅导员	结论	自评	同学	任课教师	班主任	辅导员	结论	
非学业因素	社会工作	14. 学生干部经历	学生有无担任学生党支部、党小组负责人及班委、团支委、寝室长、信息员等以上学生干部及履行职责情况					学生写实												
		15. 社团干部经历	学生有无担任各级各类学生社团、协会干部、学校相关单位学生助理及履行职责情况					学生写实												
	公益实践	16. 社会实践	学生有无参加校内外实践活动（含勤工助学活动）及表现情况					学生写实												
		17. 公益活动	学生有无参加校内外公益活动和志愿者活动及表现情况					学生写实												
	创新创业	18. 创业实践	学生有无参加创业实践活动及表现情况					学生写实												
		19. 创意活动	学生除创意活动之外的创新创意活动情况（含学术科技活动）（获奖学生可申请单项奖）					学生写实												

续表

姓名		性别		民族				籍贯				
政治面貌		学校		年级和专业				学年和学期				

一级指标	二级指标	三级指标	评价要素	平时评价							期中评价						期末评价						总评
				自评	同学	社会	班主任	任课教师	辅导员	结论	自评	同学	班主任	任课教师	辅导员	结论	自评	同学	班主任	任课教师	辅导员	结论	
四个非学业因素	个性化能力	20.体育运动特长	非体育专业学生在校级以上体育赛事中获奖或参与市级以上体育赛事情况					学生写实															
		21.文学艺术特长	非相关专业学生在校级以上文学、艺术、演讲、辩论、摄影等活动中获奖取得文学、艺术特长相关资格证书情况					学生写实															
		22.课外学科特长	学生在校级以上课外学科竞赛中获奖取得重大成果情况					学生写实															
	技能素质	23.职业资格证书	学生获得各类技能素质的资格证书情况职业证书方面的证书（文体特长方面的证书，本科毕业和学士学位证书不在此列）					学生写实（相应证书的有效性由相关部门确认）															
		24.特殊技能技艺	学生在某一方面获得社会或有关机构认可的专长或技艺					学生写实（相应证书的有效性由相关部门确认）															

续表

姓名		性别		民族		籍贯	
政治面貌		学校		年级和专业		学年和学期	

一级指标	二级指标	三级指标	评价要素	平时评价					期中评价					期末评价			总评
				自评	同学评	任课教师	班主任	社会	自评	同学评	任课教师	班主任	辅导员结论	任课教师	班主任	辅导员结论	
非学业因素	个性化能力	特殊经历	25. 特殊经历	学生是否有参军入伍经历；学生是否有自强不息、在逆境中奋发成长等事迹以及感人事迹以及见义勇为等行为情况；学生是否有参加公派出国出境学习、交流或考察等情况；学生是否有参加市级以上重大会议交流或主题情况（论文交流或主题发言）等	学生写实（相应证明的有效性由相关部门确认）													

评语 （目前的成绩与不足）	
谈话记录	时间
	地点

备注：请在"平时评价（写实）"栏内仔细填写时间、地点、主要事件并签名

W 大学本科学生奖学金评定办法

为了奖励品学兼优的学生，充分调动学生刻苦学习、奋发向上的积极性，促进学生德智体全面发展，根据教育部有关文件精神，结合我校实际，制定本办法。

第一条　评奖范围

具有我校学籍的全日制普通高等教育本科学生。

第二条　各类奖学金获奖学生基本条件

（一）学业成绩总评分为正分；

（二）本学期必修课程无不及格；

（三）综合素质评价结果二级指标无"需努力"等级；

（四）达到《学生体质健康标准》合格以上等级（免测学生除外）；

（五）本学期未受纪律处分。

第三条　各类奖学金具体评定条件

一、素质优秀奖学金

（一）学习优秀奖学金

根据"学业成绩计算公式"计算所得的分数从高到低进行评定。本学期学业成绩总评分名次列同专业年级前1/3，"学习态度"评价结论为"优秀"；同等条件下，学业成绩总评分高者优先。获奖比例和奖金为：

1. 学习优秀一等奖　5%　　　300 元/人

2. 学习优秀二等奖　10%　　200 元/人

3. 学习优秀三等奖　15%　　100 元/人

（二）科技创新奖学金

积极参加科技创新和学科竞赛活动，具有科技以及学科创新成果或获得校级以上奖励的学生个人或团体；"创新创业"评价结论为"优秀"。

分创新一等奖、创新二等奖；一等奖 500 元、二等奖 200 元。

1. 科技创新一等奖，奖金 500 元/人。获奖者满足以下条件之一：

（1）在省大学生科技竞赛委员会主办的科技竞赛活动中获得三等奖以上；

（2）在各类学会主办的大学生科技竞赛活动中获得一等奖以上；

（3）论文被 SCI、EI、ISTP 收录或在核心刊物上发表（第一作者）；

（4）科研成果获省、部级奖励或获得国家专利。

2. 科技创新二等奖，奖金 200 元/人。获奖者满足以下条件之一：

（1）在省大学生科技竞赛委员会主办的科技竞赛活动中获得优胜奖，或在各类学会主办的大学生科技竞赛活动中获得三等奖以上；

（2）在校级大学生学科竞赛中获得三等奖以上；

（3）积极参与科研活动，成果获校级立项；

（4）论文被 SCI、EI、ISTP 收录或在核心刊物上发表的第二作者，或在学术刊物上发表论文。

申报该项奖学金时，需附有关证明复印件，对于发表杂志或期刊的等级，以学校有关部门的认定为准。

（三）专业素质优秀奖学金，奖金 200 元/人。获奖者满足以下条件之一：

1. 在师范生教学技能过关考核中成绩列本专业前 10%；

2. 在各类文体专业竞赛中获得三等奖以上；

3. 在专业学习上表现特别优异的其他同学。

（四）学习进步奖学金

用于奖励学习进步明显，学业成绩总评分较上一学期在同专业年级中提高 10 个名次以上，"学习态度"评价结论必须为"优秀"，并未获得学业优秀奖学金者。奖金为 100 元/人。

（五）品德高尚奖学金

用于奖励思想品德高尚的学生，包括助人为乐、拾金不昧、见义勇为等，表现突出、影响较大，且"政治表现"、"文明守纪"和"团队协作"等指标的评价结论为"优秀"。奖金为 200 元/人。

（六）社会工作优秀奖学金

用于奖励任期满一学期以上的寝室长，班级、学院、社团、学校学生干部，或积极参加校内外社会工作，并在工作中表现突出的学生；"社会工作"评价结论为"优秀"。奖金为 100 元/人。

（七）公益服务优秀奖学金

热心公益活动，积极参加青年志愿者活动，无偿为社会服务，表现突出或被评为院级以上"优秀青年志愿者"称号等；"公益实践"评价结论为"优秀"。奖金为 100 元/人。

（八）实践工作优秀奖学金

积极参加校内外勤工助学或各类社会实践活动（包括暑期社会实践、短学期实习等实践环节），成绩突出或获得院级以上先进个人或团体；"公益实践"评价结论为"优秀"。奖金为 100 元/人。

（九）体育优秀奖学金

非体育专业学生在校级以上体育比赛中获得前三名的个人或团体，"体能素质"评价结论为"优秀"，"体育运动特长"为"有"。奖金为 100 元/人。

（十）文艺优秀奖学金

非专业学生在校级以上文学、艺术、演讲、辩论和摄影等活动中获得三等奖或获得十级以上证书的个人或团体，为班级、学院、学校争得荣誉者；"文学艺术特长"评价结论为"有"。奖金为 100 元/人。

（十一）创业优秀奖学金

学生个人积极参加大学生创业实践活动和创意活动，具有较强的创业意识和创业精神；在校级创业计划大赛中获三等奖以上的学生个人或团体；拥有一定规模创业实体的法人或主要合伙人，"创新创业"评价结论为"优秀"。奖金为 100 元/人。

（十二）自强奖学金

家庭经济贫困或身体残疾学生，自强不息，艰苦奋斗、生活俭朴、勤奋好学，在某一方面有比较突出的表现。奖金为 100 元/人。

（十三）其他奖学金

在学期初学生可根据上学期评价指标中的"弱项"（评价结论为"合格"或"需努力"），制订改进计划与目标，创造性地提出该项奖学金申报方案并实施，学期末再按照课题立项验收的方式考核学生是否完成了改进计划，完成了即授予该项奖学金。奖金为 100 元/人。

二、专项奖学金

（一）最高奖学金

曾获得学习优秀二等奖学金 6 次以上；多次获得科技创新、社会工作、公益实践、创业优秀等奖学金；本学期品德素养、学习态度、体能素质、社会工作、公益实践、创新创业的评价结论为"优秀"，个人特长、技能素质和特殊经历曾被评价为"有"。

于每年 4 月份进行评选；评选范围为全日制本科应届毕业生；评选名额为全校 10 名；评选程序是在学生自主申报、学院推荐的基础上，由学生处组织评选，校学工委联评后确定。奖金为 5000 元/人。

最高奖学金获得者若在最后一个学期违反校纪校规或不能正常毕业，取消荣誉称号，追回已发证书和奖金。

（二）社会、个人设立的奖学金

由海内外企事业单位、社会团体、基金会或个人在我校捐资设立的各类奖学金的评定办法，根据本办法和捐资者意向另行制定。

第四条　评奖程序

奖学金评定工作由学生处负责实施。除最高奖学金外，其他奖学金每学期评定一次，一般都在开学初第三、四周进行。每位学生每学期可同时兼报不超过三项奖学金，但获得学习优秀奖的同学不可兼报学习进步奖。

在评奖中必须坚持"公开、公平、公正"和"宁缺毋滥"的原则，做到评选条件公开、评奖名额公开、评奖程序公开和评奖结果公开，实行班级、学院和学校三级公示制度。具体评选程序如下：

（一）学生根据本人表现，对照评奖条件，向所在学院或班级提出申请，填写奖学金申请表并附写实记载的学生综合素质评价表。班主任召集班级评价小组并邀请部分任课教师，对提出获奖申请的学生进行审核，报学院学生工作领导小组。

（二）学院学生工作领导小组对班级上报的奖学金申请者进行初评，并将初步名单在学院内公示，充分征求师生意见后，将各类奖学金初评名单报送学生处。学生处对各类奖学金获奖推荐名单进行审核后，报学校发文。

（三）学生处负责学院评奖的过程控制和指导监督，并在评奖期间设立咨询、投诉信箱和电话，受理学生的咨询和投诉。

第五条　奖励办法

（一）各类奖学金获奖者名单，由学校统一发文公布，予以表彰，发给荣誉证书，记入"学生发展档案"。

（二）获奖学生中，凡发现有弄虚作假、欺骗组织等行为者，学校将撤销其荣誉和证书，收回已发奖学金，并予以相应的纪律处分；用奖学金请客者，学校将撤销其荣誉，收回已发的奖学金和证书；已获奖学生在奖学金发放之前受学校处分者，将取消其荣誉。

第六条 本办法由学生处负责解释，专科学生的奖学金评定参照本办法执行。

W 大学本科学生荣誉奖评定办法

为了贯彻党和国家的教育方针，树立学生先进典型，鼓励学生积极向上、全面发展，根据教育部有关文件精神，结合我校实际，制定本办法。

第一条 评奖范围

具有我校学籍的全日制普通高等教育本科学生。

第二条 各类荣誉奖具体评定条件和比例

（一）学生先进集体的评选

学生先进集体包括"优良学风班"、"五四红旗团支部"、"文明寝室"及"优秀学生社团"四种类型。"优良学风班"的评选比例为全校行政班级总数的10%；"五四红旗团支部"的评选比例为全校学生团支部总数的10%；"文明寝室"的评选比例为全校学生寝室总数的10%；"优秀学生社团"的评选名额不超过10个。

1. 具备下列条件者，可参加优良学风班的评选：

（1）有一支出色的学生骨干队伍。团支部、班委会、高年级学生党支部组织健全、活动正常。班级干部、学生党员素质好，工作能力强，起到核心作用。

（2）有良好的思想、心理素质。班级成员政治思想坚定、心理健康、积极进取，入党积极分子比率较高。

（3）有良好的班风。班级成员团结互助、集体主义精神强。正确的思想、舆论和文明行为习惯占主流，有良好的人际关系和学习生活环境，班级凝聚力强，且无违纪受处分情况。

（4）有良好的学风。班主任工作认真负责，深入寝室，积极投入到班集体建设。班级成员学习目的明确，学习氛围浓厚，遵守课堂、考试纪律（学风检查或考试纪律有负评价记录的班级一票否决），学年平均学习成绩良好率较高，二年级以上全国大学英语和计算机等级考试（音体美学生、专业学生按相应等级考试要求）通过率较高，毕业班考研率高。

（5）班级学生积极参加学科竞赛、科技创新和社会实践等活动，在各项活动中表现良好，成绩突出。

（6）有积极健康的班级活动。班级活动制度化，班级活动的内容与班集体目标一致，对学生个人以及对学校和社会能产生积极影响。班级活动具有思想性、广泛性、经常性、多样性、纪律性。

（7）寝室状况良好。宿舍成员思想上要求进步，积极参加校、学院、班级组织的各项活动。成员之间团结互助，集体荣誉感强。宿舍全体成员勤奋好学、遵守自修纪律、互帮互学，不断提高学习成绩。宿舍全体成员模范遵守《W 大学学生公寓管理条例》、校纪校规及有关公约。寝室能始终保持整洁，宿舍卫生检查均达到良好以上，文明寝室比率高。

"优良学风班"于每年 9 月份在前一年申报立项的班级中评选，在学院初评的基础上，由学生工作部（处）审核，校学工委联评后确定。

被评为"优良学风班"的班级，由学校授予荣誉称号，并给予全校表彰，奖励一定的班级活动经费，当学期增加 1～2 个校级"优秀学生干部"评选名额，并适当增大当学期奖学金评定比例。

2. 具备下列条件者，可参加五四红旗团支部的评选：

（1）班团支部健全，支部工作扎实有效。班风良好，凝聚力强。认真及时完成上级团组织布置的任务。

（2）能定期开展团日活动，活动参与面广，同学满意率高。在青年志愿者活动、社会实践工作、科技文化和创新创业等方面成绩显著。

（3）认真做好"推优入党"和团费收缴等工作。

（4）年度内支部团员没有受到严重警告（含严重警告）以上处分。

"优秀团支部"于每年 4 月份进行评选，在根据条件自主申报和学院推荐的基础上，由校团委组织评审小组审核后确定。

3. 具备下列条件者，可参加优秀学生社团的评选：

（1）在校团委社团部正式注册满一个学期的学生社团。

（2）社长能按时参加社长例会。

（3）参评学期社团活动次数超过 10 次。

（4）学期内社团成员评价良好，无被投诉的情况出现。

（5）按社团联要求，积极参与、配合、支持学校重大活动。

"优秀学生社团"于每年 4 月份进行评选，在学院社团部和校社团联合会分别推荐的基础上，由校团委组织评审小组审核后确定。获得"优秀学生社团"荣誉称号的社长有优先推荐参评"××省高校优秀社团干部"的资格。

4. 具备下列条件者，可参加文明寝室的评选：

（1）有较高的政治觉悟。寝室全体成员积极上进，努力学习马列主义、毛泽东思想、邓小平理论、"三个代表"重要思想和党的十七大精神，拥护党和国家的政策方针。

（2）有良好的学习氛围。寝室成员学习风气好，刻苦钻研科学文化知识，专业思想牢固，学年成绩优良，考试无作弊、不及格现象，并能形成互帮互助的良好学习氛围。

（3）有较强的组织纪律观念。寝室成员能自觉遵守学校的各项规章制度，本学年内无违反纪律受处分的情况。

（4）有健康向上的社会实践活动。寝室成员热心社会公益事业，全体成员都能积极参加学校、院、班级等组织的集体活动，参加青年志愿者协会等进步团体，做到社会实践能力和理论水平相结合。

（5）有良好的精神风貌和社会公德。寝室成员关系融洽，团结友爱、有良好的文明行为习惯，无酗酒、赌博等不良行为发生。

（6）有良好的清洁卫生习惯。寝室布置高雅文明，全体成员能保持个人卫生和寝室整洁，在宿舍管理中心、校文明督察队检查中得分达到优秀。

（7）文明寝室评选分为四种类别："学习型"文明寝室、"科研型"文明寝室、"素质型"文明寝室和"实践型"文明寝室。

"学习型"文明寝室要求寝室成员学习成绩优良，学习氛围浓厚，能在同年级寝室中起到表率作用。寝室多数成员在本年度内获得过三好学生、学习优秀、专业素质优秀等奖学金。

"科研型"文明寝室要求寝室成员科研意识较强，科研氛围浓厚，积极参加各类科研活动，寝室多数成员在本年度内积极参加各项科技活动并作出贡献或发表过科研论文、科技作品，或在校级以上科技竞赛中获奖，或获得科技创新奖学金。

"素质型"文明寝室要求寝室成员在本年度内积极参加各项活动或比赛，并有成员受到校级以上表彰或奖励，或获得文艺、体育、创业等优秀奖学金。

"实践型"文明寝室要求寝室成员积极参加各项社会实践活动，产生较好的影响，并有一定的成果，或在勤工助学、学生工作等方面取得一定的成绩，或获得社会工作、公益服务、实践工作等优秀奖学金。

"文明寝室"于每年9月份进行评选，在根据条件自主申报和学院推荐的基础上，由学生工作部（处）审核后确定。

（二）学生先进个人的评选

1. 具备下列条件者，可参加优秀团员的评选：

每学期品德素养、学习态度、体能素质、公益实践等指标的评价结论为"优秀"，曾获得学习优秀奖学金一次以上，其他指标评价结论为"合格"以上。

于每年4月份进行评选；评选范围为我校注册团员；"优秀共青团员"由各团支部民主评议推荐，经学院团委同意，报校团委审核后确定，优秀共青团员名额原则上1个支部1名。

2. 具备下列条件者，可参加优秀学生党员的评选：

每学期品德素养、学习态度、体能素质、公益实践的评价结论为"优秀"，曾获得学习优秀奖学金两次，其他指标评价结论为"合格"以上。

于每年4月份进行评选；评选范围为我校学生正式共产党员。评选比例为全校学生正式党员总数的6%。以学院党总支（分党委）为单位进行，各学生支部召开支部大会结合上年度学生党员民主评议情况进行民主推荐，各党总支（分党委）按照评选条件和名额进行联评，报学校党委审批。

3. 具备下列条件者，可参加优秀团干部的评选：

每学期品德素养、学习态度、体能素质、公益实践的评价结论为"优秀"，其他指标评价结论为"合格"以上，曾获得社会工作优秀奖学金和学习优秀奖学金。

于每年9月份进行评选；优秀共青团干部的评选对象为各团支部、班委委员，社团理事、正副会长与校、学院团学组织全体学生干部，担任共青团干部6个月以上。评选名额为200人；评选程序为学生干部根据条件自主申报，经院审核，推荐至校团委参与评选；校级团学干部由校团委、学生会及社团联合会根据各部门考核情况直接推荐至校团委参与评选，报校团委审核后确定。

4. 具备下列条件者，可参加校优秀学生干部的评选：

每学期品德素养、学习态度、体能素质、公益实践的评价结论为

"优秀"，其他指标评价结论为"合格"以上，曾获得社会工作奖学金和学习优秀奖学金。

于每年9月份进行评选；评选范围为校、学院、年级、班级的学生干部、学生党支部委员以及经校团委批准的社团主要负责人，担任各级学生干部6个月以上。评选名额为全校30名；评选程序是在学生自主申报、学院推荐的基础上，由学生处组织评选、审核后确定。

5. 具备下列条件者，可参加三好学生的评选：

每学期的品德素养、学习态度、体能素质、公益实践等评价结论为优秀，创新创业评价结论曾为"优秀"，曾两次获得学习优秀二等奖学金以上。

每年9月份进行评选；评选范围为全日制普通本科学生；评选程序是学院评选、学生工作部（处）审核后确定。

6. 具备下列条件者，可参加三好学生标兵的评选：

每学期品德素养、学习态度、体能素质、公益实践等评价结论为优秀，创新创业的评价结论曾为"优秀"，曾三次获得学习优秀二等奖学金以上。

于每年9月份进行评选；评选范围为全日制普通本科学生；评选程序是在学生自主申报、学院推荐的基础上，校学工委联评后确定。

7. 具备下列条件者，可参加院长荣誉奖的评选：

曾被评为"三好学生标兵"称号，曾获得科技创新、社会工作、公益服务奖学金，本学期品德素养、学习态度、体能素质、社会工作、公益实践、创新创业的评价结论均为"优秀"，个人特长、技能素质和特殊经历中至少有两个为"有"。

于每年4月份进行评选；评选范围为全日制普通本科学生；评选程序是在学生自主申报、学院推荐的基础上，由校学工委联评后确定。

8. 优秀毕业生

（1）具备下列条件者，可参加校优秀毕业生的评选：

品德素养、学习态度、体能素质、社会工作、公益实践、创新创业等指标的毕业评价结论为"优秀"，获得学习优秀奖学金三次以上，校级荣誉奖一次以上。

于每年4月份进行评选；评选范围为全日制本科毕业生；评选名额一般掌握在全日制本科毕业生的16%左右；评选程序是在学生自主申报、

学院推荐的基础上，由学生工作部（处）组织评选，校学工委联评后确定。

（2）具备下列条件者，可参加省优秀毕业生的评选：

每学期品德素养、学习态度、体能素质、社会工作、公益实践、创新创业等指标的毕业评价结论为"优秀"，个人特长、技能素质和特殊经历的毕业评价结论均为"有"，获得学习优秀奖学金五次以上，校级荣誉奖三次以上。

于每年4月份进行评选；评选范围为全日制本科毕业生；评选名额为全日制本科毕业生的4%，评选程序是学生根据条件自主申报、院推荐、学生工作部（处）审核，报送省教育厅审批。

被授予"省优"和"校优"者，如因某种原因当年无法正常毕业，取消其"优秀毕业生"荣誉称号。

9. 校长荣誉奖的评选：

曾在创新创业活动中获得优异成绩，或在思想品德、社会责任感方面具有突出表现，或曾获院长荣誉奖、被评为省级优秀毕业生，表现非常突出的毕业班学生。

于每年5月进行评选；评选范围为全日制本科毕业生；由校长办公会议讨论决定。

第三条   评奖程序

（一）学校分别于每学年的11月底和4月底集中召开两次表彰大会，对评选出的学生先进集体、先进个人予以表彰，授予荣誉称号、颁发荣誉证书。

（二）学生先进集体、先进个人在评选期间须进行校院两级公示，公示期为3天，公示形式为公告栏张贴和网上公布相结合。凡在公示中学生意见较大或发现有弄虚作假行为的学生集体或个人，取消其评选资格。

第四条   附则

（一）本办法自公布之日起实施。

（二）凡有关规定与本办法相抵触的，以本办法为准。

（三）本办法的解释权归学生工作部（处）和校团委。

（四）专科学生的荣誉评定参照本办法执行。

对现行学生评价问题有关看法的调查

同学：你好！

为了更全面地听取你对学生评价问题的意见和建议，为改革和完善我校学生评价体系和激励制度提供第一手资料，我们特地组织了本次调研工作。希望能够得到你的支持与帮助！

大学生素质评价改革研究课题组

2009 年 3 月

填答说明

1. 请在你选择的答案后的序号下打上"√"，或在＿＿＿处填上适当的内容。

2. 如无特殊说明，每一问题只能选择一个答案；请全部填答，不要遗漏。

————————————————————————

1. 你的年级？

A. 一年级　　　　B. 二年级　　　　C. 三年级　　　　D. 四年级

2. 你的性别？

A. 男　　　　　　B. 女

3. 你所学专业？

A. 理工类　　　　B. 人文社科类　　　C. 艺术体育类

4. 你的政治面貌？

A. 群众　　　　　B. 团员　　　　　C. 中共党员　　　　D. 民主党派成员

5. 对于现行将学生德、智、体、能等素质进行量化考核，并按照一定的权重计算学生最终得分且排名的评价办法，你如何看待？（1～5 体现了左右两种意见的过渡，请你在下列数值中选定你所认为的程度）

	1	2	3	4	5	
简单、易操作						复杂、难操作
科学性强						没有科学性
能促进学生成长						不能促进学生成长

6. 对于智育成绩的评价，你认为按照分数高低排名的做法是否合理？

A. 合理　　　　　B. 不合理　　　　　C. 不置可否

7. 对于智育成绩的评价，你认为既重视平均学分绩点总成绩排名，又注重学生在某学科、课程上（如发表论文等）突出成绩激励的做法是否合理？

A. 合理　　　　　B. 不合理　　　　　C. 不置可否

8. 你认为教师在开展课程成绩评定工作中应当如何做？（1~5体现了左右两种意见的过渡，请你在下列数值中选定你所认为的程度）

	1	2	3	4	5	
应看重结果						应关注过程
重视考核基础知识						重视考核解决实际问题的能力
采用纸笔测验						测试方式的多样性
答案的唯一正确性						答案的多样性
教学或学习环节结束之后进行						教学或学习进行之中
评价后不反馈						评价后及时反馈
试题从试题库中随机抽取						任课教师自主命题
单一教师评价						教师、学生本人、同学互相评价结合
以考试为主要评价依据						评价依据多元化

9. 考试作为学生学业评价的基本手段，你对其以下作用的表述如何看？

1）检查学生知识掌握的状况

A. 完全同意　B. 部分同意　　C. 不好回答　　D. 部分不同意　E. 完全不同意

2）考核学生的创新意识和解决实际问题的能力

A. 完全同意　B. 部分同意　　C. 不好回答　　D. 部分不同意　E. 完全不同意

3）掌握学生学习信息，为优化教师教学行为提供基础

A. 完全同意　B. 部分同意　　C. 不好回答　　　D. 部分不同意　E. 完全不同意

4）甄别学生优劣

A. 完全同意　B. 部分同意　　C. 不好回答　　D. 部分不同意　E. 完全不同意

10. 考试的形式有闭卷、开卷、半开卷、论文或实验报告、口试等，考试的内容类型又可分为主观性和客观性测试题，具体形式和内容类型的选择应根据课程的不同特点来确定。在你看来，以下课程类型该选择何种考试

形式为宜？（考试方式可多选）

课程类型	考试方式					考试内容	
	闭卷	开卷	半开卷	论文或实验报告	口试	主观题为主	客观题为主
公共必修课							
公共选修课							
专业必修课							
专业选修课							

11. 在做好期末终结性评价的基础上，目前一些教师开始重视对学生学习过程（如课堂发言、课外作业、考勤等）的评价。对此，你的观点是？

A. 可取，是一种值得采用的评价方法

B. 不可取，费时费力，还不如期末终结性评价好

C. 总体上来说是一种好方法，但还需要改进

12. 你认为学习单项奖评定应按照以下哪种方法进行？

A. 仅考虑学习总成绩

B. 仅考虑某课程或学科领域的表现

C. 两者都要考虑

13. 你认为将学生的德行按量化的方法计算是否可取？

A. 可取　　　　B. 不可取　　　C. 说不清楚

14. 你认为德行评价最好采用怎样的方式？

A. 教师、其他同学评价和自我评价相结合

B. 将社会评价和家长评价也纳入评价范围

C. 教师评价即可，无须其他对象参加

15. 你是否认为有必要对德行好的学生设立德行方面的单项奖？

A. 是　　　　　B. 否

16. 现行的体育量化考核是否有助于增强大学生的身体素质？

A. 是　　　　　B. 否

17. 在体质评价方面，如果采用体育课成绩、体育达标成绩、体质测试成绩和平时体育锻炼状况四个方面加权的办法计算总分，你的态度是？

A. 完全同意　B. 比较同意　C. 说不清楚　D. 比较不同意　E. 完全不同意

18. 如进一步加大平时体育锻炼状况在体质评价中的分量，你的态度是？

A. 完全同意　B. 比较同意　C. 说不清楚　D. 比较不同意　E. 完全不同意

19. 你认为对学生能力考核如何进行为宜？

A. 对每参加一次活动或获得奖项分别计算相应分数

B. 以有无参加活动或获得奖项的方式进行写实性记载

C. 其他_____

20. 在过去的奖学金评比过程中，你认为能获得高分的同学？

A. 能力的确很强，实至名归

B. 并不觉得特别强，不过有值得学习的地方

C. 并不能代表一个人的能力，有失公平

21. 你觉得目前大约40%的奖学金比例如何？

A. 过高　B. 过低　C. 正好合适

22. 你认为大学期间是否有必要建立类似于智育成绩档案那样的学生德、智、体、能完整的个人档案？

A. 有必要，有利于用人单位或社会全面了解自己

B. 没有必要

23. 你认为奖学金评比对大学生而言应当发挥的主要作用是？

A. 让同学发现自身优劣势，激励同学全面发展

B. 评定优劣，甄别选拔

C. 其他_____

24. 如果学校对学生评价体系进行改革，你是否会采取积极配合的态度？

A. 会　　B. 不会　　C. 不置可否

25. 在奖学金评定中，如果不再将德、智、体、能等要素按一定的权重计算总分，而是分别在德、智、体、能评价的基础上评定单项奖学金，对在四方面均符合单项奖学金评定资格的同学，才授予综合奖学金，这样的做法你赞成吗？

A. 赞成　　　B. 不赞成

26. 除了学校设立一系列单项奖学金项目外，如果允许每位同学在学期初针对上学期自己评价中的"弱项"，制订改进计划与目标，提出或创造性地提出单项奖学金申报方案，到学期末再按课题立项验收的方式考核学生是否完成了改进计划，完成了即授予单项奖学金，你是否赞成这样的办法？

A. 赞成　　　B. 不赞成

27. 制定科学完善的学生评价制度，促进学生全面成才，是你和学校的共同目标。对评价制度改革，你有什么想法？

_____

_____

谢谢你的合作！

对现行学生评价问题有关看法的调查

老师：您好！

　　为了更全面地听取广大教师对学生评价问题的意见和建议，为改革和完善我校学生评价体系和激励制度提供第一手资料，我们特地组织了本次调研工作。希望能够得到您的支持与帮助！

大学生素质评价改革研究课题组
2009 年 3 月

填答说明

1. 请在您选择的答案的序号下打"√"，或在____处填上适当的内容。

2. 如无特殊说明，每一问题只能选择一个答案；请全部填答，不要遗漏。

————————————————————————

1. 您的身份？　A. 专任教师　B. 教学管理人员　C. 其他管理人员

如果您是专任教师，请选择所教课程类型：

A. 公共必修课　B. 公共选修课　C. 专业必修课　D. 专业选修课

2. 您已取得的学位？　A. 博士　B. 硕士　C. 学士　D. 无

3. 您的职称？　A. 教授　B. 副教授　C. 讲师　D. 助教

4. 您的高校教龄？

A. 20 年以上　B. 20 年以下 10 年以上　C. 10 年以下 5 年以上　D. 5 年以下

5. 对于现行将学生德、智、体、能等素质进行量化考核，并按照一定的权重计算学生最终得分且排名的评价办法，您如何看待？（1～5 体现了左右两种意见的过渡，请您在下列数值中选定您所认为的程度）

	1	2	3	4	5	
简单、易操作						复杂、难操作
科学性强						没有科学性
能促进学生成长						不能促进学生成长

6. 考试作为学生学业评价的基本手段，您对其以下作用的表述如何看待？

1）检查学生知识掌握的状况

A. 完全同意　B. 部分同意　C. 不好回答　D. 部分不同意　E. 完全不同意

2）考核学生的创新意识和解决实际问题的能力

A. 完全同意　B. 部分同意　C. 不好回答　D. 部分不同意　E. 完全不同意

3）掌握学生学习信息，为优化教师教学行为提供基础

A. 完全同意　B. 部分同意　C. 不好回答　D. 部分不同意　E. 完全不同意

4）甄别学生优劣

A. 完全同意　B. 部分同意　C. 不好回答　D. 部分不同意　E. 完全不同意

7. 对于学生评价的下列倾向性意见和做法，您如何看待？（1～5体现了左右两种意见的过渡，请您在下列数值中选定您所认为的程度）

	1	2	3	4	5	
应看重结果						应关注过程
重视考核基础知识						重视考核解决实际问题的能力
采用纸笔测验						测试方式的多样性
答案的唯一正确性						答案的多样性
教学或学习环节结束之后进行						教学或学习进行之中
评价后不反馈						评价后及时反馈
试题从试题库中随机抽取						任课教师自主命题
单一教师评价						教师、学生本人、同学互相评价结合
以考试为主要评价依据						评价依据多元化

8. 考试的形式有闭卷、开卷、半开卷、论文或实验报告、口试等，考试的内容类型又可分为主观性和客观性测试题，而具体形式和内容类型的选择应根据课程的不同特点来确定。在您看来，以下课程类型该选择何种考

试形式为宜？（考试方式可多选）

课程类型	考试方式					考试内容	
	闭卷	开卷	半开卷	论文或实验报告	口试	主观题为主	客观题为主
公共必修课							
公共选修课							
专业必修课							
专业选修课							

9. 在做好期末终结性评价的基础上，目前一些教师开始重视对学生学习过程（如课堂发言、课外作业、考勤等）的评价。对此，您的观点是？

A. 可取，是一种值得采用的评价方法

B. 不可取，费时费力，还不如期末终结性评价好

C. 总体上来说是一种好方法，但还需要改进

如果要加强学生过程性评价，您认为操作的难点何在？

_____

_____

10. 您认为学生评价体系的改革应当在怎样的条件下进行？

_____

11. 如果学校对学生评价体系进行改革，您是否会采取积极配合的态度？

A. 会　　　　B. 不会

12. 您对改进我校学生评价改革还有什么建议？

_____

_____

_____

_____

谢谢您的支持！

对学生评价与激励机制有关看法的调查问卷

亲爱的校友：

　　首先请允许我们借此机会代表学校向您表示问候，并带去母校对您的祝福！

　　为了进一步改革我校学生的评价与激励机制，促进广大学生健康发展，我们特设计了本问卷，向您征集改进我校学生激励与评价机制的意见和建议，希望能得到您的支持与帮助。您填写的内容不会公开，仅为我们统计并开展研究推动学生评价机制改革提供重要参考。答题时请直接在选项前的"□"内打"√"或对选项进行排序。

大学生素质评价改革研究课题组

2009 年 3 月 22 日

基本信息

性　　别＿＿＿＿＿＿＿　　　　　毕业时间＿＿＿＿＿＿＿

毕业专业＿＿＿＿＿＿＿　　　　　目前岗位＿＿＿＿＿＿＿

政治面貌＿＿＿＿＿＿＿　　　　　职务职称＿＿＿＿＿＿＿

单位性质：□党政机关　□事业　　□科研　　□军队
□国企　　　□集体　　□外资　　□私企

1. 您在大学期间曾担任过何学生干部？（可多选）
□班长、团支书　□校（团委）学生会干部　□院（团委）学生会干部
□社团干部　　　□班委及其他　　　　　　□没有

2. 您在大学期间曾获得过何种奖学金？（可多选）
□一等　　　□二等　　　□三等　　　□单项奖　　　□没有

3. 您在大学期间曾获得过何荣誉称号？（可多选）
□省级优秀毕业生　　□校级优秀毕业生　　□校级以上优秀学生（团）干部

□三好学生　　　　□工作积极分子　　□没有

4. 您认为大学生评奖评优的最重要依据依次是：第一是（　　）；第二是（　　）；第三是（　　）。

A. 学习成绩　B. 工作能力　C. 平时表现　D. 人缘

E. 思想品德　F. 身体素质　G. 心理素质　H. 个性特征

5. 您认为评奖评优时主要应有哪些人参与？（可多选）

□教师　　　　　　□辅导员　　　　□班主任　　　　　□班干部

□普通同学　　　　□家长　　　　　□学院（系）领导　□自己

6. 您认为大学生评奖评优的方式是

□学生自行申报　　□以综合成绩排名进行排序

□以综合考虑个人的各方面能力发展进行推选

7. 您认为您大学在读期间学校的评奖评优方法（可多选）

□公平合理　　　　　　□激励学生　　　　　□欠公正性

□不利于学生个性发展　□没有起到激励作用

8. 您认为大学生的思想品德素质评价指标应该包括（可多选）

□政治表现　□遵纪守法　□学习态度　□集体观念

□道德修养　□审美情趣　□劳动观念

9. 目前，请您对自己的以下能力进行评价（打"√"）

调查项目	考核等级		
	很强	一般	需努力
1. 敬业精神			
2. 理论基础和专业知识			
3. 动手操作能力			
4. 创新能力			
5. 组织协调与管理能力			
6. 团队精神			
7. 计算机应用能力			
8. 外语水平及应用能力			
9. 自我提高能力			
10. 职业道德			
11. 综合素质能力			

10. 您对自己在校期间能力养成的满意程度如何？

□非常满意　　　□比较满意　　　□介于满意与不满意之间

□比较不满意　　□非常不满意

11. 您认为参加工作后用得最多的知识是？

□课堂内所学知识　　　　□课堂外所学知识

12. 您认为在学校所学的知识能够适应当前工作的需要吗？

□非常能够　　□比较能够　　□基本能够　　□不能够　　□完全不能够

13. 您认为在学校所经历的社会工作及社会实践对您当前工作有帮助吗？

□非常有帮助　　□比较有帮助　　□一般　　□没有帮助　　□完全没有帮助

14. 您认为在大学所学习的知识对您成功履岗的贡献率大约有多少？

□80% 以上　　　　□60% ~ 80%　　　　□60% 以下

15. 您认为在大学所形成的各方面能力对您成功履岗的贡献率大约有
多少？

□80% 以上　　　　□60% ~ 80%　　　□60% 以下

16. 您认为大学生的能力状况评价指标应该包括（可多选）？

□社会工作　　□公益实践　　□创新创业　　□文体特长

□技能素质　　□特殊经历　　□其他

17. 您毕业时的素质与用人单位的愿望符合度？

□完全相符　　　　　□经过培训,完全相符

□基本相符　　　　　□经过培训,基本相符

□不相符，但有潜质　　□不相符，且难培训

18. 在您所学的大学课程中，您认为哪一类课程让您获益最多？

□公共必修课　　□公共选修课　　□专业必修课　　□专业选修课

19. 您在工作中使用外语情况？

□较多　　　□仅用于阅读资料　　　□很少用到　　　□基本不用

20. 您认为在学校所掌握的计算机知识及其能力是否适应将来的工作岗位
与环境？

□非常能适应　　　　□比较能够适应　　　　□基本能够适应

□不能适应　　　　　□完全不能适应

21. 您认为理科学生学习一些文科类的知识，文科的学生学习一些理科类
的知识，有必要吗？

□非常有必要　　　　□有必要　　□学一些有好处，但不太重要

□不需要　　　　　□毫无用处

22. 从现在看来，您认为大学教育最主要应该培养大学生哪些方面的素质和能力？

第一是（　）；第二是（　）；第三是（　）。

A. 品德素养　B. 团队精神　C. 耐挫性　D. 应变能力　E. 职业规划

F. 实践动手能力　G. 创新创业能力　H. 人际交往能力　I. 个性特征

23. 与其他本科学校的毕业生相比，我校毕业生在哪些方面有优势？

第一是（　）；第二是（　）；第三是（　）。

与其他本科学校的毕业生相比，我校毕业生在哪些方面存在不足？

第一是（　）；第二是（　）；第三是（　）。

A. 专业知识　B. 基础理论知识　　C. 人文社会知识　　D. 社会适应度

E. 专业技能　F. 组织管理能力　　G. 合作、协助能力　H. 决策能力

I. 分析、解决问题能力　　　　J. 外语水平　　　　K. 计算机水平

L. 发明创造能力　　　　　　M. 语言、文字表达能力

24. 大学期间的评奖评优对您的激励作用？

□很大　　　　　□一般　　　　　□没有

25. 与曾获得奖学金的同学和未获得奖学金的同学相比，您认为你们现在的发展状况差异是否明显？

□明显　　　　　□不明显　　　　　□无差别

26. 您认为大学期间获得的奖励对您目前的成长有帮助吗？

□非常有帮助　□比较有帮助　□一般　□没有帮助　□完全没有帮助

27. 您认为大学毕业时的优秀学生是您心目中真正的优秀学生吗？

□是　　　□大部分是　　　　□一半是　　　　□少部分是　　　　□否

28. 对母校的学生激励和评价机制有什么意见和建议？

_____

_____

_____

_____

谢谢您对母校工作的支持！

用人单位对人才素质要求的调查问卷

　　指导语：本问卷意在调查企业对人才的要求及对高校培养大学生的要求，数据仅用于研究。请在"□"内打"√"。

1. 贵单位所属行业：

□制造业　　　□商业流通、批发和零售业　□财政、金融、保险业
□装修装饰业　□IT业　□旅游业　□交通运输业、物流　□其他____

2. 贵单位的性质：

□国有企业　□民营企业　□合资企业　□独资企业　□其他____

3. 贵单位现有员工人数：

□100人以下　□100~200人　□200~500人　□500~1000人
□1000~5000人　□5000人以上

4. 贵单位每年需要吸收多少应届毕业生？

□5人以下　□5~10人　□10~50人　□50~100人　□100人以上

5. 贵单位现主要通过什么方式招聘员工？

□人才交流会　□大专院校校园招聘　□互联网　□院校合作人才定制
□猎头企业　　□其他_____

6. 贵单位在招聘毕业生时对下列因素的重视程度（在表内相应的格中打"√"）：

	（A）非常看重	（B）比较看重	（C）一般	（D）不看重
学历层次				
所学专业				
学校声誉				
第一学历毕业学校				
学习成绩				
竞赛获奖				
个人能力				
性格特点				
学生干部				

	（A）非常看重	（B）比较看重	（C）一般	（D）不看重
面试表现				
生源地区				
相貌身高				
性　别				
文体特长				

其他您认为重要的因素是：＿＿＿＿＿＿＿＿＿＿

7. 贵单位对我校毕业生"意志品质"的评价是：

	（A）非常看重	（B）比较看重	（C）一般	（D）不看重
诚信				
敬业奉献精神				
责任意识				
道德品质				
团队精神				
竞争进取意识				
心理素质				
认同单位文化				
职业操守				
价值意识				
市场意识				

其他您认为重要的品质是：＿＿＿＿＿＿＿＿＿＿

8. 下列应届毕业生中，如果有选择的机会，您会首先选择哪一类？

□普通毕业生　□省优校友毕业生　□学生党员　□学生干部　□无所谓

9. 结合贵单位情况，您认为现在的大学毕业生表现最好和最差的方面分别是（各选三项）：

表现最好的三项＿＿＿＿＿＿＿＿＿＿　；

表现最差的三项＿＿＿＿＿＿＿＿＿＿。

A. 专业知识　B. 创造效益的能力　C. 创新能力　D. 实际操作

E. 忠诚度与敬业精神　F. 团队合作　G. 交往与沟通

H. 组织协调　 I. 道德修养　 J. 人文素养　 K. 心理素质　 L. 发展潜力

M. 解决问题能力　 N. 独立工作能力

O. 适应能力　 P. 拼搏意识

Q. 其他，请注明：_____

衷心感谢您的合作！

大学生评价体系改革调查问卷

各位同学：

你们好！我们正在开展一项关于大学生综合素质评价体系改革的课题研究，这项研究旨在分析我校现行的学生评价体系存在的问题，探索建立符合我校实际和学生特点、有利于学生成长的学生评价体系。研究工作关系到每一位同学的切身利益，与你们的发展息息相关。根据随机抽样的原则，你被随机抽中成为我们调查样本中的一员，希望你抽出宝贵的几分钟时间，协助我们完成这份调查。你填写的内容只是作为我们进行科学研究的基础数据，不会泄露你个人的任何信息，也不会给你带来任何不便。请你按照填写要求，实事求是地填答。感谢你的参与和支持！

大学生素质评价改革研究课题组

2011 年 11 月

填答说明：

1. 请认真阅读题目后，在 1～55 每个题项后面的答题框中选出与自己情况相符合的选项，在答题框内打"√"。

2. 在你填写时，不要与他人商议，对各题的选择主要依据你平时正常情况下的状况，尽量在集中的短时间内完成。

3. 所有题目都是单项选择。

在开始填答 1～55 题之前，请你完整地填写以下题项：

一、你的基本情况（请在选项号下打"√"）

1. 性别：　　　（1）男　　　　（2）女

2. 年级：　　　　（1）06 级　　（2）07 级　　（3）08 级　　（4）09 级

（5）研究生

3. 学科类别：（1）人文历史　　　（2）教育科学　　　（3）艺术、体育

（4）政治、法律　　（5）理工　　　　（6）经济、管理

4. 政治面貌：（1）中共党员（含预备）　　　（2）团员　　　　（3）群众

5. 现在担任主要学生干部情况（指班级团支书、班长以上，社团等学生

组织部长以上职务）：

（1）正在担任　　　　　（2）没有担任

6. 家庭经济状况在当地水平：　　（1）富裕　　（2）还过得去

（3）比较困难

7. 上学期获得奖学金情况：

（1）一等奖学金　　（2）二等奖学金　　（3）三等奖学金　　（4）单项奖

学金　　（5）没有

8. 是否独生子女：　　（1）是　　　（2）不是

二、问卷题目

题号	题目	选　　项				
		完全如此(完全符合)	经常如此(经常符合)	有时如此(有时符合)	很少如此(很少符合)	从未如此(从不符合)
1	上课专心听讲，没有做与课堂学习无关的活动	A	B	C	D	E
2	没有无故旷、缺课，也没有随意迟到和早退	A	B	C	D	E
3	课堂上没有扰乱教学秩序的行为	A	B	C	D	E
4	考试中诚实守信，发挥自己真实的水平	A	B	C	D	E
5	不管别人考试是否投机取巧，坚持脚踏实地学习	A	B	C	D	E
6	知晓并自觉服从学校制定的考试管理制度	A	B	C	D	E
7	课外时间，如早、晚自习有自己的计划	A	B	C	D	E
8	不轻易放弃适宜的学习时间，如清晨与晚上整块时间	A	B	C	D	E
9	自觉按照学校制定的早、晚自习制度参加自习	A	B	C	D	E
10	课前对所学知识有预习，课后及时复习、巩固所学知识	A	B	C	D	E
11	按时保质保量完成课堂作业	A	B	C	D	E
12	认真对待课外作业，不抄袭，不敷衍	A	B	C	D	E

续表

题号	题目	完全如此(完全符合)	经常如此(经常符合)	有时如此(有时符合)	很少如此(很少符合)	从未如此(从不符合)
		选 项				
13	制定适当的学习目标，有较强的求知欲望	A	B	C	D	E
14	能积极主动地做好课外学习，拓宽知识面	A	B	C	D	E
15	复习时，能按个人的实际情况制订有效的计划	A	B	C	D	E
16	思想上重视身体锻炼，行动上积极投身体育锻炼	A	B	C	D	E
17	参加2种（跑步、球类或健身）以上体育锻炼	A	B	C	D	E
18	每周安排2~3个小时的体育锻炼时间	A	B	C	D	E
19	只要一有机会就积极投身体育锻炼	A	B	C	D	E
20	不但自己喜欢体育锻炼，而且能带动身边的人一起参与体育运动，享受运动的乐趣	A	B	C	D	E
21	能积极支持和关注各类体育赛事，懂得3~5项体育竞技的规则	A	B	C	D	E
22	了解自己的性格脾气、能力特长和兴趣爱好	A	B	C	D	E
23	能中肯地对自己进行总结和评价，了解自己的优点和缺点，有自知之明	A	B	C	D	E
24	会控制自己的情绪，不随意向身边的人发泄内心不满	A	B	C	D	E
25	与身边的人友好相处，善待别人	A	B	C	D	E
26	有3~5个知心朋友，内心不觉得孤独，遇到困难总能得到朋友的帮助	A	B	C	D	E
27	对老师内心总是怀有尊敬，并真诚感激老师的劳动	A	B	C	D	E
28	学习、生活有什么重大的挑战或变故，能不慌不忙，泰然处之	A	B	C	D	E
29	对大学学习的特点已经有了充分的认识，已能适应大学的学习方式	A	B	C	D	E
30	能很快理解和接受身边新近出现的事物	A	B	C	D	E
31	现在让我转到一个全新的班级，我也能很快适应	A	B	C	D	E
32	平时经常看有关党和国家重大政策、方针、路线的新闻或报纸	A	B	C	D	E

题号	题目	完全如此(完全符合)	经常如此(经常符合)	有时如此(有时符合)	很少如此(很少符合)	从未如此(从不符合)
33	对非法政治、宗教组织开展的活动或做的宣传能自觉进行抵制和排斥	A	B	C	D	E
34	对党和国家出台的重大决策自觉拥护和支持	A	B	C	D	E
35	自己始终认为遵纪守法是大学生应尽的义务	A	B	C	D	E
36	在其他人或同学违反国家法律法规或校纪校规时，自己自觉远离，不支持、不参与	A	B	C	D	E
37	在重大利益关系面前，即使自己吃亏也不做违反诚信的事情	A	B	C	D	E
38	集体活动不管自己是否有兴趣都会积极参加	A	B	C	D	E
39	能够为集体做点事情，贡献自己的力量是一件令人十分高兴的事情	A	B	C	D	E
40	在个人利益和集体利益发生冲突时，我会毫不犹豫地选择放弃个人利益	A	B	C	D	E
41	在身边发生不良现象、不良行为时，自己有强烈的冲动想去制止	A	B	C	D	E
42	自己有责任、有义务同不良现象作斗争	A	B	C	D	E
43	在与他人交往中不讲脏话、没有不文明举止	A	B	C	D	E
44	我认为注重自己的言行举止是对别人的尊重	A	B	C	D	E
45	在同学、朋友相处中，不互相攀比炫耀	A	B	C	D	E
46	在日常消费中，总是量入为出，不大手大脚	A	B	C	D	E
47	能够自己做的事情尽量自己动手	A	B	C	D	E
48	担任学生干部是对自己能力的认可和检验	A	B	C	D	E
49	我积极争取机会担任学生干部	A	B	C	D	E
50	我经常在学校、社区、医院等地方参加志愿服务工作并感到快乐	A	B	C	D	E
51	我积极参加各种公益活动并享受参与的乐趣	A	B	C	D	E
52	我经常有许多关于创业的想法并希望付诸实践	A	B	C	D	E
53	在校期间我参与过一些创业实践并取得过成功	A	B	C	D	E
54	我经常有许多新奇并且富有创意的想法	A	B	C	D	E
55	我的一些创意曾经得到领导、老师或相关单位的肯定并被采纳	A	B	C	D	E

后　记

　　本书是 2011 年教育部人文社科青年基金项目和浙江省哲学社会科学重点项目的研究成果。在本书撰写过程中，我们始终遵循前沿性、针对性、实践性和可读性的原则要求，力图体现学生评价的先进理念，强化教学型本科高校的针对性、实践性和操作性，努力实现评价理论与评价实践的有机结合。

　　涉足学生评价这个研究领域，得益于丽水学院院长周湘浙教授。2009年，教授作为分管学生工作的党委副书记，前瞻性地提出"应开展学生评价制度改革研究，以切实发挥学生评价对学生发展进步的引领作用，着力提升学生工作在学校人才培养工作中的贡献度"。于是，作为学生处工作人员的我们开始了如饥似渴般的文献阅读和理性思索。随着阅读的不断拓展和研究的逐渐深入，我们开始关注并投入"教学型本科高校"这一特定视角学生评价制度的探索。在课题申报和研究的过程中，教授又给予了热情帮助和大力支持。

　　本书在课题研究与写作过程中，还要感谢教育部长江学者特聘教授、浙江师范大学眭依凡博士，浙江大学田正平教授，华中师范大学田友谊博士，温州大学党委副书记牟德刚教授、朱家德博士、潘从义副教授给予的精心指导和热情鼓励。

　　本书在写作过程中，采撷了许多学者的智慧之果，尽管已尽量标明其出处，但亦难免有个别观点是我们在阅读中无意而得之或系有所感触而得之，其出处已无法查证，在奉上谢意的同时只有表示深深的歉意。

　　本书出版过程中，中国社会科学出版社的刘艳老师付出了辛勤劳动，在此表示衷心感谢！本书也是浙江省"十二五"重点学科"马克思主义中国化"和温州大学"学科提升战略"的成果之一。

　　由于我们的理论水平有限，实践经验不足，本书肯定还存在着许多的缺憾，恳请专家、学者、读者不吝指教！